LAND DER SAMURAI

JAPAN

GROSSE KULTUREN, GLANZVOLLE EPOCHEN

LAND DER SAMURAI

JAPAN

Reader's Digest

DEUTSCHLAND · SCHWEIZ · ÖSTERREICH

Land der Samurai – Japan

Titel der französischen Originalausgabe
Japon – au pays du Soleil-Levant

Die Geschichte Japans
Titel der Originalausgabe: Japan, the story of a nation
von Edwin O. Reischauer

Deutsche Ausgabe
Übersetzung: Ingrid Frieling, Dr. Irmela Arnsperger, Karl Krüger
Redaktion: red.sign (Guido Huß, Frank J. Müller, Katrin Schmelzle, Androniki Tsilipakou, Ellen Weitbrecht)

Reader's Digest
Redaktion: Dr. Birgit Gläser, Claudia Rück
Grafik: Peter Waitschies
Bildredaktion: Christina Horut
Prepress: Andreas Engländer
Produktion: Hans-Peter Ullmann

Ressort Buch
Redaktionsdirektorin: Suzanne Koranyi-Esser
Redaktionsleitung: Dr. Renate Mangold, Heinz Volz
Art Director: Rudi K. F. Schmidt

Operations
Leitung Produktion Buch: Norbert Baier

Satz und Reproduktion: Lihs media office GmbH, Ludwigsburg
Druck und Binden: Printer Industria Gráfica S. A., Barcelona

Code-Nr. UK 0074/G/CBS

Printed in Spain

ISBN 3-89915-124-0

Inhalt

KAISERSTADT KYOTO

Mehr als 1000 Jahre war Kyoto die Residenz der japanischen Kaiser. Noch Anfang des 17. Jh., in der Zeit, aus der diese Darstellung stammt, nahm die Stadt trotz des zunehmenden Aufschwungs von Edo, der Shogunatshauptstadt seit 1603, eine Vorrangstellung in Kultur und Kunst ein.

Vorwort

Cipango – das ist der Name, mit dem Marco Polo das legendäre Japan bezeichnete. Der venezianische Weltreisende stellte sich ein Land mit reichen Goldschätzen vor, und sein mächtiger Gönner Khubilai Khan träumte von der Eroberung Japans. Doch keiner von beiden setzte jemals einen Fuß auf den Boden dieser Inselgruppe, die lange Zeit allen, die nie dorthin gelangt waren, unerreichbar und geheimnisvoll erschien. Das bergige, häufig von Taifunen und Erdbeben heimgesuchte Land, dem die Natur eigene Bodenschätze versagt hatte, war durch seine isolierte Lage lange vor den Blicken und Begehrlichkeiten fremder Mächte geschützt.

Obwohl die Japaner die Chinesen und später die Menschen der westlichen Welt durchaus kopierten, unterschied sich ihre Kultur deutlich von der der übrigen Welt. Für Fremde besonders faszinierend war die einzigartige Ästhetik, die die Japaner zu entwickeln verstanden, ihre Religion und ihr besonders strenges Sozialverhalten, das lange Zeit von der Ethik und dem Mythos der Samurai geprägt war.

Noch heute sind Japan und die Japaner trotz ihrer verhältnismäßig ausgeprägten Angleichung an den Westen für viele ein Rätsel. Die Kosten einer Japanreise sowie die Sprachbarriere machen die Annäherung nicht leicht.

Das vorliegende Werk ist die Einladung zu einer faszinierenden Reise in das Land der aufgehenden Sonne. Es basiert auf einem Buch von Edwin O. Reischauer, einem hervorragenden Kenner der japanischen Kultur. Seine *Geschichte Japans und der Japaner* ist eine Fundgrube für alle, die mehr über dieses Land und den Kern der japanischen Kultur erfahren möchten – von ihren Ursprüngen bis zum Ende des Zweiten Weltkriegs. Die chronologische Einführung ermöglicht einen schnellen Überblick über die verschiedenen Epochen der japanischen Geschichte. Zahlreiche Sonderseiten sind so wichtigen Themen wie der Religion, der legendären Stadt Edo, der Rolle der Samurai und dem Einfluss der westlichen Welt auf das Inselreich gewidmet. Prachtvolle Bildseiten über die Meisterwerke japanischer Kunst runden das Buch ab.

Reich der aufgehenden Sonne

Lange lebte Japan im Schatten des chinesischen Weltreichs, doch um das Jahr 1000 konnte es sich vom Einfluss des Vorbilds auf dem Festland lösen. Seitdem entwickelten sich in Japan eine sehr eigenständige Gesellschaft und Kultur, die noch heute der Stolz der Japaner sind.

EIN OFFENER ARCHIPEL
Japan liegt östlich von China – dort, wo die Sonne aufgeht. Aufgrund seiner relativen Isolierung war das Land über einen sehr langen Zeitraum seiner Geschichte vor äußeren Bedrohungen geschützt. Dennoch stand es im Kontakt mit den Zivilisationen der übrigen Welt, deren Neugier es in starkem Maße anstachelte.

KONTAKTE MIT DER AUSSENWELT

JAPAN UND DER NACHBAR CHINA

Am Anfang seiner Geschichte war Japan stark von der Kultur des chinesischen Reiches beeinflusst. Von China übernahm Japan den Reisanbau, die Schriftzeichen, die Verwaltungsgesetzgebung, die Architektur der Städte und den Konfuzianismus. Besonders stark war die Orientierung am chinesischen Vorbild in der Zeit der glanzvollen Dynastien der Sui und der Tang zwischen dem 6. und dem 10. Jh. Dieses enge Verhältnis erklärt, warum die chinesischen Kaiser die Japaner lange Zeit als tributpflichtige Barbaren betrachteten. Allmählich aber machten sich die Japaner von ihrem Nachbarn unabhängig. Sie erfanden eine neue Schrift, schufen eine eigenständige nationale Literatur und brachen auch unausgeglichene diplomatische Beziehungen ab. Nachdem die Japaner im Mittelalter die Mongolen zurückgeschlagen hatten, sorgten japanische Piraten bei den Chinesen schließlich sogar für Unruhe. Ab dem 19. Jh. kehrte sich die Beziehung zwischen dem Festland und dem Archipel völlig um, als die Japaner das im Niedergang begriffene China zweimal attackierten.

DIE HALBINSEL KOREA

Die in mehrere autonome Königreiche aufgeteilte bzw. unter chinesischem Joch vereinte Halbinsel Korea diente lange Zeit als Kulturbrücke zwischen China und Japan. Über das nahe gelegene Korea gelangten Reisanbau, Papier, der Konfuzianismus, der Taoismus und der Buddhismus auf die japanischen Inseln. Auch wanderten viele Koreaner nach Japan aus und trugen durch ihr Wissen zur Entwicklung der Inselkultur bei. Trotzdem gerieten die Japaner immer wieder in Versuchung, den Vasallenstaat Chinas zu erobern. Möglicherweise existierte bis zum 6. Jh. sogar eine japanische Kolonie namens Mimana in Korea, und der japanische General Hideyoshi schickte im 16. Jh. zweimal die Samurai aus, um die Halbinsel an sich zu reißen. Das Unternehmen Hideyoshis scheiterte, doch 1910 verwirklichte das moderne, militaristische Japan seinen Traum, und Korea unterwarf sich als erstes asiatisches Gebiet den japanischen Armeen.

DIE WESTLICHE WELT

Im Lauf seiner Geschichte nahm Japan wichtige Beziehungen zur fernen westlichen Welt auf. Zu den ersten Kontakten kam es 1543 anlässlich des Schiffbruchs einiger Portugiesen im Süden des Archipels. Fasziniert von der europäischen Kultur, übernahmen die Japaner die Techniken zur Herstellung von Feuerwaffen sowie die katholische Religion. Auch knüpften sie einträgliche Handelsbeziehungen zu Europäern an, die in Asien bereits fest Fuß gefasst hatten. Doch im nachfolgenden Jahrhundert schlossen die Japaner, die sich vom europäischen Imperialismus bedroht fühlten, für rund 250 Jahre ihre Häfen. In dieser Zeit durfte fast niemand aus der westlichen Welt nach Japan einreisen. Erst ein Ultimatum der Amerikaner im Jahr 1853 bewirkte, dass die Japaner der Wiederaufnahme regelmäßiger Beziehungen zum Ausland zustimmten. Japan zog daraus übrigens großen Nutzen, denn durch seine Bemühungen, dem europäischen Vorbild nachzueifern, war es das einzige Land im asiatischen Raum, das echte Unabhängigkeit erlangte. Der Konflikt des Zweiten Weltkriegs zeigt jedoch, dass die Verbesserung der Beziehungen zwischen Japanern und den Menschen der westlichen Welt noch vieler Anstrengungen bedurfte.

DIE URSPRÜNGE

Um 10 000 – 300 v. Chr.
Jomon-Kultur

Um 300 v. Chr.–300 n. Chr.
Yayoi-Kultur

300–645
Kofun-Periode

Seiten 10–11

10 000 v. Chr. — **0** — **645**

- **Der Archipel ist noch mit dem asiatischen Kontinent verbunden.**
- **10 000 v. Chr.** **Erste Keramikformen der Jomon-Kultur**
- **Um 300 v. Chr.** **Verbreitung von Nass-Reisanbau, Eisen und Bronze**
- **Um 500 n. Chr.** **Der Yamato-Clan erlangt eine Vormachtstellung.**
- **600** **Wiederaufnahme diplomatischer Beziehungen zu China**
- **794** **Gründung Heians**

JAPAN
Das aus vier Hauptinseln bestehende Japan ist in Wirklichkeit ein Archipel aus mehr als 3500 Inseln.

Der antike Staat

645–701
Gründung des per Gesetz regierten Staates

Um 1000
Blütezeit der Fujiwara am kaiserlichen Hof

1086–1185
Zeit der Unruhen

Seiten 12–13

Das Mittelalter

1192–1333
Kamakura-Zeit

1333–1573
Muromachi-Zeit

1573–1600
Azuchi-Momoyama-Zeit

Seiten 14–15

Die Zeit der Tokugawa

1603
Ieyasu Tokugawa wird zum Shogun ernannt.

1867
Entlassung der Tokugawa

Seiten 16–17

Japan auf internationaler Ebene

1868–1912
Meiji-Zeit

1926
Beginn der Showa-Zeit

1941–45
Krieg zwischen Japan und den Vereinigten Staaten

Seiten 18–19

1192

- 1274–81 Invasionen der Mongolen
- 1467 Beginn der Bürgerkriege
- 1543 Ankunft der Portugiesen
- 1592–98 Invasionsversuche in Korea

1600

- 1613 Verbot des Christentums
- 1613–39 Maßnahmen zur Absperrung des Archipels
- 1701–03 Affäre der 47 Ronin
- Um 1830 Große Hungersnot. Reformen der Tenpo-Zeit
- 1853 Ankunft von Kommodore Perry

1867

- 1889 Erste Verfassung
- 1910 Annexion Koreas
- 1923 Das große Erdbeben in Tokio
- 1945 Atombomben auf Nagasaki und Hiroshima

1945

- Japan wird Bündnispartner der Vereinigten Staaten und entwickelt ein eigenes Industrie- und Bankwesen.

Die Ursprünge 10 000 v. Chr.– 645 n. Chr.

Erst um 10 000 v. Chr. löste sich der japanische Archipel endgültig vom asiatischen Festland. Zu dieser Zeit entstanden in Japan die ersten Töpferwaren der Welt. Doch das Inselreich blieb in seiner Entwicklung lange hinter den Kulturen des europäischen Kontinents und des asiatischen Festlands zurück. Landwirtschaft und Metall waren bis zum 3. Jt. v. Chr. praktisch unbekannt, und erst im 6. Jh. n. Chr. entstand die erste nennenswerte Stadt.

Der Fujijama
Drei Viertel des japanischen Staatsgebiets bestehen aus Berg- und Hügelland. Die japanischen Berge sind nicht besonders hoch, haben aber oft steile Hänge. Der höchste Berg (3776 m) ist ein Vulkan, der Fujijama, der schon früh als heiliger Ort galt. Seine vollendete Kegelform ist das Symbol für die landschaftliche Schönheit der japanischen Inseln (Hintergrundfoto). Die Bewohner der Inselgruppe siedelten vorzugsweise im Bereich der Küstenebenen.

Die ersten Töpferwaren der Welt
Die frühen Bewohner der japanischen Inseln waren Jäger, Fischer und Sammler. Auch ohne Brennofen und Töpferscheibe gelang ihnen sehr früh die Herstellung von Keramikwaren.

Riten und Religion
Über die ersten Formen des religiösen Lebens in Japan ist wenig bekannt. Wahrscheinlich hatten die Terrakottafiguren (dogu) *der Jomon-Kultur, Darstellungen menschlicher Wesen oder Tiere, eine religiöse Bedeutung. Bekannt ist aber, dass die Japaner bis zur Einführung des Buddhismus eine eigene Religion besaßen. Man verehrte eine Vielzahl höherer Wesen* (kami).

10 000–300 v. Chr. Jomon-Kultur

10 000 v. Chr.	Die ersten Keramikformen der Jomon-Kultur

300 v. Chr.–300 n. Chr. Yayoi-Kultur

Um 300 v. Chr.	Einführung des Nass-Reisanbaus und Produktionstechniken für Eisen und Bronze
239 n. Chr.	Königin Himiko leistet dem Hof der Wei-Dynastie Tribut.

Izumo-Heiligtum
Einer Legende zufolge wurde das Izumo-Heiligtum (oben) dem Gott Okuninushi geweiht, der sein Königreich Izumo, dem Enkel der großen Sonnengöttin, überließ. Einige Historiker sind der Meinung, dieser Mythos sei eine Anspielung auf die Bemühungen des Kaiserhofs der Yamato in den ersten Jahrhunderten unserer Zeitrechnung, die anderen Geschlechterverbände der japanischen Inseln zu unterwerfen.

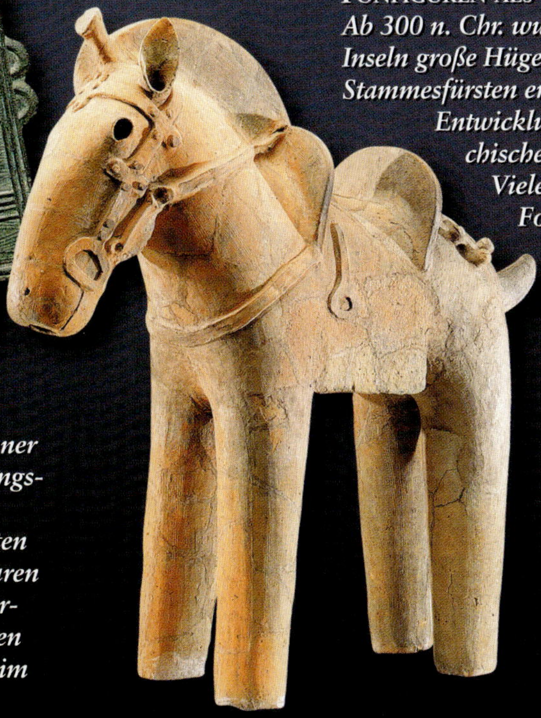

Tonfiguren als Grabbeigaben
*Ab 300 n. Chr. wurden auf den japanischen Inseln große Hügelgräber (*kofun*) für die Stammesfürsten errichtet. Dies belegt die Entwicklung einer streng hierarchischen Gesellschaftsordnung. Viele Grabanlagen waren in Form eines Schlüssellochs um eine Steinkammer angeordnet. In den Gräbern fand man Tonfiguren, die* haniwa*. Einige stellen Haustiere (links), Reiter, Häuser oder Schiffe dar und vermitteln einen Eindruck von der Lebensweise in der damaligen Zeit.*

Späte steinzeitliche Revolution
*Zu Beginn der Yayoi-Kultur führten die Japaner landwirtschaftliche Techniken und Herstellungsverfahren für Eisen und Bronze ein, die vom asiatischen Festland entlehnt waren. Die ersten in Japan hergestellten Bronzegegenstände waren Schwerter und Glocken (*dotaku*), die eine vorwiegend rituelle Funktion hatten. Die Glocken wurden ohne Klöppel gefertigt und offenbar im Erdboden vergraben.*

300–645 Kofun-Periode

Um 400 Der Hof von Yamato beherrscht einen Teil der japanischen Inseln.

538 (bzw. 552) Offizielle Einführung des Buddhismus am japanischen Hof

600 Wiederaufnahme diplomatischer Beziehungen zu den chinesischen Herrschern

Der antike Staat 645–1192

Zwischen dem 7. und 9. Jh. kopierten die Japaner systematisch die von ihnen bewunderten Chinesen. Die Aristokraten am Kaiserhof von Heian trieben die Umgestaltung der japanischen Gesellschaft nach chinesischem Vorbild aktiv voran. Obwohl sie einen wesentlichen Beitrag zur Entwicklung ihres Landes leisteten, konnten sie die Samurai aus den Provinzen nicht an der Machtübernahme hindern.

DER TEMPEL HORYUJI
Der prächtige Tempel (Hintergrundfoto) ist die älteste erhaltene buddhistische Klosteranlage in Japan. Seine Errichtung wird dem Prinzen Shotoku Taishi zugeschrieben. Er erhob den Buddhismus zur Staatsreligion, erneuerte die Beziehungen zu China, organisierte die Beamtenhierarchie am kaiserlichen Hof neu und proklamierte die 17-Artikel-Verfassung.

KASUGA – HEILIGTUM DER FUJIWARA
Das schintoistische Heiligtum Kasuga befindet sich in Nara. Es gehörte den Fujiwara, dem nach der kaiserlichen Familie mächtigsten Adelsgeschlecht der japanischen Antike. Etwa vom 8. bis zum 9. Jh. beherrschten die Fujiwara das Geschehen am kaiserlichen Hof, indem sie sich die wichtigsten offiziellen Ämter sicherten und systematisch ihre Töchter mit jungen Kaisern vermählten.

DER VATER DER JAPANISCHEN KULTUR
Kukai ist das Urbild des kultivierten Menschen der japanischen Antike. Wie viele seiner Zeitgenossen unternahm er eine Reise nach China und brachte eine für Japan neue buddhistische Lehre mit, die Esoterik. Er war Maler, Bildhauer und Kalligraph. Auch wird ihm die Erfindung der japanischen Silbenschrift zugeschrieben. Kurz nach seinem Tod 835 wurde er Gegenstand einer nationalen Verehrung, die noch heute besteht.

645–1086 Die Schule Chinas

- **645** Die große Taika-Reform
- **710** Gründung der Hauptstadt Nara
- **794** Gründung der Hauptstadt Heian
- **Um 1000** Vorherrschaft der Fujiwara am Kaiserhof

Fächer im Stil des Hofes von Heian
Im Jahr 794 ließ sich Kaiser Kammu mit seinem Hof in Heian nieder. Fast vier Jahrhunderte stellte dieser Ort das politische, wirtschaftliche und kulturelle Zentrum des Landes dar. Während die Hofbeamten in Heian einen Staat führten, der sich ganz an chinesischen Einrichtungen orientierte, dichteten die Damen der Aristokratie die ersten Meisterwerke der japanischen Literatur.

Eine neue Staatsreligion
Im 6. Jh. wurde in Japan der Buddhismus eingeführt, vermutlich aus politischen Gründen. Um militärische Unterstützung zu erhalten, machte ein koreanischer König diese Religion am Hof mit dem Argument bekannt, sie könne den Wohlstand des Staates sichern (unten: eine Statue des Buddhas Amida).

Samurai
Im 12. Jh. schlichteten die Taira und die Minamoto, die bedeutendsten Kriegerclans der Samurai, mit Gewalt die Intrigen zwischen den höfischen Adligen. Nach einer kurzen Zeit des Bürgerkriegs besiegten die Minamoto die Taira und rissen die Macht an sich. Die Autorität des Kaisers war zu dieser Zeit fast völlig verschwunden.

1086–85 Zeit der Unruhen

- **1086** Kaiser Shirakawa begründet ein „System indirekter Kaiserherrschaft" *(insei)*, um besser regieren zu können.
- **1156–59** Zwischenfälle der Hogen- und Heiji-Zeit
- **1180–85** Bürgerkrieg zwischen den Taira und den Minamoto

Das Mittelalter 1192–1600

Ab dem 12. Jh. regierten die Samurai 700 Jahre lang über Japan und läuteten das erste der beiden großen Feudalzeitalter ein. Getragen wurde das Mittelalter durch drei große Familien, die Minamoto, die Hojo und die Ashikaga. Die ständigen Rivalitäten zwischen den Kriegern der Provinzen führten jedoch immer wieder zu Unruhen. In dieser Zeit der Samurai trafen die ersten Menschen der westlichen Welt auf den japanischen Inseln ein.

BEGEGNUNG MIT DEM ABENDLAND
Zwischen 1540 und 1600 gelangten nacheinander die Portugiesen (rechts), die Spanier, die Holländer und die Engländer nach Japan. Die „Barbaren" machten Japan mit dem katholischen Glauben, Feuerwaffen und verschiedenen Fertigkeiten auf dem Gebiet der Kosmographie, der Medizin und des Buchdrucks bekannt.

NO-MASKE
Um 1400 erfanden die Japaner eine neue Form des Sing- und Tanztheaters, das mit der Kurzform No *bezeichnet wurde. Das nüchterne Dekor, die streng festgelegte Gestik sowie die prachtvollen Kostüme verleihen dieser Theaterform ein unvergleichliches aristokratisches Gepräge. Einige Masken des* No-*Theaters – Frauen, Männer, Tiere und Dämonen – sind wahre Meisterwerke.*

MOOSGARTEN
Im Mittelalter führten die Japaner den aus China stammenden Zen-Buddhismus ein. Das Zen wurde von den herrschenden Samurai sofort angenommen, denn die Krieger fanden darin ein geeignetes Mittel, um ihre Selbstdisziplin zu festigen. Auch hat das Zen die Gartenkunst (Hintergrundfoto), das Arrangieren von Blumen (ikebana) *und die Teezeremonie* (cha no yu) *beeinflusst.*

1192–1333 Kamakura-Zeit

- **1192** Yoritomo Minamoto wird vom Kaiser zum Shogun ernannt.
- **1274–81** Zwei Invasionsversuche der Mongolen

1333–1573 Muromachi-Zeit

- **1333–36** Kemmu-Restauration
- **1336–92** Spaltung in Nord- und Süddynastie
- **1338** Der Kaiser der Norddynastie ernennt Takauji Ashikaga zum Shogun.

GOLDENER PAVILLON

Durch ihr reges Mäzenatentum haben die Shogune aus der Familie Ashikaga Berühmtheit in der Geschichte Japans erlangt. Yoshimitsu, dem dritten Shogun aus dieser Familie, ist der Bau des bekannten, mit Blattgold überzogenen Goldenen Pavillons zu verdanken. Auf politischer Ebene jedoch glänzten die Ashikaga weniger. Ab dem Ende des 15. Jh. ließen sie Japan in eine lange Bürgerkriegszeit eintreten.

TEMPELWÄCHTER

Dank der Predigten vieler Mönche und Asketen entwickelte sich der Buddhismus ab dem Mittelalter zu einem Volksglauben. Die buddhistischen Sekten erhielten großzügige Schenkungen und erlangten auf diese Weise oft große Bedeutung.

SAMURAI UND SHOGUN

In Anlehnung an die Institutionen des Kaiserreichs setzte Yoritomo Minamoto eine neue Verwaltung ein, die Shogunatsregierung. Das militärische Amt des Shoguns wurde an den Clan der Minamotos vergeben und ging dann auf die Familie Ashikaga über. Gestützt auf diese Institutionen beherrschten die Krieger die mittelalterliche Gesellschaft. Das klassische Bild des japanischen Kriegers ist der tapfere, zu Pferd kämpfende Samurai.

1467–77 Onin-Kämpfe

1477–1573 Bürgerkriegszeit

1543 Schiffbruch von Portugiesen in Tanegashima

1573–1600 Azuchi-Momoyama-Zeit

1573 Nobunaga Oda setzt den letzten Shogun aus der Familie Ashikaga ab.

1575 Schlacht von Nagashino

1592–98 Invasionsversuche Hideyoshis in Korea

1600 Schlacht von Sekigahara

Die Tokugawa-Zeit 1600–1867

Mit den Kriegern aus der Familie Tokugawa begann das zweite Feudalzeitalter in der Geschichte Japans. Nicht zuletzt durch die Abschottung des Landes herrschte nahezu 250 Jahre lang Frieden. Ein gewisser Wohlstand war das Hauptmerkmal dieser Zeit, in der die Kaufleute und Handwerker der Städte trotz aller Privilegien der Kriegerschicht eine bedeutende Rolle in Wirtschaft und Kultur spielten.

DER ERFOLG DER MITSUI
Das im Herzen der Shogunatshauptstadt Edo gelegene Textilgeschäft Echigoya der Familie Mitsui symbolisiert den Erfolg der Kaufleute zur Zeit der Tokugawa. In diesem Geschäft wurden nicht nur Stoffe verkauft – es diente auch als Wechselstube, was sich in einer Zeit, in der Gold-, Silber- und Kupfermünzen gleichzeitig im Umlauf waren, als recht nützlich erwies. Die Mitsui, damals zweifellos die reichste Familie, waren offizielle Lieferanten und Finanziers des Shogunats.

HEILIGTUM VON NIKKO
Als Erben der mittelalterlichen Shogune hatten die Oberhäupter der Familie Tokugawa Japan weitaus besser unter ihrer Kontrolle als ihre Vorgänger. Im Heiligtum von Nikko (Hintergrundfoto) wurde Ieyasu Tokugawa als Gottheit verehrt.

STÄDTISCHE VERGNÜGUNGEN
In der Edo-Zeit konnten sich die Stadtbewohner an einem lebendig gestalteten Marionettentheater (bunraku) *erfreuen. Wie im* kabuki, *einer zweiten in der Edo-Zeit entstandenen Theaterform, stammten die inszenierten Geschichten oft aus der bürgerlichen Schicht der Städte.*

1600–51 Errichtung des Regimes der Tokugawa

1603	Ieyasu Tokugawa wird zum Shogun ernannt.
1613	Verbot des Christentums
1614–15	Belagerungen der Stadt Osaka

1651–1853 Zeit der Reife

1701–03	Die Affäre der 47 Ronin
Um 1800–30	Aufschwung einer städtischen Kultur
1833–39	Große Hungersnot der Tenpo-Zeit

Das Leben der Frauen

Ob sie nun schwer arbeitende Bäuerinnen waren, Prostituierte, die in einem Freudenviertel eingesperrt waren, Bürgersfrauen, die vom Vermögen ihres Ehegatten profitierten, oder Ehefrauen von Feudalherren, die in Edo, dem Regierungssitz des Shogunats, abgekapselt leben mussten – sie alle litten unter den konfuzianischen Vorurteilen der männlich geprägten Kriegergesellschaft.

Die Kunst des Holzschnitts

Die Kunst der japanischen Grafik stammt aus den Anfängen der Edo-Zeit. Damals befassten sich die Holzschnitte mit einer breiten Themenvielfalt – mit schönen Frauen, Landschaften, Theaterschauspielern, Sumo-Ringern, eleganten Menschen der Hauptstadt, Menschen der westlichen Welt … Der oben abgebildete Holzschnitt Die große Woge, *ein Blick vom Meer auf den Fuji, ist das Werk Hokusais, eines der größten Meister seiner Zeit.*

Ieyasu Tokugawa

Ieyasu war der erste Shogun der Familie Tokugawa. Während seines Shogunats entwickelten sich die gesellschaftlichen Grundprinzipien der Tokugawa: eine strenge Einschränkung des Außenhandels, die Errichtung einer hierarchisch gegliederten, von den Samurai beherrschten Gesellschaft, die Aufteilung der Landgebiete in rund 250 Lehen und die Zentralisierung der Verwaltung in der militärischen Hauptstadt Edo.

1853–67 Ende des Shogunats

- **1853** Ankunft von Kommodore Perry
- **1854** Japanisch-amerikanischer Vertrag von Kangawa
- **1864–66** Bürgerkriege zwischen dem Shogunat und dem Lehen Choshu
- **1867** Rücktritt des letzten Shoguns

Japan auf internationaler Ebene
1868–1945

Nach fast 200 Jahren der Isolierung gelang es Japan innerhalb einiger Jahrzehnte nicht nur, die wesentlichen Elemente der westlichen Technologie einzuführen, es behauptete sich auch auf der internationalen diplomatischen Bühne. Getragen wurde der Übergang zur Moderne vor allem von der Schicht der Samurai, die eine unkontrollierte Angleichung an den Westen zu vermeiden suchten.

UNABHÄNGIGKEIT DES GEISTES
Obwohl die Japaner ab dem 19. Jh. unter dem übermächtigen Einfluss des Westens standen, haben sie ihre Kultur nie aufgegeben. Ein Zeichen dieser Unabhängigkeit, die sie dazu bewog, die Welt mit den Augen ihrer Kultur zu betrachten, ist dieses Bild einer Französin des 19. Jh., die mit stark japanischen Zügen dargestellt ist.

KAISER MEIJI
Um für die Außenwelt besser gerüstet zu sein, entwickelte die politische Elite Japans einen Kaiserkult mit dem Ziel, das Volk um ein gemeinsames Ideal zu scharen, nämlich die japanische Nation. So gestand die erste Verfassung von 1889 dem Kaiser erweiterte Befugnisse zu, vor allem aber bestätigte sie seine Göttlichkeit. Auch strebte man eine Aufwertung der schintoistischen Religion an, der ideologischen Basis der kaiserlichen Macht. Kaiser Meiji besaß zwar keine wirkliche Macht, doch er war der erste moderne Herrscher Japans.

TOKIO, DIE ÖSTLICHE HAUPTSTADT
Fast unmittelbar nach dem Rücktritt des letzten Shoguns der Familie Tokugawa verlegte Kaiser Meiji seinen Hof nach Edo. Die riesige Hauptstadt der Tokugawa wurde zur neuen kaiserlichen Hauptstadt und erhielt den Namen Tokio, die östliche Hauptstadt (im Hintergrund der Kaiserpalast). Im Gegensatz dazu wurde das im Westen der Inselgruppe gelegene Kyoto als „Hauptstadt der Hauptstädte" bezeichnet.

1868–1912 Meiji-Zeit

1868	Wiedereinsetzung des Kaisertums
1871	Aufhebung der Lehen, Schaffung von Präfekturen und Distrikten
1889	Erste japanische Verfassung
1910	Annexion Koreas

1912–26 Taisho-Zeit

23. August 1914	Japan erklärt Deutschland den Krieg.
1. September 1923	Großes Erdbeben in Tokio

Japan auf Expansionskurs

Ab dem Ende des 19. Jh. verfolgte Japan eine aggressive Außenpolitik. Zunächst griff das Land die Chinesen an (1894/95), dann die Russen (1904/05) und die Koreaner (1910). Ab 1930 schließlich waren die Begehrlichkeiten auf ganz Asien gerichtet. Die imperialistischen Bestrebungen Japans wurden durch den Zweiten Weltkrieg beendet.

Moderne Stadt

Im 19. Jh. bewirkte die von der westlichen Kultur ausgehende Faszination eine tief greifende Veränderung im täglichen Leben der Japaner. Durch die Übernahme neuer Kleidermoden, Verkehrsmittel und Beleuchtungsquellen (Gas, Elektrizität) wandelte sich das Bild der Städte.

Kaiser Hirohito

Kaiser Hirohito (1901–89) war in seinem langen Leben Zeuge der Veränderungen der japanischen Gesellschaft. Für die Hinwendung Japans zum Militarismus ab etwa 1920 macht ihn die japanische Geschichtsschreibung nicht verantwortlich. Nach dem Zweiten Weltkrieg entsagte er seinem Anspruch auf Göttlichkeit. Er war der erste japanische Kaiser, der je ins Ausland reiste.

1926–45 Showa-Zeit

1931 Mandschurischer Zwischenfall

27. März 1933 Japan tritt aus dem Völkerbund aus.

7. Juli 1937 Beginn des japanischen Angriffs auf China.

1945 Abwurf von Atombomben auf Hiroshima (6. August) und Nagasaki (9. August); Kapitulation Japans

Die Geschichte Japans

EDWIN O. REISCHAUER

KAPITEL 1

Das Land und die Menschen

FRAGMENT EINES WANDSCHIRMS
(S. 20) Verborgen hinter einem Rollvorhang schauen sich angesehene Persönlichkeiten ein Schauspiel an. Die Haartracht weist auf ihre Zugehörigkeit zur Aristokratie hin.

Die Natur hat den japanischen Archipel mit jeglichen Voraussetzungen ausgestattet, die Macht und Kultur ermöglichen: Ein gemäßigtes Klima, reichlicher Niederschlag, ein fruchtbarer Boden und vor allem die Nähe zu den kulturellen Zentren waren von jeher die großen Vorteile Japans, dank derer es eine herausragende Stellung in der Weltgeschichte einnehmen konnte.

Natürliche Ressourcen und Einschränkungen

Der Bogen, in dem sich die japanische Inselkette an der Grenze des asiatischen Kontinents erstreckt, verläuft vom 30. bis zum 45. Grad nördlicher Breite – eine Zone, die von klimatischen Kontrasten gekennzeichnet ist. Die Nordinsel Hokkaido liegt auf der gleichen Höhe wie Bordeaux; die zentrale Region um Tokio befindet sich auf gleicher Höhe wie die Meerenge von Gibraltar. Aufgrund der geographischen Ausdehnung existieren deutliche Unterschiede bezüglich Temperatur und Niederschlag.

Die Fläche Japans lässt sich in etwa mit der einiger europäischer Länder vergleichen. So ist Japan zwar kleiner als Frankreich und als Spanien, aber größer als Italien und Großbritannien. Wie Italien werden auch die vier japanischen Inseln größtenteils von gebirgigem Hügelland beherrscht. Die markante Küstenlinie, die Landschaft und die üppige Vegetation sind von einzigartiger Schönheit. Die Feinsinnigkeit und künstlerische Originalität, die jede Epoche der japanischen Geschichte prägen, wurden zweifellos von der Schönheit der Natur inspiriert. Der Nachteil des üppigen Reichtums allerdings ist die winzige Anbaufläche – sie beträgt weniger als zwanzig Prozent der Gesamtfläche der Insel. Durch die relativ isolierte Lage ihres Archipels fühlten sich die Japaner schon früh in besonderem Maße zum Meer hingezogen. Im Lauf der Zeit entwickelten sie sich rasch zur größten Seemacht der asiatischen Meere. Die einzelnen Inselgruppen Japans sind sehr gut miteinander verbunden, und über das Meer fanden die Japaner einst Zugang zur Entdeckung der Welt. Außerdem boten die entlang den Küsten verlaufenden warmen und kalten Strömungen den Fischern von jeher reiche Fischgründe.

Einzig mit Bodenschätzen hat die Natur in Japan gegeizt. Zwar ist Kohle reichlich vorhanden, aber dennoch stellt Wasser den bei weitem wichtigsten Rohstoff dar. Es garantiert zum Beispiel den dichten Waldbestand der Gebirge; das in kleinen Kanälen verteilte Wasser sorgt für die Bewässerung des Kulturlands und ist außerdem der Grund für Japans bemerkenswerte Erträge in der Landwirtschaft, die als die höchsten der Welt gelten. Das enorme Wasserpotenzial wird sowohl von der Industrie als auch von Privathaushalten genutzt.

Die Insellage und ihre Folgen

Eine weitere geographische Besonderheit hat die japanische Geschichte mit der Zeit geprägt: die Isolation. Auch wenn der technologische Fortschritt die Entfernung relativierte und Japan den Weg bahnte, um einen Platz unter den großen Wirtschaftsmächten der Welt einzunehmen, so wirkten einer internationalen Verständigung bis weit ins 20. Jh. nicht zu unterschätzende Sprach- und Kulturbarrieren entgegen.

Japan ist Teil der fernöstlichen Kultur, die sich einst von China nach Korea und Vietnam ausbreitete. Obwohl diesem Kulturbereich seit der Antike zwischen einem Viertel und einem Drittel der Weltbevölkerung angehören, blieb er lange Zeit von anderen kulturellen Zentren der Erde isoliert. Die Bergketten und die Wüsten Zentralasiens, die besondere Topographie Südostasiens sowie die unwirtlichen Dschungel des Malaiischen Archipels verhinderten über Jahrhunderte hinweg den kulturellen Austausch Japans mit Indien, dem Nahen Osten oder dem Mittelmeerbecken. Japan, oft als „England Asiens" bezeichnet, litt stärker noch als Großbritannien unter seiner abgeschiedenen Lage am Rande eines Kontinents. Während England nur 31 Kilometer vom europäischen Kontinent entfernt liegt, beträgt die Entfernung von Japans westlichstem Punkt bis nach Korea immerhin 177 Kilometer. Bedingt durch die Tatsache, dass bis zum chinesischen Festland 800 Kilometer auf dem Meer zurückzulegen sind, zögerten die Seefahrer des alten Japan lange, eine derart gefährliche Expedition zu wagen.

REKONSTRUKTION EINES PRÄHISTORISCHEN HAUSES
Verschiedene archäologische Fundstätten lassen darauf schließen, dass die Bewohner der japanischen Inseln schon sehr früh ein sesshaftes Leben führten. Die ersten Dörfer gab es bereits um 5000 v. Chr.

Trotz der großen Entfernung wurzelt Japans Geistesleben zu einem großen Teil in der chinesischen Kultur. Die chinesische Kultur verbreitete sich in Japan während des 1. Jt. n. Chr., also zur selben Zeit, als sich die Kultur des Mittelmeerraums in Nordeuropa ausbreitete und dieses Gebiet stark beeinflusste. Die stärkere Isolierung der Japaner von allen übrigen Teilen der Welt hatte allerdings zur Folge, dass die japanische Kultur schließlich besonders individuelle Züge annahm. Die Japaner waren sich stets bewusst, dass sie kulturelle Eigenschaften zum Teil von

SETONAIKAI
Die Japanische Inlandsee (Setonaikai) mit ihren über 1000 Eilanden erstreckt sich zwischen den drei Hauptinseln des historischen Japan – Honshu, Kyushu und Shikoku. Früher diente sie Piraten als Versteck, heute liegt an ihren Ufern ein bedeutendes Industriegebiet.

anderen Völkern übernommen hatten. Sie verstanden es jedoch hervorragend, diese Eigenschaften miteinander zu verbinden und an die Gegebenheiten ihres eigenen Landes anzupassen – die Baukunst oder die Lebensart der Japaner sind beste Beispiele hierfür. So gehören zu einem japanischen Haus beispielsweise dicke Strohmatten am Boden, Papierwände anstelle von stabilen Innenwänden, ein luftiges Gefüge des ganzen Hauses, die Verwendung von Kunstgegenständen, Holzkohlebecken sowie Badewannen aus Holz und Eisen. Das Baden dient den Japanern im täglichen Leben als Mittel zur Entspannung nach einem langen Arbeitstag und zur allgemeinen Steigerung des Wohlbefindens.

Japans kulturelle Eigenart wird nicht zuletzt durch die Sprache hervorgehoben. Die japanische Sprache verwendet zwar die chinesischen Schriftzeichen und hat viele Wörter von denen des Kontinents abgeleitet, bewahrt aber trotzdem eine Eigenart, deren Ursprünge nicht festgestellt werden können. In vielerlei Hinsicht zeigt das Japanische eine Verwandtschaft mit dem Koreanischen, ähnelt jedoch keiner anderen bekannten Sprache und besitzt ein äußerst vielfältiges Schriftsystem.

Bedingt durch all diese Faktoren waren sich die Japaner ihrer eigenen Identität früh bewusst und stolz auf ihre Besonderheiten. Nach der Gründung der Vereinten Nationen 1945 stieg das nationale Bewusstsein in Japan. Hauptgründe für den Zusammenhalt und die Einheit waren die ethnischen und geographischen Besonderheiten. Umgekehrt prägte das starke Nationalbewusstsein, das durch die „strahlende Isolation“ noch betont wurde, Japans Außenpolitik. Den Machthabern des Landes wurden arrogante Gleichgültigkeit, Überlegenheitsattitüden und ein Minderwertigkeitskomplex gegenüber anderen Nationen vorgeworfen. Noch heute suchen Historiker in der exzentrischen und isolierten Haltung japanischer Herrscher Erklärungen für die häufigen Schwankungen und Umschwünge in der japanischen Außenpolitik und für die Schwierigkeiten Japans, sich im Spiel der Weltmächte zurechtzufinden.

Die jungsteinzeitlichen Kulturen: Jomon und Yayoi

Lange wurde die Meinung vertreten, dass die Japaner wie auch die Chinesen und die Koreaner zu der ethnischen Gruppe der Mongoliden gehörten. Inzwischen ist jedoch erwiesen, dass seit der altsteinzeitlichen Ära unterschiedliche Volksstämme dem Kontinent den Rücken kehrten, um sich auf dem Archipel, dem heutigen Japan, niederzulassen.

Von Japans Ureinwohnern sollten besonders die Ainu hervorgehoben werden. Es handelt sich dabei um eine Bevölkerungsgruppe, die sich vom weißen Teil der Bevölkerung gelöst hatte, bevor diese ihre endgültigen Merkmale ausgebildet hatte. Lange Zeit glaubte man, dass die Ainu in einer früheren Epoche den Großteil Japans besiedelt hätten. Aber die einzige Gewissheit, über die die Historiker heute verfügen, ist die, dass die Ainu zumindest sieben bis acht Jahrhunderte auf der Insel Hokkaido und dem nördlichen Drittel der Insel Honshu lebten. Seitdem wurden sie Stück für Stück nach Norden zurückgedrängt und passten sich so weit an, dass ihre besonderen Merkmale, die sie von den japanischen Bevölkerungsgruppen unterschieden, verloren gingen. Heute sind die Ainu fast ganz verschwunden, aber ihre Nachfahren besitzen noch bestimmte körperliche Besonderheiten, wie zum Beispiel eine verhältnismäßig starke, für andere mongolide Volksgruppen untypische Körperbehaarung.

Einer anderen Theorie zufolge wanderten Volksgruppen aus Südostasien nach Japan aus und vermischten sich dort mit der Bevölkerung. Zahlreiche Ähnlichkeiten in den Mythen, den sozialen Praktiken und der Architektur dieser Länder scheinen diese Hypothese zu untermauern, doch kann sie bis jetzt noch von keinem archäologischen Beweis gestützt werden. Es ist viel wahrscheinlicher, dass mit dem Siegeszug der chinesischen Kultur eine große Wanderung von Südostasien über Korea nach Japan einherging.

Die archäologischen Funde belegen eindeutig, dass die Mehrzahl der ersten Bewohner über Korea oder andere Regionen Südostasiens nach Japan kam. Diese Wanderungsbewegung setzte sich bis zum 8. Jh. unserer Zeitrechnung fort. Zu dieser Zeit war die Angleichung bereits weit fortgeschritten. Japans Bewohner hatten sich über die ganze Inselkette mit Ausnahme

Gefäss aus der Jomon-Kultur
Dieses reich dekorierte Gefäß aus der späten Jomon-Kultur stellt ein schönes Beispiel der prähistorischen Kunst Japans dar. Hierbei handelt es sich mit Sicherheit nicht um einen Gegenstand des täglichen Lebens.

eines kleinen Gebiets im äußersten Norden des Landes verbreitet. Auch einige nicht vollständig angepasste Minderheiten im Süden Kyushus bewahrten ihre besonderen politischen Institutionen und ihre kulturellen Traditionen.

Die Einführung der asiatischen Bräuche in Japan ging Hand in Hand mit dieser Wanderungsbewegung. Spätestens seit dem 5. Jt. v. Chr. bewohnte eine organisierte primitive Gesellschaft von Jägern und Sammlern den japanischen Archipel. Historiker nannten diese Gesellschaft die Jomon-Kultur nach dem für ihre Keramik typischen „Schnurmuster". Die Epoche der Jomon-Kultur war von großer künstlerischer Schaffenskraft gekennzeichnet; die Künstler waren ständig auf der Suche nach originellen Schmuckmotiven. Die Jomon-Kunst überlebte bis zur historischen Zeitrechnung in den letzten Rückzugsgebieten der Ainu im Norden.

Gleichzeitig begann die Ausbreitung einer neuen jungsteinzeitlichen Kultur koreanischen Ursprungs. Diese Kultur dehnte sich um das 3. Jh. v. Chr. in den Norden Kyushus aus und gelangte nach und nach bis zur Kantu-Ebene der Ostküsten; schließlich erreichte sie um das 1. Jh. unserer Zeitrechnung den Norden des Landes. Diese neue Kul-

DER BERG FUJI
Seit der Antike feiern japanische Künstler – Dichter oder Maler – die Schönheit des Berges Fuji. Bis 1872 hatte keine Frau das Recht, den Vulkan zu besteigen. Der Berg galt schon sehr früh als heiliger Ort und als Zuflucht für Gottheiten des nationalen Schintoismus.

tur mit dem Namen Yayoi unterscheidet sich in der Agrarwirtschaft grundsätzlich von der Jomon-Kultur. Die Agrarwirtschaft der Yayoi beispielsweise gründete auf der Methode des Nassfeld-Reisanbaus, die sich ohne große Änderungen bis in die Gegenwart erhalten hat. Im künstlerischen Bereich wurden in der Yayoi-Epoche Keramikarbeiten mit der Töpferscheibe gefertigt und außerdem, inspiriert von chinesischen Vorbildern, Bronze- oder Eisengegenstände hergestellt. Das Entstehen der einzelnen Fertigungstechniken steht in engem Zusammenhang mit dem ersten vereinten großen chinesischen Reich am Ende des 3. Jh. v. Chr. und der Eroberung Koreas durch Nordchina 108 v. Chr. Diese Art der Nachahmung erinnert an die Romanisierung Galliens und Britanniens, die ungefähr zur selben Zeit vor sich ging.

Chinesische Dokumente aus dem 3. Jh. unserer Zeitrechnung beschreiben Japan als reine Agrargesellschaft, in der die Menschen streng hierarchisch gegliedert lebten und religiösen Anführern – Männern ebenso wie Frauen – unterworfen waren. Diese Anführer wurden vom Volk als Schamanen oder als Fürsprecher kosmischer Kräfte und übernatürlicher Geister angesehen. Entsprechende chinesische Quellen behaupten darüber hinaus, das Land sei in eine große Anzahl von Stämmen aufgeteilt gewesen, von denen etliche abhängig waren von der Autorität eines rätselhaften „Landes der Königin“.

DAS GEHEIMNIS UM KÖNIGIN HIMIKO

Ein vom Ende des 3. Jh. stammender chinesischer Text über die Geschichte der Wei ist eine der ersten schriftlichen Quellen über das antike Japan. Er ruft die Erinnerung an eine „Königin“ namens Himiko wach, die im 3. Jh. auf den japanischen Inseln gelebt und das Land Yamatai, ein Bündnis von etwa 30 Fürstentümern, regiert haben soll. Wenn man der chinesischen Quelle Glauben schenken darf, gab es bereits in dieser Zeit eine erste politische Vereinigung der Inseln, den ersten japanischen Staat. Himiko lebte isoliert von ihren Untertanen, umgeben von Bediensteten und Soldaten, und beschäftigte sich mit magischen Praktiken, um Kontakt zu höheren Mächten aufzunehmen. Ihr Bruder hatte die Aufgabe, ihre Befehle und Weisungen weiterzugeben. Himiko soll diplomatische Beziehungen zu China unterhalten haben, von wo sie um das Jahr 239 ein Siegel und rund 100 Spiegel bekam – der Grund, warum die Königin in der chinesischen Chronik erwähnt wurde. Einige Historiker bezweifeln jedoch die Existenz Himikos. Unklar ist auch die Lage des Landes Yamatai. Einige suchen es im Norden Kyushus, andere in Yamato auf der Insel Honshu. Für die Vertreter dieser Theorie ist das Reich Yamatai der Vorläufer des Hofes von Yamato, wo die ersten Kaiser herrschten.

Yamato – der Staat der Clans

Am Ende des 3. Jh. nahmen die Japaner den koreanischen Brauch, die Gräber der Anführer in einzigartiger Art und Weise zu errichten, wieder auf. Die einst klein dimensionierten Anlagen wurden ständig größer gebaut, was den wachsenden Einfluss der „Ur-Aristokratie“ bezeugt. Anfang des 5. Jh. erreichten die Grabanlagen imposante Ausmaße und legen die Vermutung nahe, dass in eineinhalb Jahrhunderten eine starke Machtkonzentration und eine bemerkenswerte Ansammlung von Reichtümern stattgefunden haben muss. Viele dieser Gräber sind in „Schlüsselloch-Form“ angelegt – hinten rundlich und vorn rechtwinklig. Häufig wurden die Gräber von diversen Figuren umgeben: Krieger mit Waffen, Pferde, Häuser oder verschiedene Tiere von hohem ästhetischem und archäologischem Wert. Das größte dieser Grabmäler maß einschließlich des umgebenden Wassergrabens etwa 800 Meter in der Länge. Die Harnische und die verschiedenen Gegenstände, die man in diesen Grabmälern fand, lassen vermuten, dass es einen Waffenadel gab, der der Landbevölkerung mit Gewalt seine Herrschaft aufzwang. Die größten bis jetzt entdeckten Grabmäler liegen in der Nähe der heutigen Städte Nara und Osaka. Es wird vermutet, dass es die Gräber der ersten japanischen Kaiser sind. Diese Auslegung wird übrigens von chinesischen Quellen gestützt, in denen die kriegerischen Anführer als Nachfahren der „Königin" bezeichnet werden. Vergleiche zwischen archäologischen Entdeckungen, chinesischen Schriftstücken und mündlichen Überlieferungen ermöglichen es, die Grundzüge der japanischen Gesellschaft des 5. Jh. zu rekonstruieren. Die Nationallegende darf demnach durchaus als glaubhaft angesehen werden. Dieser Legende zufolge unterwarf ein einziger Stamm von der Inlandsee bis Yamato, dem historischen Kernland Japans, nacheinander alle rivalisierenden Volksstämme.

Die Religionsführer von Yamato präsentierten sich als Abkömmlinge der Sonnengöttin, weshalb sich der Sonnenkult im ganzen Land ausbreitete. Das Zentrum dieser Verehrungen war der Großschrein von Ise, der noch heute einen der bedeutendsten heiligen Orte Japans darstellt und die schönsten Überreste einer religiös geprägten Architektur dieser lange zurückliegenden Zeit bis in die Gegenwart bewahrt. Der Glaube an eine Göttin als Ursprung der kaiserlichen Nachkommenschaft und die Anspielungen in den chinesischen Schriften auf Volksstämme, die von Frauen geführt wurden, deuten auf eine matriarchalische Urgesellschaft hin, die erst mit dem Kontakt zum Kontinent langsam verschwand. Bei archäologischen Ausgrabungen in Japan und in den Küstenregionen des Kontinents wurden die Herrschaftszeichen der Hohepriester Yamatos entdeckt, die noch heute die drei charakteristischen Symbole der japanischen Kaiserfamilie sind: ein Bronzespiegel, nach chinesischem Vorbild als Symbol der Sonnenkönigin, ein langer Eisensäbel und ein „Krummjuwel", der die Tatze eines Bären darstellt. Wie die chinesischen Quellen berichten, trat ab dem 5. und 6. Jh. ein japanischer Staat an die Stelle der vielen einzelnen Volksstämme. Von nun an war die japanische Gesellschaft in zahlreiche Clans unterteilt. Die Mitglieder dieser Clans bildeten, ohne zwingend miteinander blutsverwandt zu sein, einen Familienverband unter der Herrschaft eines Sippenältesten. Das Amt des Sippenältesten wurde von Generation zu Generation weitervererbt. Für das Gebet zu ihrer Gottheit hatte jeder Clan seinen eigenen Altar. Jeder Clan gehörte zu einer speziellen Berufsgruppe und war auf Tätigkeiten wie Weben, das Töpferhandwerk oder den Ackerbau spezialisiert. Die Zugehörigkeit zur Berufsgruppe wurde ebenfalls auf die folgenden Generationen übertragen. Die Ge-

HANIWA IN FORM EINES HAUSES
Die haniwa, *kleine Figuren aus Terrakotta (6. Jh.), die um Gräber aufgestellt wurden, waren der Legende nach Ersatz für Menschenopfer.*

samtheit dieser Clans war hierarchisch den Ältesten in Yamato unterworfen. Einige standen in direkter Abhängigkeit zu ihnen; andere wiederum verwalteten kleine, größtenteils unabhängige, regionale Einheiten.

Allmählich verbreitete sich die Autorität des Staates Yamato in ganz Japan, mit Ausnahme des Nordens, der noch von den Ainu bevölkert wurde. Die Macht des Staates Yamato weitete sich sogar auf bestimmte Teile Südkoreas aus. Der Überlieferung zufolge ist diese Ausdehnung der Herrschaft auf den Kontinent das Ergebnis der Eroberung einer kriegerischen Kaiserin. In Wirklichkeit muss man darin wohl eher einen zusätzlichen Beweis für die Auswanderung vieler Koreaner nach Japan sehen. Bis zum 8. Jh. berief sich ein gutes Drittel der Aristokraten des Staates Yamato auf eine kontinentale Herkunft. Die Macht der Japaner im südlichen Korea erreichte ihren Höhepunkt Ende des 4. Jh., wurde dann zusehends schwächer und verschwand schließlich vollständig.

Das Erbe der urgeschichtlichen Epoche

Japan sollte lange Zeit geprägt sein von der auf den Clans gegründeten Gesellschaftsorganisation. Der Sinn für die Werte von Rangfolge und Vererbung, die Darstellung des Kriegers auf dem Pferd, sollte während der feudalen Periode wieder aufleben. Die ersten Herrscher von Yamato waren die Ahnen der Kaiserfamilie, Angehörige der ältesten regierenden Dynastie der Welt.

Die Yamato-Zeit hinterließ vor allem auf religiösem Gebiet nachhaltige Spuren. Die Gesamtheit der seit der urgeschichtlichen Epoche aufgekommenen Glaubensrichtungen und der rituellen Praktiken bekam den Namen „Shinto" – Weg der Götter –, um sie besser vom Buddhismus unterscheiden zu können. Die Anbetung der Sonnengöttin und die Verehrung der Ahnen wandelte sich bald in eine allgemeine Verehrung der Natur. Ein Wasserfall, eine Felsklippe, ein großer Baum, ein seltsam geformter Stein, sogar irgendein unbedeutender Gegenstand oder ein schädliches Insekt konnte zu einem Objekt der Anbetung werden. Alles, was dem Menschen Furcht einflößen konnte, wurde mit dem Begriff *kami* betitelt. Dieser Begriff wird zwar mit „Gott" übersetzt, bedeutet im ursprünglichen Sinn allerdings „oben". Diese sehr großzügige Auffassung des Göttlichen ist eine besondere Eigenheit der Shinto-Tradition. Sie sollte beachtet werden, wenn man im heutigen Japan die Vergöttlichung von lebenden Kaisern und von japanischen Soldaten, die ihr Leben für das Vaterland ließen, verstehen möchte. Der primitive Shintoismus enthielt praktisch keine moralischen Vorschriften, legte aber besonderen Wert auf die rituelle Reinigung, was die Liebe der Japaner zur Wasserheilkunde erklärt. Es gab viele Kultplätze,

EIN REITERVOLK EROBERT JAPAN

Nach der Kofun-Periode entstand mit dem Yamato-Reich eine politische Struktur, die später die Grundlage des Kaiserreichs bildete. Das Yamato-Reich ist nach wie vor eines der Rätsel der japanischen Geschichte. Wie und von wem wurde der Staat errichtet? 1948 stellte der Historiker Egami Namio mit der Theorie vom Reitervolk hierzu eine spannende These auf. Archäologische Funde hatten ihn darauf aufmerksam gemacht, dass die Gräber auf den japanischen Inseln ab dem 5. Jh. neue Formen und Gegenstände wie Geschirre, Rüstungen oder Kriegerfiguren aufwiesen. Seiner Ansicht nach ließ dieser Wandel auf die Eroberung Japans (nach der Kofun-Periode) durch ein Reitervolk vom asiatischen Kontinent schließen. Die aus Korea eindringenden Feinde sollen Kyushu und das Nara-Becken (Yamato) erobert haben, wo sie eine neue politische Organisation errichteten. Die These Egamis war von großer Bedeutung, erklärte sie doch erstmals, wie die Geschichte der Japaner mit der Geschichte anderer Völker verknüpft war. Die Überlegungen Egamis hatten für viele Forscher einen gewissen Reiz, andere dagegen vermuteten, die Entwicklung der archäologischen Spuren im 5. Jh. lasse sich durch die Einfuhr von Gegenständen vom Festland erklären.

Feste und Zeremonien. Heute sind Zehntausende solcher Verehrungsstätten in ganz Japan verbreitet. Einige gelten als alte, einst von den Gottheiten der Ortsclans bewohnte Tempel; andere sind nur kleine Stein- oder Holzhütten, die beispielsweise vor einer alten Eiche, in einer dunklen Höhlennische oder auf einem Berggipfel errichtet wurden.

Die grundlegende Linie des Shintoismus hat sich seit vorgeschichtlichen Zeiten kaum verändert. In den vergangenen 1300 Jahren wurde viel unternommen, um aus der einfachen Naturverehrung eine wirkliche Religion zu machen oder sie als Antriebskraft für die nationale Soldidarität und als Inspiration für einen fanatischen Patriotismus einzusetzen. Trotz dieser Anstrengungen blieb die eigentliche Grundlage des Shinto aber unverändert eine einfache und naive Verehrung der Natur, die zusätzlich den Respekt vor den Ahnen und ein Gefühl der Einigkeit mit den Kräften des Universums und mit vergangenen Generationen beinhaltete.

HÜGELGRÄBER
Die alten Hügelgräber (Kofun) in Form eines Schlüssellochs sind typisch japanisch. Oft sind sie groß und mit reichen Beigaben wie Spiegeln, Feuerwaffen, Juwelen ausgestattet. Im Hintergrund erkennt man das vermutliche Grab des Kaisers Nontoku (468 m) in der Stadt Sakai bei Osaka.

KAPITEL 2

Unter dem Einfluss Chinas

Die Völker Nordeuropas waren sich stets ihres zweifachen Erbes bewusst – das ihrer primitiven germanischen Vorfahren und des Kulturerbes der Griechen und Römer. In ähnlicher Weise können auch die Japaner auf ein doppeltes geschichtliches Erbe blicken: das Erbe des alten Japan und die Einflüsse Chinas. Als die hochmodernen Produkte der chinesischen Kultur einst nach Japan gelangten, gingen sie eine Verbindung mit den ursprünglichen Traditionen des Staates Yamato ein.

Die ersten Kontakte: Bonzen und Gesandte

Japan und China standen seit langem in Kontakt miteinander. Seit dem 1. Jh. unserer Zeitrechnung reisten Gesandte und Kaufleute zwischen den beiden Ländern hin und her. Einwanderer aus Korea brachten Kunst und Wissen vom Festland nach Japan. Um das 5. Jh. waren den Japanern die chinesischen Schriftmodelle weitgehend bekannt. Doch erst in der zweiten Hälfte des 5. Jh. wurden ihnen die Fortschritte und der kulturelle Reichtum des Festlands richtig bewusst, ebenso wie die Zweckmäßigkeit, sich einen eigenen Vorteil daraus zu verschaffen.

Chinas Geschichte als hoch zivilisierter Teil der Welt reicht in das 2. Jt. v. Chr. zurück. Seine große Zeit als riesiges Militärreich begann zur Blütezeit Roms, also um 220 v. Chr. bis 220 n. Chr. Es folgte eine Periode der politischen Uneinigkeit und des Zerfalls, die erst in der zweiten Hälfte des 6. Jh. ihr Ende fand, als ein neues und größeres chinesisches Reich aus dem Chaos dreier Jahrhunderte Bürgerkrieg und Barbareneinfälle hervorging. Das neue chinesische Reich war wesentlich reicher und stärker als das vorangegangene. Im 7. und 8. Jh. war China zweifellos das reichste und mächtigste Land der Erde. Diese Zeit ist unter dem Namen Tang-Dynastie bekannt, eine Ära nie zuvor gesehener Pracht und Macht, die geprägt war von glänzenden kulturellen Leistungen.

ABGESANDTE AM CHINESISCHEN HOF

Als die diplomatischen Beziehungen zu China im 6. Jh. unterbrochen waren, beschloss Kaiserin Suiko im Jahr 600, nochmals eine japanische Delegation an den chinesischen Hof zu entsenden. Bis zur Beendigung der Missionen im Jahr 894 folgten 15 weitere Abordnungen. Die Organisation einer Reise auf das Festland war keine Kleinigkeit. Die Unternehmungen waren teuer, außerdem machten Piraten und Stürme die Seereise gefährlich. Doch dem Risiko stand der Nutzen gegenüber. Die aus mehreren hundert Personen bestehenden Gesandtschaften waren in der Regel etwa ein bis zwei Jahre unterwegs und brachten Schätze wie Weihrauch, Bücher, Buddhastatuen, Arzneimittel oder Duftstoffe auf die im Vergleich zum festländischen Nachbarn unterentwickelten japanischen Inseln. Mönche und Intellektuelle kehrten mit neuen Erkenntnissen über Religion, Philosophie oder Politik zurück. Insgesamt hatten diese Reisen nur einen wirklich gravierenden Nachteil. Die Vertreter des japanischen Kaisers mussten sich am chinesischen Hof als Abgesandte eines „barbarischen" und tributpflichtigen Landes präsentieren. Das war der Preis, den der Kaiser aus dem Land der aufgehenden Sonne für seinen Platz auf der internationalen Bühne zahlen musste.

So ist es kaum verwunderlich, dass die Japaner vor allem in schlechten Zeiten den Glanz des neuen chinesischen Reiches bewunderten und sich der Größe des Landes jenseits der See überhaupt erst richtig bewusst wurden. Der ganze Archipel erfuhr einen kulturellen Aufschwung, der in völligem Gegensatz steht zum Stillstand der Entwicklung in Westeuropa zu jener Zeit. Nordeuropa und Japan unterschieden sich weniger im Hinblick auf ihre gesellschaftliche Organisation als vielmehr in der unterschiedlichen Entwicklung ihrer jeweiligen politischen Modelle: Der völligen Dekadenz Roms im Westen stand im Osten die Entfaltung des chinesischen Reiches gegenüber, das den absoluten Höhepunkt seiner Macht erreicht hatte.

Heute wird der Beginn des chinesischen Einflusses auf den japanischen Archipel auf das Jahr 552 datiert – das Jahr, in dem die Lehre Buddhas offiziell durch einen koreanischen Gesandten beim Yamato-Clan eingeführt wurde. Es ist allerdings wahrscheinlich, dass der Buddhismus schon vorher eine Rolle in Japan gespielt hatte. Der Buddhismus sollte, als wichtiger Teil der chinesischen Kultur, über Jahrhunderte hinweg einen großen Einfluss auf Japan nehmen. Er spielte hierbei eine ähnliche Rolle wie das Christentum, das im Europa des Mittelalters für die Verbreitung der aus dem Mittelmeerraum kommenden Werte sorgte. Der Buddhismus war ursprünglich eine indische Religion und ist schließlich in China, während der Wirren in der Zeit zwischen den beiden großen Reichen, auf fruchtbaren Boden gestoßen. Der Eifer der Missionare brachte den Buddhismus über China nach Korea und von dort weiter nach Japan. Während des 6. bis 8. Jh. kamen koreanische, chinesische und gelegentlich sogar indische Bonzen – ostasiatische Priester – nach Japan. Außerdem zogen Scharen von bekehrten Japanern nach China, um noch mehr über ihren neuen Glauben in Erfahrung zu bringen. Als diese japanischen Priesteranwärter vom Festland heimkehrten, übernahmen sie mit noch größerem Eifer als die fremden Missionare die Vorreiterrolle bei der Verbreitung der neuen Religion und vieler anderer neuer Errungenschaften, die aus der chinesischen Kultur mitgebracht wurden. In der zweiten Hälfte des 6. Jh. hatten der Buddhismus und andere Impulse aus dem Ausland den Yamato-Clan derart beeinflusst, dass Zerwürfnisse auftraten zwischen denjenigen, die den Buddhismus und andere festländische Ideen aufgenommen hatten, und gegnerischen Gruppen, die die neue Religion und jeglichen Wechsel im Glauben ablehnten. Der Sieg der Buddhistenpartei um 587 machte schließlich den Weg frei für eine rasche Übernahme chinesischer Ideen und Kenntnisse; unter der geschickten Führung des Kronprinzen Shotoku wurde eine Vielzahl innovativer Reformen durchgeführt. Im Jahr 604 verkündete er die Verfassung der 17 Artikel, eine Sammlung von Regeln und Vorschriften aus dem Buddhismus und den Lehren des Konfuzius. Im Jahr 607 schickte er eine offizielle Gesandtschaft nach China, die im Lauf der nachfolgenden zweieinhalb Jahrhunderte regelmäßig erneuert wurde. Obwohl ihre unmittelbare politische Bedeutung und der unter ihrem Einfluss geförderte Warenaustausch wirtschaftlich weniger wichtig war, muss die kulturelle Arbeit dieser Gesandtschaften doch als sehr bedeutend eingeschätzt werden.

SHOTOKU TAISHI
Frömmigkeit und persönlicher Einsatz des Prinzen Shotoku trugen viel zur Übernahme des Buddhismus in Japan bei.

Die japanischen Herrscher waren sehr weise und erfahren; umsichtig wählten sie viel versprechende junge Beobachter aus, die die Gesandtschaften begleiten und in China an den unmittelbaren Quellen des Wissens studieren sollten. Diese jungen Leute wurden wegen ihrer außerordentlichen Kenntnisse in chinesischer Literatur, Philosophie, Geschichte oder buddhistischer Theologie oder wegen ihrer großartigen Fähigkeiten in der Malkunst, Poesie oder Musik auserwählt. Sie hatten dann während ihres meist einjährigen Aufenthalts in China Zeit, ihr Wissen zu vertiefen und zu vervollständigen. Manchmal blieben sie sogar für den Zeitraum von ein oder zwei Jahrzehnten, der zwischen der Abfahrt einer Gesandtschaft und der Ankunft einer neuen lag. Im Anschluss an ihre Rückkehr nach Japan wurden sie meist Lehrer in einem speziellen Fachgebiet und auf diese Weise Überbringer und Vermittler der Wissenschaften, Künste und Ideale der festländischen Kultur.

Heiligtum von Ise
Der heilige Ort besteht aus zwei bedeutenden shintoistischen Schreinen, die seit der Antike alle 20 Jahre komplett neu aufgebaut werden. Bei diesen Gelegenheiten stehen die alten Schreine und ihre neue Version eine Zeit lang nebeneinander.

Einige dieser Gelehrten, die aus China zurückgekehrt waren, taten sich mit anderen zusammen und bildeten am Hof Yamatos eine Gruppe von Verschwörern, die im Jahr 645 nach einem sorgsam vorbereiteten Staatsstreich die Macht ergriff. Dieser Putsch leitete die Taika-Ära ein, die auch als „der große Wandel" bezeichnet wird. Das offizielle Ziel dieses Staatsstreichs war es, Japan zu einem Abbild Chinas zu machen und es in ein Tang-Reich im Kleinen zu verwandeln. Andere kleine Staaten in Korea, in der Mandschurei und an den Südwestgrenzen Chinas, die ebenfalls durch die Macht und Pracht der Tang beeindruckt waren, strebten ähnliche Ziele an. Besonders bemerkenswert sind der große Eifer und die Energie, die die Japaner bei diesem Unterfangen an den Tag legten. Beim Studieren und Erlernen der fremden Kenntnisse und Ideale entwickelten sie eine enorme Begeisterung, die auf eine bedeutende und große Zukunft Japans hoffen ließ.

Die Verwaltungsreform

Unter dem Einfluss chinesischer Ideen begriffen die Japaner ihren Staat erstmalig als eine mit China gleichwertige politische Organisationsform, an deren Spitze der Kaiser stand. Prinz Shotoku wagte sogar, einen Brief an den chinesischen Kaiser abzufassen, als Schreiben des „Kaisers der aufgehenden Sonne" an den „Kaiser der untergehenden Sonne". Mit diesem neuen Stand verlieh sich der Herrscher des Staates Yamato zum ersten Mal die Würde eines Kaisers. Der Hohepriester des Clans wurde, ohne seinen religiösen Einfluss zu verlieren, zu einem absoluten Monarchen nach chinesischem Vorbild. Er verlor jedoch keineswegs seine ursprüngliche Stellung als Hohepriester. Noch heute hat er diese Doppelstellung inne.

Unter dem chinesischen Einfluss wurde der alte Brauch der Frauenherrschaft in Japan in der zweiten Hälfte des 8. Jh. endgültig abgeschafft. Erst viele Jahrhunderte später, als die kaiserliche Autorität politisch längst unwesentlich geworden war, gelangten wieder Frauen auf den Thron. Die Stellung der japanischen Frauen, die einst sozial und politisch die des Mannes überragte, sank auf das Niveau der völligen Unterwürfigkeit herab. Der Einfluss der Frauen in der frühen Feudalgesellschaft war zwar immer noch erheblich, aber im Lauf der Zeit wurden sie sowohl gesellschaftlich als auch intellektuell zu Untergebenen der Männer.

Unter der Regentschaft des Kaisers schufen die Japaner eine Zentralregierung nach dem Muster der zentralisierten Verwaltung der chinesischen Tang-Dynastie, einer der am höchsten entwickelten und komplexesten Regierungen, die es je gegeben hat. Diese Regierung bestand aus acht Ministerien unter einem Obersten Staatsrat mit seinen Reichskanzlern und den Kanzlern der Rechten und Linken. Unter ihnen gab es eine Vielzahl anderer Ämter, in denen, verteilt auf 26 hierarchischen Ebenen, Beamte tätig waren. Diese Verwaltung war jedoch viel zu schwerfällig für einen kleinen und lose organisierten Staat, der immer noch in vielen Bereichen dem primitiven Clanverband entsprach. Natürlich existierte vieles in der zentralen Verwaltung nur auf dem Papier und funktionierte, wenn überhaupt, anders als ihr chinesisches Vorbild. Obwohl die Japaner nicht ganz erfolgreich waren mit der Schaffung einer Zentralregierung, hatten sie doch erste Erfahrungen mit der vielschichtigen chinesischen Verwaltung gemacht.

GIGAKU-MASKE
Diese großartige Maske aus lackiertem Holz stammt aus der Nara-Zeit (710–784). Wahrscheinlich benutzte man sie bei pantomimischen religiösen Tänzen (gigaku).

Die Hauptstädte: Nara und Heian

Eine Vorstellung vom Umfang des Unternehmens und seinem großen Erfolg gewinnt man, wenn man die Hauptstädte betrachtet, die die Japaner errichteten, um ihr Land in ein kleines Tang-Reich zu verwandeln. Früher gab es keine japanischen Städte, nicht einmal dauerhafte Bauwerke. Nun versuchten die Japaner eine Hauptstadt zu errichten, die sich mit Tschangan (dem heutigen Xi'ian), der großen Hauptstadt der Tang, messen konnte. Mit ihren 1 Million Einwohnern war sie die größte Stadt der damaligen Zeit. Tschangan war ein riesiges Rechteck, das acht mal zehn Kilometer groß und von festen Mauern umgeben war. Ein großartiger Palast stand am Nordende der Stadt; breite, gerade Alleen teilten sie in Schachbrettform auf.

Die erste japanische Nachahmung Tschangans wurde 710 bei der Stadt Nara gebaut. Die Japaner hatten natürlich in kleinerem Rahmen geplant, sodass die neue Hauptstadt fünf mal sieben Kilometer maß. Zwar misslang der Bau der üblichen chinesischen Stadtmauern, aber dafür wurden breite Durchgangsstraßen, stattliche ziegelgedeckte buddhistische Tempel und eindrucksvolle Paläste und Wohnhäuser gebaut. Einige dieser buddhistischen Tempel, die ältesten Holzbauten der Welt, existieren noch heute. Sie

DER TEMPEL HORYUJI VON NARA
Der Horyuji ist der älteste erhaltene buddhistische Tempel Japans und wurde im 7. Jh. von Shotoku Taishi zu Ehren des heilenden Buddhas Nyorai Yakushi gegründet. Die prachtvolle, fünfstöckige Pagode misst stolze 32,5 m.

sind die besten noch erhaltenen Beispiele ostasiatischer Architektur der Tang-Zeit. Nara und seine Umgebung bieten einen außergewöhnlichen Fundus an Architekturformen der Tang-Dynastie, besonders der „Tempel des edlen Gesetzes" aus dem 7. Jh.

Gegen Ende des 8. Jh. beschloss der japanische Hof – wahrscheinlich um dem wachsenden Einfluss der großen buddhistischen Tempel, die Nara umgaben, zu entgehen –, diese erste Stadt aufzugeben und eine neue Hauptstadt zu errichten. Im Jahr 794 wurde daher die zweite Stadt Heian (das heutige Kyoto), 50 Kilometer nördlich von Nara, entworfen. Der Maßstab war großzügig angelegt: ein Rechteck von fünf mal viereinhalb Kilometern, doch die Stadt wurde nie in dieser Größe errichtet. Sie blieb aber bis 1868 die Kaiserstadt Japans. Das Schachbrettmuster der Hauptstraßen Kyotos vermittelt noch heute die Art und Weise der chinesischen Städteplanung von vor über 1000 Jahren.

Das Scheitern der Zentralregierung

Die Schaffung einer Zentralregierung in Japan nach chinesischem Vorbild war einfacher als die Schaffung einer Provinzverwaltung chinesischer Art. Stammesgeist und Stammesautonomie waren noch immer zu einflussreich, als dass sie eine direkte Beherrschung aller Landesteile durch eine Bürokratie akzeptieren konnten, die vom Hof in die Provinzzentren entsandt wurde. Aber die Japaner übernahmen zumindest die äußeren Formen des chinesischen Provinzsystems. Das Land wurde in Präfekturen und Unterpräfekturen eingeteilt, an deren Spitze Beamte gesetzt wurden. Da viele dieser Provinzämter dem Landadel übergeben wurden, war die Kontrolle von Seiten der Zentralregierung nicht gewährleistet und häufig von der Duldsamkeit der örtlichen Machthaber abhängig.

Der vielleicht gewagteste Schritt, den die Japaner in ihren Bestrebungen, sich an China anzugleichen, unternahmen, war der Versuch, das System des Landbesitzes und der Besteuerung zu übernehmen. Im China der frühen Tang-Zeit wurde das Agrarland theoretisch verstaatlicht und gleichmäßig unter den Bauern verteilt, sodass jeder erwachsene Bauer gleich hohe Steuern zu zahlen hatte, die er in Form von Ernteerzeugnissen, Arbeit oder als Militärdienst entrichtete. Sogar im gut organisierten China mit seiner bestens geschulten Beamtenschaft funktionierte das überlastete System jedoch nur unzureichend. Die Japaner formulierten ihr System in genauen Gesetzesvorschriften gemäß chinesischem Vorbild. Ein knappes Jahrhundert lang funktionierte das System wenigstens in der Gegend um die Hauptstadt und in den vom Yamato-Clan direkt regierten Gebieten. In den entlegenen Teilen des Landes aber war es das Papier nicht wert, auf dem es geschrieben worden war.

Eng verknüpft mit dem chinesischen Steuersystem war die dank der Verpflichtung der Bauern entstandene riesige Armee. China mit seinen langen Grenzen und benachbarten kriegerischen Nomadenvölkern im Norden benötigte ein Heer dieser Größe, aber in dem isolierten Japan war dies nutzlos. Eine so genannte Armee wurde im Umkreis der Hauptstadt, wo das Steuersystem in Kraft war, geschaffen. Diese Bauernsoldaten waren aber tatsächlich nie etwas anderes als Arbeiter. Trotz der Aufstellung eines Heeres von Fußsoldaten – auf dem Papier – blieb der Adlige zu Pferd der wahre japanische Krieger.

DAS GEBIET VON KINAI *(10. Jh.) Während der Antike war diese Region der Mittelpunkt Japans. Neben den kaiserlichen Hauptstädten befanden sich dort heilige Berge und berühmte Schreine.*

Religion und kulturelles Leben

Was die Japaner in kultureller und intellektueller Hinsicht von China lernten, wirkte weit länger als die politischen Einrichtungen, die sie übernommen hatten. Während diese mit der Zeit verschwanden, verloren viele religiöse Auffassungen, künstlerische Fertigkeiten und literarische Formen keineswegs ihre ursprüngliche Anziehungskraft, sondern entwickelten sich sogar weiter.

VOTIVLATERNEN
Die beiden Schriftzeichen auf dieser Laterne am Eingang zum Tempel Koryu (Kyoto) symbolisieren das „Licht, das den Gottheiten dargebracht wird“ (kento). *Laternen sind seit dem 6. Jh., als sie mit dem Buddhismus nach Japan gelangten, ein wichtiger Bestandteil der japanischen Kultur. Es gibt sie in verschiedenen Formen und Materialien (Stein, Bronze, Papier).*

Nach dem Sieg der Anhänger des Buddhismus am Hof in der zweiten Hälfte des 6. Jh. stand die Religion des Festlands hoch in der Gunst der Zentralregierung. Prächtige Tempel wurden vom Hof und von den Adelsfamilien errichtet. Manch ein japanischer Kaiser zog sich aus seiner weltlichen und religiösen Herrschertätigkeit in das friedlichere Leben eines buddhistischen Mönchs zurück. Die neue Religion war in der Hauptstadt und Umgebung übermächtig und erfreute sich weit mehr Begünstigungen als es je beim ursprünglichen, einheimischen Kult des Shinto der Fall gewesen war.

Mit dem Buddhismus kamen viele chinesische Künste und Formen des Handwerks nach Japan. Die buddhistischen Tempel waren Beweis für die großen Leistungen der Baukunst und bargen von tiefer Spiritualität zeugende Bronze-, Lack- und Holzstatuen buddhistischer Gottheiten, religiöse Malereien und andere prächtige Kunstwerke. Einige stammten direkt vom Festland, andere, von gleicher Schönheit und gleichem künstlerischem Wert, wurden in Japan hergestellt. Andere buddhistische Bauwerke der Region zeugen ebenfalls von dieser Epoche. Sie beweisen, wie bereitwillig die Japaner künstlerische Traditionen präsentierten, die von den Chinesen entwickelt worden waren. Seit dieser Zeit ist Japan geprägt von künstlerischem Geschmack und großem handwerklichem Geschick.

STATISTIKEN ALS HERRSCHAFTSINSTRUMENT

Für die Kaiserregierung der Antike war die Kontrolle der rund 60 Provinzen der japanischen Inseln unerlässlich, denn von dort kamen die Abgaben, die der Schlüssel zur Machterhaltung waren. Zur Festigung seiner Macht über die Provinzen schrieb der Hof von Nara im Jahr 713 jeder Provinz das Verfassen von *fudoki* vor. In diesen Aufzeichnungen für die Zentralverwaltung wurden die Provinzen in allen Einzelheiten beschrieben – die Landesnatur, die landwirtschaftliche und handwerkliche Produktion, die mündlich überlieferten Traditionen, die Tempel und Heiligtümer, die Herkunft von Ortsnamen. Heute ist nur noch der *fudoki* der Provinz Izumo erhalten, bei den anderen Provinzen müssen sich die Historiker mit mehr oder weniger umfangreichen Fragmenten begnügen. Neben den *fudoki* ließ sich der Kaiserhof der Antike auch andere Berichte vorlegen. Die Provinzbeamten hatten regelmäßig Listen über Soldaten, Waffen, Pferde und Rinder aufzustellen, desgleichen über Reisende, Einwohner, natürlich auch über Reisfelder und Äcker. Die Bewahrung der Strukturen des antiken Kaiserreichs über fünf Jahrhunderte, vom 7. bis zum 12. Jh., erklärt sich größtenteils durch diese ständigen Bemühungen des Beamtenapparats, genaue Einzelheiten über die Provinzen der japanischen Inseln zu erfahren.

Tempel Koryu

Der nach alter Tradition im Jahr 603 errichtete Tempel Koryu gehört zu den ältesten Buddha-Heiligtümern der Kaiserstadt. Er ist eine der unzähligen religiösen Stätten, die Kyoto den Charakter einer Kultstadt verleihen.

Auf dem Gebiet der Schreibkunst war der chinesische Einfluss weniger vorteilhaft. Japanisch ist eine Sprache von einfachem klanglichem Aufbau mit stark abwandlungsfähigen Wörtern. Daher könnte man sie leicht mithilfe phonetischer Symbole niederschreiben. Das chinesische Schriftsystem bietet kaum Möglichkeiten für eine klanggetreue Umschrift oder für die Wiedergabe der Abwandlungen (Beugungen, Konjugationen, Deklinationen). Es kennt keine Abwandlungen, und schon im Altchinesischen waren die Wörter einsilbig. Das Chinesische eignet sich deshalb weniger als das Japanische für eine phonetische Umschrift. Daraus erklärt sich auch, warum die Chinesen ein Schriftsystem besitzen, in dem jedes einsilbige Wort durch ein eigenes Zeichen wiedergegeben wird, das Charakter oder Ideogramm genannt wird. Nach der Zahl der Zeichen, die es beinhaltet, kann jedes Ideogramm eine mehr oder weniger große Vielzahl an Bedeutungen aufweisen. So formen sich diese Charaktere vom einfachen Strich, der „eins" bedeutet, bis zum zusammengesetzten Zeichen aus 25 Strichen, dem Begriff „Bucht".

Der chinesische Student stand von jeher der beängstigenden Situation gegenüber, mehrere tausend solcher Charaktere lernen zu müssen, ehe er einen angesehenen Bildungsstand erreicht hatte. Die Japaner dachten lange Zeit, die chinesische Schrift sei nicht für die Wiedergabe ihrer Sprache geeignet. Wäre Japan Nachbar eines europäischen Landes gewesen, das über eine Klangschrift verfügt, so hätten die Japaner rasch gelernt, ihre Sprache schriftlich leicht verständlich wiederzugeben. Die geographische Gegebenheit sorgte jedoch für eine andere Entwicklung: Das japanische Schreibsystem ist das Schwierigste überhaupt. Wie die Jugend Chinas, so muss auch Japans Jugend seit je ungeheure Anstrengungen leisten, nur um die Anfänge des Schreibens zu erlernen.

Wegen dieser Schwierigkeiten und wegen des übermächtigen chinesischen Einflusses in sämtlichen Bereichen vermieden es die Japaner in alten Zeiten, viel in ihrer eigenen Sprache zu schreiben. Bei Eigennamen und in kurzen Gedichten auf Japanisch wurde lediglich je ein einziges chinesisches Zeichen ausgesucht, das für die betreffende Silbe phonetisch passte. Stattdessen schrieben die Japaner in reinem und oft gutem klassischem Chinesisch. Sie gebrauchten Chinesisch ebenso wie im Mittelalter die Europäer das Lateinische, wenn sie Geschichtswerke, geographische Werke, Gesetzestexte oder amtliche Schriftstücke verfassten. Die gebildeten Japaner rühmten sich ihrer Fähigkeit, Gedichte auf Chinesisch abfassen zu können.

Die wichtigste Form literarischen Schaffens war die Geschichtsdarstellung, da die Chinesen stets sehr geschichtsbewusst gewesen waren. Geschichtsschreiber wurden von der Tang-Regierung finanziell unterstützt und hatten ein Verwaltungsamt inne, um das sie von ihren Zeitgenossen beneidet wurden. Seit Japan nach eigenen Gestaltungen ein Reich nach chinesischem Vorbild geworden war, brauchte es ebenfalls ein amtliches Geschichtswerk. Im Ergebnis schon erster Bemühungen standen zwei umfassende Werke: ein großes Geschichtswerk, mit dem Namen *Nihongi* oder auch *Nihon-shoki*, und ein kleineres, *Kojiki* genannt. Beide sind bedeutende Arbeiten, da sie mehr oder weniger wirklichkeitsgetreue Berichte ab dem Jahr 400 n. Chr. enthalten. Sie beinhalten naive Mythologie sowie historische Überlieferungen aus vergangenen Epochen, die über die einfache japanische Glaubenswelt und die sozialen Einrichtungen Aufschluss geben, bevor sie aus den fortschrittlichen Gedanken und Institutionen Chinas verschwanden.

Die Staatsmänner und Historiker jener Zeit waren nicht mit einer einfachen und ungefärbten Darstellung der Mythologie und den geschichtlichen Überlieferungen des Yamato-Clans zufrieden, wie sie mündlich von den professionellen Hofsängern berichtet

DAS INSELHEILIGTUM MIYAJIMA
*(S. 39) Berühmt wurde der auf der Insel Miyajima bei Hiroshima gelegene Itsukushima-Schrein durch das gewaltige, im Meer errichtete Eingangstor aus Holz (*torii*, das heilige Tor). Dieses Tor war ursprünglich von dem Krieger Kiyomori Taira errichtet worden, das heutige freilich stammt von 1875.*

DIE ERSCHAFFUNG DER JAPANISCHEN INSELN

Wie alle Völker der Erde haben auch die Japaner eine eigene Vorstellung von den Ursprüngen ihres Landes. Dargelegt wurde sie im *Kojiki* (712), einer Sammlung alter Legenden. Diese Chronik berichtet von der Erschaffung der Inselgruppe durch zwei große Gottheiten *(kami)* des shintoistischen Pantheons – Izanami no Mikoto und ihrem Bruder Izanaki no Mikoto, der gleichzeitig ihr Mann war. Sie hatten zwei Kinder, die jedoch nicht ihren Erwartungen entsprachen. Also stiegen sie vom Himmel herab und umkreisten den Erhabenen Himmelspfeiler, in dessen Nähe sie bereits ihre ersten Kinder gezeugt hatten. Hier vermählten sie sich erneut und zeugten einen Sohn, die Insel *Awaji no Honosa Wake*. Dann zeugten sie die Insel *Mit den zwei Namen in Iyo*, die Inseln *Drei Söhne Okis* und anschließend die Inseln *Tsukushi, Iki, Tsu, Sado* und *Yamato mit den üppigen Ernten*. Diese Inseln wurden „Land der Acht Großen Inseln" genannt, weil sie als erste gezeugt worden waren. Zusammen mit sechs kurz darauf geschaffenen Inseln bildeten sie den japanischen Archipel. Eine der Fragen, die die Fachleute noch heute bewegen, ist die geographische Zuordnung der Inseln. Noch weiß man nicht, ob der Name Yamato die ganze Insel Honshu bezeichnete oder nur einen Teil davon. Ebenso wenig ist bekannt, warum Inseln von so unterschiedlicher Größe als gleichwertig dargestellt wurden. Auch die Tatsache, dass die Erschaffung der „Acht Großen Inseln" den *kami*-Geschwistern erst im zweiten Anlauf gelang, hat Fragen aufgeworfen: Spielt die Erwähnung ihrer ersten beiden Nachkommen auf Anomalien an, die durch die Blutsverwandtschaft entstanden waren? Auf jeden Fall belegt der Mythos der „Acht Großen Inseln", dass sich die Bewohner des ursprünglichen Japan klar darüber waren, in einem Inselreich zu leben.

wurden. Sie wollten vielmehr mit ihren Werken beweisen, dass die Herrscher von Yamato stets wahrhafte Kaiser und die einzigen Herrscher Japans waren und dass Japan als großes und altes Reich ebenbürtig war mit China. Indem die Historiker Japans Geschichte und Mythologie mit Elementen chinesischer Philosophie stützten, verwoben sie das Ganze zu einer beeindruckenen Pseudohistorie, nach der der Enkel der Sonnengöttin auf die Erde herabgestiegen sei. Dessen Urenkel, Jimmu, sei der erste Sonnenkaiser geworden und habe im Jahr 660 v. Chr. den Thron bestiegen. Möglicherweise kam man im frühen 7. Jh. n. Chr. dadurch zu diesem symbolischen Datum, dass man 1260 Jahre, die Dauer eines großen Zyklus der chinesischen Geschichtsrechnung, zurückrechnete.

Die Stellung des *Nihon-shoki* und *Kojiki* ist in der Geschichtsschreibung Japans von herausragender Bedeutung, doch leider sind die beiden Werke nicht nur aus diesem Grund berühmt; sie sollten viele Jahrhunderte später durch engstirnige Nationalisten der Vergessenheit entrissen werden, die versuchten, in der vorchinesischen Zeit der japanischen Geschichte angeborene Tugenden zu finden, um ihren eigenen Glauben an die Überlegenheit Japans zu rechtfertigen. Trotz der außergewöhnlichen Naivität der frühen Mythologie, die im *Kojiki* und *Nihon-shoki* sichtbar wird, erhoben die modernen Japaner diese beiden Werke in gewissem Sinn zu Bibeln ihres militanten Nationalismus; darüber hinaus zwang die offizielle Linie das japanische Volk sogar zeitweise, diese geschichtlichen Absonderlichkeiten nicht etwa zu hinterfragen, sondern als klare Tatsachen anzuerkennen.

Mosaik der Religionen

GANJIN
Der chinesische Mönch Ganjin (688–763) wurde vom Kaiserhof nach Japan eingeladen. Die Reise dorthin gestaltete sich allerdings schwierig, und Ganjin erreichte das Inselreich erst im fünften Versuch. Nach seiner Ankunft – er war bereits blind und alt – begründete er einen Weiheritus für die japanischen Mönche.

Für den westlichen Menschen, der Religion oft als etwas Ausschließliches begreift, ist die Glaubenswelt Japans verwirrend. Man kann sagen, dass die Japaner gleichzeitig Shintoisten, Buddhisten, Anhänger des Konfuzius und Taoisten sind, denn sie haben im Lauf ihrer Geschichte zahlreiche religiöse Kulte übernommen, ohne diese jemals als widersprüchlich zu empfinden. Ursprünglich verehrten die Japaner „800 Myriaden" *kami* – Naturelemente, die ihnen furchterregend oder geheimnisvoll erschienen. Ein imposanter Baum oder ein ungewöhnlicher Mensch galt als *kami*. Wer diesen höheren Wesen zu nahe kam, wurde mit einem Fluch *(tatari)* bestraft. Der *kami*-Kult bestand darin, sich mit Waschungen und strikter Befolgung der Vorschriften vor jedem Kontakt mit den *kami* zu schützen.

Als die buddhistische Religion in diese sehr ursprüngliche shintoistische Glaubenswelt eingegliedert wurde, erhielt das religiöse Leben der Japaner eine moralische und philosophische Dimension. Der von den Koreanern und Chinesen eingeführte Mahayana-Buddhismus (das Große Fahrzeug, eine der drei Hauptrichtungen des Buddhismus) vermittelte den Japanern das Gefühl, alles in der Welt bestehe aus Leiden, Vergänglichkeit und Leere. Integriert in diese Lehre wurden japanische Werte wie Mitleid mit allen Lebewesen, Verbot des Fleischverzehrs und das Feuerritual *(goma)*.

Schon in der Antike gelang den Japanern die Vermischung von Shintoismus und Buddhismus. Der Kaiser galt gleichzeitig als sichtbarer *kami*, als Abkömmling der Sonnengöttin Amaterasu Omikami, und als Staatsoberhaupt, das die drei Säulen des Buddhismus verehrte: Buddha, das Gesetz Buddhas und die buddhistische Gemeinschaft. In den Klöstern wurden im 11. Jh. synkretische Theorien aufgestellt, die die Gemeinsamkeiten von *kami* und Buddha feststellten. Im täglichen Leben haben sich die Japaner stets an die Gottheiten beider Religionen gewandt, um die mit dem Erdendasein verbundenen Übel abzuwenden. Parallel dazu rief man auch gern die magischen Kräfte der wandernden Heiligen *(hijiri)* oder der im Wald lebenden Asketen oder Bergmönche *(yamabushi)* an.

Friedhof am Berg Koya
Auf dem Berg Koya, wo sich im Jahr 816 der Mönch Kukai niedergelassen hatte, stehen mehr als 100 buddhistische Bauwerke. Seit dem Mittelalter gibt es dort einen Friedhof, wo man die Namen der hoch angesehenen Familien findet, die Kobo Daishi verehrt haben. Diesen Namen gab man Kukai nach seinem Tod.

Buddhistisches Reliquiar
Buddhistische Rituale standen sehr früh im Dienst des Staates, doch waren sie auch Bestandteil des Privatlebens großer Clans. Noch heute gibt es viele japanische Familien, die neben einem shintoistischen auch einen buddhistischen Altar besitzen.

Pilger von Kasuga
In der Tokugawa-Zeit waren Pilgerfahrten weit verbreitet. Dieses Thema diente auch zahlreichen zeitgenössischen Künstlern als Anregung. Hier stellt der berühmte Maler Hokusai Pilger auf dem Weg zum Schrein von Kasuga (Nara) dar.

Spiegel als Machtsymbol
Schwert, Juwelen und Spiegel symbolisieren die kaiserliche Macht. Die Sonnengöttin Amaterasu übergab diese drei Insignien ihrem Enkel Ninigi no Mikoto, als er die Herrschaft über Japan antrat.

GROSSE ZEREMONIE IN ISE

Dieser Holzschnitt zeigt eine große shintoistische Zeremonie, die zur Tokugawa-Zeit in der Kultstadt Ise abgehalten wurde. Im Mittelpunkt der Szene erkennt man die „Kultfunktionäre", umgeben von den Gläubigen, die die Zeremonie erbeten haben. In Ise war diese Art Feier üblich geworden, nachdem die Priester von Ise zahlreiche Japaner überzeugt hatten, dass in beiden Hauptschreinen der heiligen Stätte eine Kulthandlung stattfinden müsse. Der innere Schrein war der Sonnengöttin Amaterasu geweiht und bewahrte den heiligen Spiegel. Der äußere Schrein diente der Verehrung Toyoukes, der Göttin von Kleidung, Nahrung und Haushalt. Schon in der Edo-Zeit hatte sich die Vorstellung durchgesetzt, dass jeder Japaner mindestens einmal in seinem Leben die Schreine von Ise aufsuchen müsse. Dieser Glaube war der Anlass für Massenpilgerfahrten, die in manchen Jahren Millionen Menschen zu diesem japanischen Mekka führten.

Die vermählten Felsen
Vor der Küste bei Ise erheben sich zwei durch ein heiliges Strohseil verbundene Felsen. Sie sind Symbole des männlichen kami Izanaki und des weiblichen kami Izanami – eines von den japanischen Inseln hervorgebrachten Geschwisterpaares.

Kapitel 3

Der Weg zur kulturellen Unabhängigkeit

Die Phase der intensiven Orientierung an China dauerte vom späten 6. Jh. bis zur Mitte des 9. Jh. Im 11. Jh. vollzog sich ein Wechsel in der Haltung der Japaner gegenüber China: Das Ansehen Chinas blieb zwar groß, aber die Japaner waren nicht mehr uneingeschränkt bereit, die Überlegenheit der chinesischen Kultur zu akzeptieren. Chinesische Einflüsse im politischen und kulturellen Bereich hatten ihren Höhepunkt zwischen 710 und 791 gehabt, als sich die Hauptstadt noch in der Nähe Naras befand. Nach der Übersiedelung des politischen Zentrums 794 nach Heian-kyo (heute Kyoto) blieb das Ansehen des Kontinents noch einige Zeit hoch. Aber schon von den ersten Jahren des 10. Jh. an entwickelte sich ein neuer Geist, der die ganze Heian-Ära (794–1185) beherrschte und in starkem Kontrast zu den Tendenzen der Nara-Ära stand. Von nun an versuchten die Bewohner des Archipels, weniger das chinesische Wissen und Können nachzuahmen als vielmehr die Besonderheit der vorherigen Epoche zu erfassen und sie der japanischen Realität und ihrem Geschmack anzupassen.

Ein Grund für diese sich langsam wandelnde Haltung gegenüber der chinesischen Kultur war der politische Zerfall der Tang, der sich im Lauf des 9. Jh. abzeichnete. Vielleicht noch wichtiger dafür war die intellektuelle Entwicklung der Japaner selbst. Der intensive Blick nach China über drei Jahrhunderte hinweg hatte zumindest in der Hauptstadt eine kulturbewusste Gesellschaft mit eigenen politischen und sozialen Einrichtungen heranwachsen lassen. Und anstatt sich auf das bloße Nachahmen der festländischen Modelle zu beschränken, weiteten sie ihr erworbenes Wissen auf neue Forschungsbereiche aus. Die Japaner entwickelten allmählich ein unabhängiges kulturelles Leben, dessen Grundzüge genauso weit entfernt sind von der Gesellschaft der Urbevölkerung wie von der Zivilisation der Tang. Endlich erlangte der Archipel wahrhaft internationale Größe.

Frühe Dokumente
Die Bewohner der japanischen Inseln verwendeten zunächst die chinesischen Zeichen (kanji), *um sich schriftlich auszudrücken. Schon sehr früh galt die Kalligraphie als Kunst. Die Verfasser religiöser (unten) oder verwaltungstechnischer Texte entschieden sich für einen eckigen Schreibstil.*

Japanische Silbenschrift
Aus der kursiven Form der chinesischen Schriftzeichen (kanji) *entwickelten die Japaner die Schriftzeichen ihrer Lautschrift* (kana). *Der ausdrucksvolle Stil der kursiven Silbenschrift* kana *eignet sich besonders gut für literarische Texte.*

Das erste Anzeichen für diese Änderung war das Ende der diplomatischen Beziehungen mit China. Die letzte große Gesandtschaft an den Hof der Tang verließ Japan 838 und kehrte ein Jahr darauf zurück. Spätere Missionen wurden zwar vorgeschlagen, aber von Höflingen zerredet, die der Meinung waren, dass der Nutzen nicht mehr die tatsächlichen Risiken der Fahrt über das Ostchinesische Meer rechtfertigen könne. Einige Händler und studierende Mönche reisten allerdings noch zwischen den beiden Ländern hin und her, aber in der Hauptsache geriet Japan doch wieder in eine wirkliche Isolation vom Festland, wie sie in früheren Zeiten bestanden hatte; diese Isolation zog unumgänglich und rasch die Japanisierung nach sich. In der Folge vollzog sich der chinesische kulturelle Einfluss eher im Stillen.

Erste Entwürfe einer eigenen Schrift: die Kana

Der Aufstieg der japanischen Kultur lässt sich zunächst einmal daran erkennen, dass ein neues Schriftsystem eingeführt wurde, das besser auf die japanische Sprache abgestimmt war. Dieses Schriftsystem entwickelte sich allmählich im Lauf des 9. und 10. Jh. Dabei wurden bestimmte chinesische Zeichen in stark abgekürzter Form verwendet, als rein phonetische Symbole ohne eigentliche Bedeutung. Da die chinesischen Zeichen nur je ein einsilbiges Wort darstellten, bezeichneten die aus ihnen abgeleiteten Klangzeichen in der Regel eine japanische Silbe, beispielsweise *ka, se* oder *no*. Das Ergebnis war eine Silbenliste anstelle eines Alphabets. Am häufigsten endeten die japanischen Silben, wie in heutiger Zeit auch, mit den fünf Grundvokalen *a, e, i, o, u,* zum Beispiel wie in der italienischen Sprache.

Das japanische Silbensystem wird *kana* genannt. Anfänglich war es ziemlich verwirrend. Es gab zwei verschiedene Schreibweisen für die chinesischen Ideogramme. In dem einen System, *hiragana* genannt, wurde das Zeichen sehr stilisiert oder in kursiver Form geschrieben. So wurde das chinesische Zeichen für den Begriff „Sklave“ zum *hiragana*-Zeichen, das dem Klang *nu* entsprach. In dem anderen, *katakana* genannten System

wurden einzelne Elemente des Zeichens ausgewählt, um den phonetischen Wert des Ganzen darzustellen. So wurde das erwähnte chinesische Zeichen für „Sklave" das *katakana*-Zeichen, das ebenfalls für *nu* stand. Eine andere Überschneidung ergab sich daraus, dass die Wahl von Kürzungszeichen für Ideogramme anfänglich gänzlich zufällig vor sich ging. Allgemein wurden *hiragana* und *katakana* erst im 19. Jh. standardisiert; Varianten der *kana*-Zeichen werden heute immer noch im alltäglichen Briefverkehr verwendet.

Die erste Blütezeit der nationalen Literatur

Die japanischen Silbensysteme waren vielmehr unhandliche Schriftzeichensammlungen als Alphabete, aber sie waren trotzdem recht wirkungsvolle Systeme, um in der japanischen Sprache schreiben zu können; je weiter sie sich entwickelten, desto mehr entfaltete sich auch eine vielfältige Literatur in der heimischen Sprache. Schon zur Blütezeit der chinesischen Phase wurden Gedichte auf Japanisch verfasst und unter Verwendung

ungekürzter chinesischer Schriftzeichen niedergeschrieben, von denen die betreffenden je eine Silbe nur nach ihrem Klang, also phonetisch, wiedergaben. In einer um das Jahr 760 erstellten Anthologie sind 4516 dieser Gedichte unter dem Titel *Manyoshu* oder *Sammlung von 10 000 [Wort-]Blättern* gesammelt. Die Vereinfachung des Transkriptionssystems gab der Poesie neuen Aufschwung. Die Kurtisanen und Hofdamen rühmten sich, die Regeln der Metrik zu beherrschen und ihre Liebesbriefe nach diesen Regeln verfassen zu können. Im Jahr 905 wurden die Besten ihrer Gedichte auf Anordnung des Kaisers in der *Kokinshu, Sammlung japanischer Gedichte von einst und jetzt,* zusammengefasst; im Lauf der nachfolgenden Jahrhunderte wurden insgesamt 20 ähnliche Anthologien erstellt.

DAMEN AM HOF VON HEIAN
Die Damen der Aristokratie waren an ihre oft düsteren Wohnquartiere gebunden. Hier lauscht eine Dame einer Geschichte und lässt sich dabei von einer Dienerin das lange Haar bürsten.

Die meisten dieser Gedichte – die so genannten *tanka* – waren in der Regel sehr kurz und folgten einem streng vorgegebenen Muster von 31 Silben, die gerade ausreichend waren, um eine bestimmte Szene oder eine Empfindung wiederzugeben.

Mithilfe der *kana*-Silbenlisten war es möglich, auch größere literarische Arbeiten auf Japanisch zu verfassen. Im 10. Jh. erschienen Geschichten, Reisebeschreibungen und Essays in japanischer Sprache, die teilweise wahre literarische Größe erreichten. Oft weigerten sich die Gebildeten – wie ihre Kollegen in Europa –, ihre Muttersprache für ernste schriftstellerische Zwecke zu verwenden, und fuhren fort, Geschichtsabhandlungen, Essays und unterschiedliche amtliche Schriftstücke auf Chinesisch abzufassen. Doch die Frauen am kaiserlichen Hof, die nicht gelernt hatten, auf Chinesisch zu schreiben, verfügten über kein anderes Mittel als ihre eigene Sprache. Während die gebildete Herrenwelt in dieser Zeit Chinesisch schrieb – das Niveau war oftmals sehr niedrig, da sie sich zumeist selbst überschätzten –, trösteten sich die Frauen über ihren mangelhaften Bildungsstand hinweg, indem sie gutes Japanisch schrieben; unbeabsichtigt schufen sie auf diese Weise Japans erste große Prosaliteratur.

Alltagsleben in Heian

Um sich dem Einfluss der buddhistischen Mönche von Nara zu entziehen, schlug der Kaiserhof 794 seine Residenz nördlich von Kama auf. Der neue Wohnsitz, der den Namen Heian – Hauptstadt des Friedens und der Ruhe – erhielt, wies viele Vorzüge auf. Die Stadt war durch den Fluss Uji-Yodogawa mit dem Meer verbunden, und sie lag nahe der Reichsstraße Tokaido, die zu den östlichen Provinzen führte. Vor allem aber hatte sie eine rituell vollkommene Lage, denn der Berg Hiei im Norden bot Schutz vor ungünstigen Einflüssen. Um das Jahr 1000 hatte die mit großen Kosten nach dem Vorbild Changans, der Hauptstadt der Tang, erbaute Stadt mindestens 100000 Einwohner. Zu Anfang lebten dort vorwiegend hochrangige Beamte, doch schon bald begann ein massiver Zuzug. Da man vermeiden wollte, dass sich die Mönche in die Angelegenheiten des Hofes einmischten, verbannte man die Tempel an den Stadtrand. Weil Heian kaum Ausländer aufnahm, trug die Stadt zu keiner Zeit kosmopolitische Züge. Die Einwohner Heians waren mit zahlreichen Problemen konfrontiert. Sie litten unter den in Japan recht häufigen Erdbeben, unter Bränden, die in einer Stadt aus Holzhäusern unvermeidlich auftraten, und Epidemien. Gefürchtet waren auch die Mönche aus den benachbarten Bergen, die die Hofbeamten oftmals mit Waffengewalt bedrohten. Im Norden, in der Nähe des kaiserlichen Palasts, wies die Stadt schöne, von prachtvollen Bauwerken, Kanälen und Bäumen gesäumte Hauptverkehrsstraßen auf, während man die Westhälfte entgegen dem ursprünglichen Plan der Gründer Heians verkommen ließ. Gleichzeitig dehnten sich Wohnungen und Geschäfte über die ursprünglichen Ostgrenzen aus. Das Gebiet um das Südtor der Straße zum Palast wurde zum Schlupfwinkel für Straßenräuber und Arme.

Ihre erste Blüte erreichte die japanische Prosa im späten 10. und frühen 11. Jh. Meist waren es Hofdamen, die schriftstellerisch aktiv waren; ihre literarischen Niederschriften fanden ihren Platz in Tagebüchern, durchsetzt mit kurzen Gedichten, um tiefe Empfindungen festzuhalten. Die Tagebücher erzählten von Reisen, von dem sorglosen Leben, von Liebesspielen und Flirts, die für das Hofleben jener Zeit charakteristisch waren. Das auffallendste Werk jener Zeit war jedoch kein Tagebuch, sondern ein langer Roman, die *Geschichte vom Prinzen Genji (Genji monogatari)*, den eine Dame namens Murasaki Anfang des 11. Jh. verfasste. Dieser Roman schildert die Liebesabenteuer des fiktiven Fürsten Genji und zählt zu den herausragenden japanischen Werken der Weltliteratur. Sowohl die Tagebücher als auch die Romane beweisen eindeutig die Existenz einer wirklich einheimischen japanischen Literatur ohne chinesische Vorbilder. Handlungen und Inhalte waren ausgesprochen japanisch; Impulse aus China wurden von einer neuen japanischen Kultur übernommen und angepasst. Die Japaner, eben erst in die Schreibkunst eingeführt, schufen eine bemerkenswerte eigene Literatur.

Nun wird man sich wundern, warum sich japanische Schriftsteller immer noch an die chinesischen Schriftzeichen hielten, zumal die Japaner 1000 Jahre zuvor eine phonetische Schrift entwickelt hatten. Die einzige Erklärung ist das unverändert hohe Ansehen Chinas. Gebildete Autoren blieben ihrer Gewohnheit treu und schrieben auf Chinesisch. Doch als sich die Verbindungen zum Festland zunehmend lockerten, verloren sie langsam die praktische Übung und mischten das Chinesische immer häufiger mit *kana*-Elementen. Gleichzeitig begannen andere Schriftsteller, die in *kana* schrieben, damit, chinesische Ideogramme in ihre Texte einzustreuen. Diese beiden gegensätzlichen Tendenzen führten zum Schriftsystem der modernen japanischen Sprache: Die Substantive und die Wurzeln der Verben und Adjektive werden mittels chinesischer Ideogramme dargestellt, während die Beugungen und alle nicht übertragbaren Elemente in Form von Ideogrammen auf *kana* geschrieben werden.

Der natürliche Kombinationsreichtum eines solchen gemischten Systems wurde noch durch zwei weitere Faktoren erhöht. Der erste Faktor war, dass die in Japan benutzten chinesischen Ideogramme aus chinesischen Provinzen kamen, in denen generell verschiedene örtliche Dialekte nebeneinander bestanden. Infolgedessen konnte das gleiche Ideogramm auf mehrere Arten im Japanischen ausgesprochen werden, von denen keine der ursprünglichen dialektalen Aussprache ähnelte. Der zweite Faktor war, dass viele chinesische Charaktere für chinesische Wörter standen, die in ihrer Bedeutung mehreren verschiedenen japanischen Wörtern entsprachen. Schließlich konnte derselbe chinesische Charakter eine Vielzahl japanischer Entsprechungen haben. Zum Beispiel entspricht das chinesische Wort *shang* den japanischen Worten *ue*, *kami*, *agaru ageru* und *noboru* – um nur die gängigsten zu nennen. Auch im Deutschen können Wörter natürlich mehrere Bedeutungen haben.

Diese Vielfalt an Lesarten eines Ideogramms und die unterschiedlichen Möglichkeiten, wie man im Japanischen einerseits und im Chinesischen andererseits viele Zeichen lesen kann, hat zur Folge, dass jede Silbe eines japanischen Textes eine Fülle von kleinen Problemen beim Lesen und Deuten birgt. Deshalb ist das Schreibsystem unvergleichlich komplex – eine Herausforderung, die für die intellektuelle und technische Entwicklung Japans zum ernsten Hindernis wurde.

Der augenscheinlich beste Ausweg wäre es, die chinesischen Zeichen aufzugeben und zur reinen Klangschrift zurückzukehren, wie sie um das Jahr 1000 bestand – oder, noch besser, die Adaption des lateinischen Alphabets. Dies wäre aber keine einfache Aufgabe. Bis heute wurden inzwischen Zehntausende wissenschaftlicher und technischer Ausdrücke dem Chinesischen entliehen und in Japan neu geprägt, indem man mehrere chinesische Zeichen zusammenfasste und diese neue Kombination chinesisch aussprach. Unglücklicherweise klingen viele ins Chinesische umgeformte japanische Wörter gleich. Das Standardwörterbuch weist zum Beispiel nicht weniger als zwanzig verschiedene Wörter – meist chinesischen Ursprungs – auf, die *kôkô* auszusprechen sind; und eine vollständige Liste der wissenschaftlichen Terminologie würde mehrere Dutzend weiterer Begriffe bieten. Da unter diesen Homophonen (Gleichklangwörtern) viele Fachausdrücke sind, muss man sie geschrieben sehen, um sie deuten zu können. Daher würde die Aufgabe der chinesischen Zeichen eine weitgehende Änderung des technischen und wissenschaftlichen Fachwörterwesens zur Folge haben. Neue Wörter müssten ersetzt werden, die auf altjapanische Wurzeln zurückgehen oder aus westlichen Sprachen stammen. Dies würde zwar ein ungeheures Unterfangen bedeuten, sich aber auf lange Sicht doch lohnen.

SATIRISCHE TIERBILDER
Diese Szene stammt aus einem Werk, das aus vier Bildrollen aus dem 12. und 13. Jh. besteht. Bei den Darstellungen der Affen und Hasen handelt es sich zweifellos um Karikaturen von Menschen, doch der Sinn dieses Werks ist nach wie vor ein Rätsel.

Die japanische Eigenart, die sich am Auffälligsten im Schriftsystem manifestiert hat, zeigt sich auch in der Malerei, in der Bildhauerei und in der Baukunst. Politische und soziale Einrichtungen wandelten sich ebenso radikal, dass sie kaum noch Ähnlichkeiten mit den chinesischen Vorgängern beibehielten.

Verfall der Verwaltung und Steuerbetrug

Die Schlüsselfigur der politischen Verwaltung Chinas war der gelehrte Bürokrat, der die verzweigten Mechanismen der Zentralregierung genau kannte und dafür zuständig war, in den Provinzen Steuern einzutreiben und für Ordnung zu sorgen. Es wurden Tausende solcher Beamten benötigt. Die Auswahl der Kräfte für gehobene Stellungen war von entscheidender Bedeutung für das Wohl des Staates. Staatsprüfungen, die an der Universität von Changan abgehalten wurden, fragten meist literarische Themen ab. Die Kandidaten, die diese Examina am besten bestanden, erhielten sogleich hohe Regierungsstellen.

Die Japaner übernahmen nur die äußeren Formen dieses Systems. Wegen ihres starken Traditionsbewusstseins im Hinblick auf Stammestreue und Erbrechte brachten sie es nicht über sich, den wahren Geist dieses Systems zu akzeptieren. Sie schufen eine Zentraluniversität, auf der die chinesischen Klassiker studiert und Prüfungen abgelegt wurden, aber nur selten errangen Prüflinge ohne familiären Rückhalt verantwortungsvolle Positionen. In den Provinzen verblieb die politische Macht in den Händen örtlicher Aristokraten, die sich als die von der Zentralverwaltung ernannten Zivilbeamten aufspielten, während in der Hauptstadt die Höflinge adliger Abkunft die wichtigsten Stellen innehatten; man überließ den amtlich geprüften Bürobeamten die niedere Schreiberkarriere.

ALTES GELD

Obwohl die ersten japanischen Geldstücke Anfang des 8. Jh. geprägt wurden, verwendeten die Japaner bis zum 16. Jh. für ihre Außenhandelsgeschäfte hauptsächlich chinesisches Geld.

In China war die Zentralregierung stets bemüht, gegen die Tendenz anzukämpfen, dass Steuern zahlende Bauern beziehungsweise ihre Ländereien in die Hand mächtiger Familien fielen, die genügend Einfluss am Hof hatten, um ihren Besitz vor dem Zugriff der Steuereinnehmer zu schützen. In Japan war diese Tendenz weitaus stärker, zumal es keine ausreichend große Beamtenklasse gab, um die Staatsbelange zu vertreten; die Angehörigen des Landadels verbanden sich in ihren Funktionen als Provinzbeamte mit den Hofedlen, um öffentlichen Besitz zu plündern. Die Verstaatlichung des Landbesitzes war vermutlich in den entlegenen Gebieten von Anfang an aussichtslos gewesen. Während des späten 8. und 9. Jh. starb dieses System sogar im Bereich der Hauptstadt. Einflussreiche Ortsansässige bauten sich steuerfreie Besitztümer auf – meist durch illegale Maßnahmen –, und der Hofadel erwarb eigenmächtig durch politische Intrigen oder als Entgelt für seine treuen Dienste riesige Güter auf dem Land.

Einerseits benötigte der Landadel für seinen Besitz Schutz vor den Steuereinnehmern der Zentralregierung; andererseits erwarben mächtige Höflingsfamilien und die großen Klöster steuerfreie Güter, wozu sie örtliche „Treuhänder" brauchten, die auf diesen Ländereien ihre Interessen vertraten. Aus den gegenseitigen Abhängigkeiten entwickelte sich allmählich das Gefüge eines Landbesitzes, in dem die Herrenhäuser und Güter in der Provinz durch den Landadel überwacht und verwaltet wurden, aber zumindest theoretisch im Besitz einflussreicher Hofleute oder Klöster waren. Der Bauer, der endgültige Besitzrechte an seinem eigenen Stückchen Land erworben hatte, entrichtete dem Landadligen, der als Gutsverwalter fungierte, einen großzügigen Anteil seiner Ernte; der Verwalter zahlte seinerseits an die Hoffamilie oder an Vertreter buddhistischer Gründungen und bekam dafür den Schutz vor der Zentralregierung.

Steuerfreier Herrenbesitz wuchs vom 8. zum 10. Jh. an, bis der Staatsbesitz praktisch verschwunden war; damit gingen auch die Einkünfte des Staates aus den Steuern – die Wirtschaftsgrundlage der Zentralregierung gemäß dem chinesischen Vorbild – nach und nach zurück. Zudem verschwanden die Provinzämter der Regierung, die ohnehin niemals stark gewesen waren, fast vollständig und hinterließen nur noch gewichtig klingende, aber eigentlich bedeutungslose Beamtentitel wie Gouverneur oder Vizegouverneur. Sogar die Zentralverwaltung wurde ein recht hohler Apparat – eine Papierorganisation voller Hofedler mit hohen Titeln, aber nur wenig Arbeitspersonal, knappen Geldmitteln und stark eingeschränkten Regierungsfunktionen. Das komplexe Herrschaftssystem mit acht Ministerien wurde aufgegeben. Stattdessen wurden einfachere Regierungsbehörden eingeführt.

Zieht man nun Bilanz, wird das Ende der Zentralverwaltung in den meisten Landschaften Japans deutlich. Jedes Rittergut, das nicht mehr von den Steuereinnehmern oder anderen Staatsbeauftragten belästigt werden durfte, wurde zu einer wirtschaftlichen und politischen Einheit. Der Kontakt mit der Außenwelt wurde nicht mehr über die Regierungsämter, sondern über die Höflingsfamilien oder Klöster aufrechterhalten. Die Höflingsfamilien und Klöster wurden gewissermaßen vielköpfige Nachfolger des alten zentralistischen Staates. Diese Familien und Klöster entwickelten sich bis zu einem gewissen Grad zu Staaten in dem hohlen Gebälk der alten kaiserlichen Regierung.

HÖFLINGE IN HEIAN
Die Aristokraten der Antike nahmen an Hofzeremonien teil, widmeten sich der Verwaltung ihres Vermögens, liebten die Dichtung und gingen ihren Liebschaften nach. Ihr Leben war jedoch auf die kleine Welt von Heian beschränkt.

Die kaiserliche Familie besaß zwar wegen ihrer politischen Vergangenheit und ihrer Führungsrolle bei den Shinto-Kulten weiterhin großes Ansehen, galt aber dennoch nicht mehr als eine der zentralen politischen und wirtschaftlichen Institutionen. Das Kaiserhaus übte theoretisch eine Herrschaft über eine Schattenregierung aus, verwaltete aber tatsächlich nur seine eigenen Güter und lebte von deren Ertrag und nicht etwa von den Staatssteuern. Zeitweise verlor es sogar die Kontrolle über seine eigenen Privatgeschäfte, da eine der Höflingsfamilien, die Fujiwara, nach und nach durch politische Intrigen volle Gewalt über die kaiserliche Familie gewann.

Der Aufstieg der Fujiwara

Die Fujiwara waren eine große Familie mit vielen Abkömmlingen, die von einem Höfling abstammte, der den prochinesischen Staatsstreich 645 angeführt hatte. Die Familie hatte im ganzen Land viele Güter unter ihre Kontrolle gebracht und nahm Summen ein, die wahrscheinlich größer waren als die irgendeiner anderen Familie, die kaiserliche Familie inbegriffen. Um unangefochten in der Hauptstadt herrschen zu können, erstrebte sie durch Heiratspolitik die unmittelbare Einflussnahme auf die kaiserliche Familie. Eine Tochter des Familienoberhaupts wurde mit einem jungen Kaiser verheiratet. Der Kaiser, dem die zahllosen Zeremonien anlässlich seiner Doppelrolle als weltlicher und religiöser Führer zuwider wurden, konnte überredet werden, abzudanken, sobald der Sohn, den ihm die Fujiwara-Tochter geboren hatte, alt genug war, um während der feierlichen Handlungen auf dem Platz des Vaters zu sitzen. Schließlich blieb die Tochter aus der Familie Fujiwara als Kaiserinwitwe übrig; ihr Vater, das mächtige Oberhaupt einer großen und reichen Höflingsfamilie, war der Großvater eines neuen unmündigen Kaisers geworden.

Mithilfe derartiger Machenschaften erlangten die Fujiwara seit der Mitte des 9. Jh. nach und nach die vollständige Kontrolle über die kaiserliche Familie. Seit dieser Zeit wurde es üblich, dass das Oberhaupt der Fujiwara anstelle eines kaiserlichen Prinzen als Regent für einen unmündigen Kaiser amtierte oder aber den neuen Posten eines Zivildiktators oder *kampaku* einnahm, wenn ein Erwachsener auf dem Thron saß. Im Lauf des 9. und 10. Jh. erhielten die Mitglieder der Fujiwara-Familie die Erbrechte auf diese Ämter. Am Ende des 10. Jh. war der Einfluss dieser Familie so groß geworden, dass die beiden letzten Drittel der Heianzeit gewöhnlich mit dem Begriff „Fujiwara-Zeit" bezeichnet werden. Die nachfolgenden Familienoberhäupter überwachten als faktische Lenker der Regierungsgeschäfte nicht nur die jeweiligen Kaiser, sondern fungierten sogar als öffentlich anerkannte Schiedsrichter für Geschmack und Mode am kaiserlichen Hof. Es ist bezeichnend, dass die beherrschende Gestalt der Heian-Zeit weder ein Kaiser noch ein Prinz war, sondern Fujiwarano Michigana, der zwischen 995 und 1027 das Hofleben dominierte, genau zu der Zeit, als die Dame Murasaki die *Geschichte vom Prinzen Genji* verfasste.

MICHIZANE – EIN MANN GEGEN DIE FUJIWARA

Als kluger Politiker, Historiker und brillanter Dichter hatte Michizane (845–903) die Gunst von Kaiser Uda erlangt, der ihm repräsentative öffentliche Ämter anvertraute. Sogar den hohen Posten eines Ministers zur Rechten hatte Michizane bekleidet. Mit seinem beträchtlichen Einfluss konnte er 894 die Abreise einer japanischen Delegation an den chinesischen Hof verhindern. Für die Familie Fujiwara, die die ungeteilte Herrschaft am Hof von Heinan anstrebte, stellte dieser einflussreiche Mann eine Bedrohung dar. So wurde eine Intrige gegen ihn angezettelt. Man beschuldigte ihn, er habe ein Komplott für einen Staatsstreich geschmiedet. Deshalb musste er im Jahr 901 die Hauptstadt verlassen und ins Exil nach Kyushu gehen. Dort starb er zwei Jahre später, nachdem er vergeblich seine Unschuld beteuert hatte. Nach seinem Tod wurden die Einwohner von Heian von einer Reihe von Bränden und Epidemien heimgesucht. Diese Katastrophen führte man auf die Rache Michizanes zurück, und er wurde offiziell rehabilitiert, um seinen Geist zu besänftigen. Das Volk vergötterte ihn. Unter dem Namen Tenman Tenjin verehrt man Michizane noch heute als Gott der Gelehrsamkeit. An ihn wenden sich die Studenten, die ein Examen abzulegen haben.

Am Ende des 11. Jh. hatte ein tatkräftiger Kaiser die wirkliche Herrscherrolle angesichts eines geschwächten Hofadels wieder an sich gerissen; die verschiedenen amtlichen Stellen der Fujiwara verloren ihre Bedeutung, als die politische Gewalt wieder vom kaiserlichen Hof übernommen wurde. Immerhin behielten die Fujiwara und ihre Abkömmlinge ein Monopol für alle hohen Hofränge fast ohne Unterbrechung vom Ende des 9. bis zum Beginn des 19. Jh. bei. In einem anderen Lande würde eine so lange und vollständige Herrschaft einer einzigen Familie über das Kaiserhaus vermutlich mit gewaltsamer Einnahme des Thrones geendet haben. Nicht so in Japan. Die erbliche Macht galt als derart starke Kraft, dass ein Gewaltstreich von außen überhaupt nicht erwogen wurde. Stattdessen ließen die Fujiwara mithilfe ihres altehrwürdigen Kontrollsystems die Kaiser als Marionetten hinter der Szene weiter „herrschen". Fast durch die ganze japanische Geschichte hindurch war es vermutlich eher Regel als Ausnahme, dass ein Mann oder eine Gruppe in nomineller politischer Machtstellung in Wirklichkeit nur Strohmann für einen anderen Mann oder Kreis war.

KAPITEL 4

Das feudale Japan

Während des 10. und 11. Jh. standen zwar die Fujiwara im Rampenlicht der japanischen Geschichte und waren trotz der brillanten literarischen und künstlerischen Leistungen des Hofes allein maßgebend, doch hinter der Bühne bereiteten andere den nächsten Akt der Geschichte vor. Als die Aristokraten in der Hauptstadt die Grundlagen für eine eigenständige Kultur schufen, ging ihnen die Kontrolle über das politische und wirtschaftliche Leben des Landes verloren. Während sie sich ganz der Dichtkunst und der Etikette widmeten, eigneten sich die Lehnsherren in den Provinzen praktische Erfahrungen an, verwalteten ihre Güter und beschäftigten die Bauern fast ohne Aufsicht durch die Hauptstadt. Die schöngeistigen Höflinge in Kyoto schufen Schrifttum und Kunst, auf die zukünftige Generationen mit Stolz blicken sollten, während ihre Vettern auf dem Land die Basis für ein gänzlich neues Japan legten.

Der fortschreitende Verfall der politischen Einrichtungen chinesischen Ursprungs in der Hauptstadt und die Schwächung der Zentralregierung gegenüber den Provinzen lassen die Zeit der Fujiwara-Herrschaft als einen unaufhaltsamen politischen Niedergang erscheinen. Tatsächlich wurde die politische Schwächung des Hofes ausgeglichen durch das rasche Erstarken des Provinzadels, der, nachdem er lange von den vom Festland kommenden Ideen fern gehalten worden war, die politische Verantwortung übernahm. Es scheint, als ob das Eindringen der chinesischen Werte und Ideen in zwei Epochen stattgefunden hätte: Zuerst erreichten sie die Hauptstadt und erst ab dem 10. oder 11. Jh. die Provinz. Als indirekte Folge veränderten sich auch die Gesellschaftsstrukturen.

RÜSTUNG EINES SAMURAI
Die Rüstung ist eines der Symbole des Samurai. Sie wurde in der Regel in einer Truhe aufbewahrt.

Die Ritterkämpfe: Taira gegen Minamoto

Wie im einstigen Stammesverband war die Hauptfigur dieser neuen Gesellschaft der Ritter zu Pferde, der zu allen Zeiten Heerführer des Clans war. Jetzt war er zudem der Besitzer eines unbesteuerten Ritterguts, das er tapfer und durch gekonnten Umgang mit Bogen und Schwert vor Räubern schützte. Er hatte tatsächlich eine erstaunliche Ähnlichkeit mit seinen Rittergenossen der mittelalterlichen Feudalgesellschaft Europas.

Die Ritter standen gewöhnlich mit den Hoffamilien und den zentralen Klöstern, die die nominellen Eigentümer ihrer Güter waren, in einem Lehnsverhältnis. Doch dieses Verhältnis, das aus einstigem Bedürfnis nach Schutz vor den Steuereintreibern der Zentralregierung erwachsen war, gewährte ihnen keine Sicherheit vor ihren äußeren Feinden. Hierfür benötigten sie die Hilfe anderer Krieger. Es war daher nur natürlich, dass sich örtlich kleine bewaffnete Truppen zu gegenseitigem Schutz bildeten. Diese Truppen wurden durch gemeinsame Interessen, Ehebande, Freundschaften und manchmal durch das Führertalent eines lokalen Helden zusammengehalten. Solche Ritterbünde entstanden vor allem in den östlichen Landschaften, wohl weil in der Kanto-Ebene das größte Ballungszentrum wichtiger Güter lag und die ständigen Kriegszüge gegen die Ainu in Honshus Norden solche Vereinigungen erforderlich machten.

Im 10. und 11. Jh. gab es viele Plänkeleien und Kleinkriege zwischen den verschiedenen Ritterbünden in den Provinzen. Solche Streitigkeiten werden in der Geschichte oft als Revolten gegen die kaiserliche Macht beschrieben – eine Partei lehnte sich gegen das Übergewicht einer anderen auf. Die Ritter in der Provinz zeigten selbst kaum Ehrgeiz, sich die Herrscherrechte des Hofes in Kyoto anzueignen. Sie waren zufrieden, wenn die Zentralregierung sie in Ruhe ließ und sie weiterhin die Bauern auf ihren eigenen Gütern regieren und ihre Clans ohne Einmischung von Seiten der Hauptstadt zur lokalen Sicherung organisieren konnten.

Samurai-Helm
Die Helme der Samurai dienten als Kopfschutz, sollten aber gleichzeitig den Gegner einschüchtern. So hatten einige Helme ungewöhnliche oder Furcht einflößende Formen. Das hier gezeigte, mit Nägeln beschlagene Exemplar fällt in die Kamakura-Zeit.

Der Hofadel holte jedoch die Krieger aus der Provinz in die Hauptstadt. Die Höflinge, die eigentlich keine Ahnung davon hatten, wie man Krieg führte, zogen hin und wieder Ritter von ihren Landgütern ab und beorderten sie in die Hauptstadt, damit sie ihre Interessen schützen halfen, ihren Gegnern Furcht einjagten oder den Hof gegen die großen Klöster unterstützten. Denn diese versuchten, den geschwächten Höflingen ihren Willen durch den Einsatz von Kriegern ihrer Klostergüter aufzuzwingen. Man rief die Ritter auch deshalb zu sich, um durch deren Waffenparade oder gar durch wirklichen Kampf Streitigkeiten über die Thronfolge oder das Oberhaupt der Fujiwara-Familie bereinigen zu lassen. In der Mitte des 12. Jh. führten solche Auseinandersetzungen über die Oberherrschaft zu gravierenden Konfrontationen zwischen den beiden stärksten Kriegerbünden jener Zeit, die den streitenden Gruppierungen am Hof beistanden. Die zwei großen Adelsfamilien waren die in Kanto niedergelassenen Minamoto und die Taira, deren Güter sich rund um die Inlandsee befanden. Beide Familien behaupteten, von einer jüngeren Linie der Kaiserfamilie abzustammen,

KRIEGERISCHE MÖNCHE

Durch die Errichtung seiner Residenz in Heian (794) wollte sich der Kaiserhof dem wachsenden Einfluss der buddhistischen Mönche von Nara auf das politische Leben entziehen. Doch knapp 200 Jahre später sahen sich der Kaiser und die Aristokraten den Forderungen der großen Klöster ausgesetzt, insbesondere des Tempels Enryaku (nordöstlich von Heian) und des Tempels Kofuku (Nara). Seitdem es den Klöstern durch den Erwerb von Privatbesitz *(shoen)* gelungen war, sich als weltliche Macht zu etablieren, hatten sich die Konflikte vervielfacht. Hierbei ging es z. B. um territoriale Übergriffe oder um die Besetzung von Posten in der geistlichen Hierarchie. Scheiterten die Verhandlungen, schickten die Klöster Kriegermönche aus, um die Waffen sprechen zu lassen. Auch übten die Tempel Druck auf die kaiserlichen Beamten von Heian aus, damit eine Entscheidung zu ihren Gunsten ausfiel. Zur Einschüchterung der Würdenträger schickten sie Scharen von Mönchssoldaten, die die Wohnsitze der Aristokraten und die amtlichen Büros belagerten. Im Verlauf dieser Gewaltdemonstration schwenkten die Angreifer tragbare heilige Altäre, um die Entscheidung der meist sehr abergläubischen Beamten zu erzwingen. Man muss wohl kaum betonen, dass diese Kriegermönche eher Soldaten als Mönche waren.

seien jedoch mit der Zeit ins Unglück geraten und angesichts geringerer Einkünfte gezwungen gewesen, sich in die Provinzen zurückzuziehen. Dort hätten sie sich mit dem Landadel verschwägert und aufgrund ihrer Abkunft eine Führerstellung erhalten.

Nach zwei kleineren Kriegen in den Jahren 1156 und 1159/60 triumphierten die Taira über die Minamoto. Noch folgenschwerer war, dass Taira no Kiyomori, der Anführer des siegreichen Taira-Clans, begriffen hatte, dass jetzt er und sein Gefolge die überragende Militärmacht im Land repräsentierten und der Kaiser und sein Hof ihm hilflos ausgeliefert waren. Zum Schrecken der Höflinge ließen sich Kiyomori und seine besten Ritter in Kyoto nieder und übernahmen am Hof die Führung. Kiyomori ernannte sich zum Großkanzler und wandte die Taktik der Fujiwara an, indem er seine Tochter mit dem Kaiser verheiratete und ihren Sohn auf den Thron brachte.

Seit Kiyomori und sein Gefolge sich in Kyoto niedergelassen hatten und eine neue Höflingsgruppe bildeten, war der Einfluss auf die Ritter ihres eigenen Clans, die auf ihren Gütern geblieben waren und die Hofaristokratie nicht anerkannten, schwächer. Inzwischen hatte sich die Minamoto-Familie auf ihrer alten Familienfestung in Ostjapan langsam erholt und fühlte sich stark genug, um die an die Macht gelangten Taira herauszufordern. In einem erbitterten Ringen von 1180 bis 1185 jagte Minamoto no Yoritomo die Taira-Clique aus der Hauptstadt und drängte sie bis zur Inlandsee, wo er sie schließlich vernichtend schlug. Die Führer wurden entweder getötet oder sie töteten sich selbst. Der noch knabenhafte Kaiser, der Enkel Kiyomoris, kam mit seinen Verwandten um.

SCHWERTSTICHBLATT IN BLÜTENFORM
Diese bronzene, reich verzierte tsuba *(Schwertstichblatt) stammt aus der Tokugawa-Zeit.*

Eine neue Macht: das Shogunat von Kamakura

Minamoto no Yoritomo lernte aus den Fehlern der Taira; er verließ Kyoto und den Hof und siedelte sich in der Küstenstadt Kamakura in der Nähe der Güter seines Clans an. Er entschied, dass die Kaiser und die Fujiwara ihre Scheinregierung weiterhin ungestört ausüben durften. Seine getreuesten Männer erhielten keine Regierungsposten, sondern übernahmen die Verwaltung der beschlagnahmten Taira-Güter. 1192 nahm er den Titel *shogun* an, der sich am ehesten mit „Generalissimus", oberster Befehlshaber, übersetzen lässt. Obwohl Yoritomo selbst die stärkste Militärmacht Japans befehligte, lehnte er sich nicht gegen die Herrschaft von Kaiser und Zivilregierung auf, sondern war zufrieden, dass er selbst nur Befehlshaber der kaiserlichen Armee war. Tatsächlich wurde Kamakura die wahre politische Hauptstadt des Landes. So wurde die erste Militärdiktatur in Japan errichtet, die von den Japanern als „Shogunat" *(bakufu)* bezeichnet wurde.

WERKSTATT EINES WAFFENSCHMIEDS

In der mittelalterlichen Zeit ging der Aufschwung des Handwerks zum Teil auf den Bedarf an Waffen für die Samurai zurück. In der hier gezeigten Werkstatt wird fleißig gearbeitet.

Das Shogunat war keine nationale Regierung, sondern bestand aus einer Gruppe von Rittern, die mit den Minamoto in einem Lehnsverhältnis standen. Sie bildeten eine „Familien"-Regierung, einen lockeren Verband, der durch Familienbande, Freundschaften oder Blutsverwandtschaft zusammengehalten wurde.

Von den Shogunen wurden als Hauptorgane der Familienregierung drei neue Ämter geschaffen: ein Amt zur Beaufsichtigung der Belange des einzelnen Ritters als Mitglied des Clans, ein Verwaltungsamt und eine höchste Berufungsinstanz. Letztere sollte gesetzlich bindende Entscheidungen über Gewohnheitsrechte fällen, die sich unter dem Kriegeradel der Provinz während der letzten beiden Jahrhunderte herausgebildet hatten und die die Kamakura-Verwaltung in kodifizierter Form herausgab. Die Provinzorganisation dieser Regierung war einfacher als die der Zentralregierung; sie bestand nur aus den Rittern, die in ihrer Eigenschaft als Landverwalter *(jito)* ihre Einzelgüter nach Gutdünken verwalteten, während in jeder Provinz Militärgouverneure *(shugo)* die gemeinsame Verteidigung organisierten.

GOTOBA – EIN AUFRÜHRERISCHER KAISER

Am Ende des 12. Jh. musste sich der Kaiserhof damit abfinden, die politische Macht mit den Samurai von Kamakura zu teilen. Doch einige Adlige von Heian (dem heutigen Kyoto) hatten die Hoffnung noch nicht aufgegeben, sich eines Tages von dem neuen Militärregime befreien zu können, das sie für illegitim hielten. Die Gelegenheit für einen Staatsstreich bot sich mit der Ermordung des letzten Vertreters des Familienclans der Minamoto im Jahr 1219. Dessen angeheiratete Familie, die zum Clan der Hojo gehörte, beschloss, einen Shogun aus der aristokratischen Familie der Fujiwara zu wählen, doch diese Entscheidung fand nicht die Zustimmung aller Samurai. Der abgedankte Kaiser Gotoba (1180–1239) glaubte, die Unstimmigkeiten über die Nachfolge des letzten Minamoto-Shoguns zur Absetzung der Militärregierung nutzen zu können. 1221 befahl er, Yoshitoki Hojo, den Regenten des Shogunats, zu verfolgen. Doch seine Truppen wurden von den Soldaten des Kamakura-Shogunats besiegt. Der aufrührerische Kaiser wurde auf die Insel Oki verbannt. Trotz seines politischen Scheiterns gilt Gotoba wegen seines dichterischen Könnens nach wie vor als einer der großen Kaiser Japans. Ihm ist eine Anthologie japanischer Gedichte zu verdanken, die *Shin Kokinshu* von 1201.

TOKIYORI HOJO
Als Regent des Shogunats von Kamakura (1246–56) war Tokiyori einer der großen Staatsmänner seiner Zeit. Berühmtheit erlangte er durch die Vereitelung mehrerer Komplotte. Auch richtete er ein Hohes Gericht ein, das Prozesse gegen die Vasallen des Shoguns führte.

Die Familienregierung der Minamoto wurde vermutlich nur zur Kontrolle der Privatbelange des Clans und nicht zur Verwaltung der ganzen Nation etabliert. Durch die Überwachung der Clanmitglieder, die sich im ganzen Land in Schlüsselstellungen unter den Gutsverwaltern und Landrittern ausgebreitet hatten, gewann die Regierung in Kamakura faktisch die Gewalt über alle Gesellschaftsklassen in Japan. Die ihnen angehörenden Ritter betreuten die Bauern, die Leibeigene auf den Gütern waren, und sie kontrollierten zudem die Geldbeutel der Aristokratie, die ihre Einkünfte von den Gütern erhielten. Obwohl der Schein einer Privatorganisation aufrechterhalten wurde, war das Kamakura-Regime die wirksamste Zentralregierung geworden, die Japan je hatte. Da die Bevölkerung bald sah, dass Kamakura dazu in der Lage war, seine Entscheidungen allein durchzusetzen, blickten sie eher zum *bakufu* als führende Macht als zum kaiserlichen Hof. Ein ehrgeiziger Kaiser wagte es 1221, Kamakura herauszufordern, wurde jedoch bald durch die Kohorten der Minamoto überwältigt. Dieser Vorfall zeigte deutlich, dass die kaiserliche Macht zu Ende war.

Der Kaiser bezog weiterhin sein Einkommen von den Gütern, die er nominell besaß; sobald aber politisches Handeln gefragt war, erwies er sich nur noch als Überbleibsel aus einer vergangenen Zeit. Dennoch bewahrte das Prinzip der erblichen Thronfolge sein Ansehen: Die Kaiser blieben die unbestreitbare Quelle sämtlicher politischer Legitimität und die Shogune von Kamakura beanspruchten keine andere Autorität als die der Militärmacht. Die kaiserliche Institution bestand also als Aushängeschild der Regierung fort, bevor die politische Macht im 19. Jh. gänzlich in die Hände des Kaisers zurückfiel, ebenso wie der Rang als letzte Quelle der Legitimität und höchste religiöse Autorität.

Die Regierung in Kamakura war stark auf die Person des Shoguns ausgerichtet. Zumindest theoretisch war die einzige verknüpfende Kraft die persönliche Loyalität eines jeden Ritters gegenüber dem Shogun. In der Praxis wurde aber die Person des Shoguns bald ein unwichtiger Faktor: Die Regierungsform erwies sich als erstaunlich stark. Yorimoto, der erste Shogun, trennte sich von seinem jüngsten Bruder, dessen militärisches Geschick zur Niederlage der Taira beigetragen hatte, und von den anderen führenden Familienmitgliedern. Nach dem Tod des Shoguns im Jahr 1199 führte ein Streit unter den Nachfolgern, der von den Verwandten seiner Frau ausgelöst wurde – den Hojo vom Stamm der Taira –, zur Beseitigung der Erben. Im Jahr 1219 wurde die gesamte Linie der Minamoto ausgelöscht. Als sie ihre Machtposition innehatten, gaben sich die Hojo mit dem Regententitel zufrieden; sie setzten einen Shogun ein, der jedoch eher eine Marionette als ein Herrscher war, und zuerst aus der Familie der Fujiwara, später aus der kaiserlichen Familie stammte.

DIE DAMEN AM HOF VON HEIAN

Während die Männer am kaiserlichen Hof von Heian in chinesischer Sprache schrieben, verfassten die Damen der Aristokratie mit Romanen und Tagebüchern die ersten Werke der japanischen Literatur. Die beachtliche Rolle der adligen Damen in der Entwicklung der japanischen Kultur hat einige Historiker veranlasst, sie als verhältnismäßig privilegierte Mitglieder der Gesellschaft der antiken Zeit darzustellen. Wie aber verhielt es sich in Wirklichkeit? Tatsächlich gibt es viele Gründe für die Annahme, dass die Damen von Heian eine beneidenswerte Stellung am Hof genossen, doch ebenso viele Gründe sprechen für das Gegenteil. Fest steht, dass die Töchter des Adels eine gute Erziehung erhielten. Sie waren erbberechtigt und durften Vermögen behalten und verwalten. Eine gewisse sexuelle Freizügigkeit wurde ihnen nicht zum Vorwurf gemacht, z. B. wenn sie als Ledige einen oder auch mehrere Liebhaber hatten. Am politischen Leben jedoch hatten diese Frauen keinen Anteil. Außerdem brauchten sie oft einen einflussreichen Mann am Hof, der ihnen bei der Verwaltung ihres Vermögens half. Und angesichts der zahlreichen Konkubinen und Mätressen ihrer Ehegatten sahen sie sich als verheiratete Frauen oft in einer demütigenden Lage.

So gab es im 13. Jh. in Japan einen Kaiser, der keine eigene Macht besaß und vom abgedankten Kaiser und von der Höflingsfamilie der Fujiwara kontrolliert wurde – ebenso wie die „Regierung“, die in Wirklichkeit nur eine Scheinregierung war und völlig durch die Privatregierung des Shogun gelenkt wurde, der seinerseits wieder nur eine Marionette in der Hand eines Hojo-Regenten war. Offensichtlich hatte man die Führung der Staatsangelegenheiten einer Reihe von Zweitbesetzungen anvertraut, von denen keine wirklich die Macht innehatte. Man könnte sich das politische Leben wie das Ineinandersetzen der russischen Matroschka-Puppen vorstellen.

Feudalgesellschaft und Heldengeschichten

Die großen Triumphe der Taira und Minamoto kennzeichnen den Beginn einer 800 Jahre andauernden Herrschaft des Kriegeradels. In diesem Zeitraum erfuhren die politischen Institutionen, die Sozialstrukturen und Wertesysteme die gleiche Entwicklung wie in Westeuropa. Der Feudalismus entstand wohl in Japan ähnlich wie in Europa aus einem Zusammentreffen von drei Faktoren: das alte Prinzip der Fixierung auf den Herrscher, die Tradition einer stammesähnlichen Organisation und das Netz persönlicher Verbindungen und Abhängigkeiten. In Europa waren die beiden Hauptkomponenten der römisch-(katholische) Glaube und die Stammesorganisation etwa der Germanen; in Japan waren es die vom China der Tang-Dynastie entlehnten Institutionen und die auf den *Uji*-Clans begründete vormoderne Sozialorganisation. Die vergleichende Geschichtswissenschaft zeigt, dass ein solches Zusammenspiel zweier Faktoren nirgendwo anders zu finden ist.

Der japanische Feudalismus unterscheidet sich von den europäischen Ländern in zwei Punkten. Erstens scheinen sich in Japan die Feudalinstitutionen langsamer entwickelt zu haben als in Europa; zweifellos ist das eine Folge der politischen Abgeschiedenheit, die während langer Jahre den Archipel von äußerem Druck bewahrt hatte. Die Regierung in Kamakura war übrigens kein reines Feudalregime, insofern als sie das Kaisertum fortbestehen ließ und den Hofleuten den nominellen Besitz der Provinzgüter anvertraute. Die politischen Institutionen und das japanische Bodensystem ähnelten erst am Ende des 15. Jh. der Feudalherrschaft, wie sie im 12. Jh. in Europa bestand. Die Feudalherrschaft währte auf dem Archipel wie in Europa nicht allzu lang; aber Japan behielt bis zur Mitte des 19. Jh. eine feudale Struktur bei.

Der zweite Unterschied betrifft die Stellung des Individuums. Der europäische Feudalismus begünstigte unter Einfluss des römischen Rechts die Vertragsbeziehungen zwischen den durch gegenseitige Pflichten und persönliche Verpflichtungen verbundenen Menschen. Der japanische Feudalismus kannte derartige Verhältnisse nicht, sondern konzentrierte sich auf die moralischen Werte. Die Chinesen hatten die Vorstellung geprägt, dass die Ethik über das Recht gestellt werden müsse, besonders im politischen Bereich. Für sie war eine gute Regierung eine Sache des persönlichen Gewissens; die moralische Richtigkeit schien ihnen eine bessere Garantie als die genaue und systematische Anwendung des Gesetzes. Auch in Japan wurden die mit dem individuellen Status verbundenen Vorschriften eher als moralische Pflicht aufgefasst denn als rechtliche Verbindlichkeit. So galten sie auch fortan als absolut. Von dem Moment an, als die Autorität und die Loyalität zu den höchsten Werten erkoren wurden, hatten die Ideen der Gewaltenteilung, der unveräußerlichen Rechte oder einer gewählten Volksversammlung, die im Zuge des Niedergangs des Feudalismus im Westen auftauchten, in Japan wenig Chancen.

KABUKI-SCHAUSPIELER
Das um 1600 entstandene Kabuki-Theater erfreute sich schon in der Tokugawa-Zeit großer Beliebtheit. Die Schminkmasken und Kostüme der ausschließlich männlichen Schauspieler sind ebenso ausdrucksvoll wie ihr Spiel (Gesang, Tanz) und die Inszenierung.

In Japan sollte die Feudalzeit allein schon durch ihre Dauer Spuren hinterlassen. Ihr Einfluss findet sich in den starken Militärtraditionen Japans, die am Ende des 19. Jh. und in den 1930er-Jahren wieder aufblühten. Vor dem Zweiten Weltkrieg gestand die Mehrzahl der Japaner den Militärs eine größere Integrität und Unparteilichkeit zu als den Zivilisten und befürworteten, dass Offiziere die politische Macht übernahmen. Noch heute scheint der Patriarchalismus, der mit den sozialen Strukturen Japans durchdrungen ist, wie ein aus der Feudalzeit erhalten gebliebener Überrest.

Im 12. Jh. ging die Behauptung des Provinzadels mit einer kulturellen und politischen Änderung einher. Die Literatur und die bildende Kunst der beiden vorangegangenen Jahrhunderte waren der Ausdruck eines kulturell stark vom Hof bestimmten Lebens. Vom 12. Jh. an erfuhr die kulturelle Bewegung eine tiefe, mit dem Aufstieg der Krieger-

kaste verbundene Erneuerung, die ihre Impulse auch aus den Werken dieser glanzvollen Zeit schöpfte. Der feudale Ritter hatte seinen eigenen Werte- und Verhaltenskodex und stellte dem gemütlichen und verklärten Hedonismus der Hofdamen von Kyoto das Ideal eines auf persönliche Disziplin, Bescheidenheit sowie auf körperliche und geistige Askese gegründeten Kriegerlebens entgegen. Die persönliche Loyalität und die geheiligten Familienbande galten – besonders charakteristisch für das feudale Nippon – als unantastbar. Das japanische Temperament hatte diesem Ritterideal zwei seiner grundlegenden Tugenden entnommen: zum einen die Geringschätzung der körperlichen Leiden und des Todes und zum anderen die unerschütterliche Treue zu eingegangenen Verpflichtungen und Bündnissen.

Die Literatur spiegelte diese neue Mentalität wider. Es wurden jetzt Heldengeschichten verfasst, die im Gegensatz zu den Tagebüchern und Romanen der Hofdamen standen. Diese Ritterromane mit geschichtlichem Hintergrund, wie das *Heike-monogatari,* die Ge-

ANGRIFF AUF DEN PALAST VON SANJO
Dieses Detail aus einer dem Heiji-Aufstand in Kyoto (1159) gewidmeten Bildrolle zeigt eine Schlachtszene. In dem Konflikt standen sich der Krieger Yoshitomo Minamoto und sein Gegner Kiyomori Taira gegenüber.

JAPANISCHE SCHWERTER

Die Schwerter gehören zu den schönsten Gegenständen der japanischen Kultur. Die ältesten Schwerter stammen aus der Kofun-Periode (4.–7. Jh.). Die aus Eisen geschmiedeten, zweischneidigen Schwerter mit gerader Klinge hatten zunächst eher rituelle als militärische Bedeutung. Erst in der Antike (8.–12. Jh.) wurde das Schwert zur echten Kampfwaffe. Im 9. Jh. kam das später typische japanische Schwert auf, das leicht gebogene, einschneidige Stahlschwert. Die Kamakura-Zeit (1192 bis 1233) war das goldene Zeitalter der japanischen Schwerter. Schon zur damaligen Zeit unterschieden sie sich durch die Länge (die längsten erreichten 1,5 m) und ihr Gewicht. Die Waffenschmiede der Muromachi-Zeit (1333–1573) erfanden das *wakizashi*, ein Kurzschwert, das zusammen mit dem *katana*, dem Langschwert, verwendet wurde. Der größte Vorzug der japanischen Schwerter war die extrem scharfe Klinge. Außerdem hatte die Waffe eine symbolische Bedeutung. Im Kaiserhaus gehörte das Schwert neben dem Spiegel und den Juwelen zu den drei Insignien des Herrschertums. Für die Samurai war es eine natürliche Verlängerung des Armes und angesichts der lebenswichtigen Rolle in der Schlacht galt es als Teil der Seele des Kriegers.

schichte des Hauses Taira, handeln meist von der Rivalität zwischen dem Taira- und Minamoto-Clan. Die neue epische Stilrichtung beeinflusste zwischen dem 11. und 13. Jh. auch die Entwicklung der Malerei auf Papierrollen. Diese Bilderrollen schildern mit einem bemerkenswerten Sinn für Bewegung und einer erstaunlichen Genauigkeit die großen Schlachten der Epoche, das Leben der buddhistischen Heiligen und die Geschichte der großen Klöster. Man findet auch poetische Karikaturen von Tieren, die man im Allgemeinen dem Bonzen Toba Sojo zuschreibt. Die schönste dieser bemalten Rollen stellt den Brand im Sanjopalast dar, der während des Winterfeldzugs 1159/60 ausbrach; sie wird heute im Museum für schöne Künste in Boston aufbewahrt. Schließlich zeichnete sich das 13. Jh. durch eine grandiose Renaissance der buddhistischen Skulptur aus.

Neue Richtungen des Buddhismus in Japan: die Schulen

Der japanische Buddhismus erfuhr in dieser Epoche eine Wandlung, in deren Ergebnis er seine heutige Gestalt annahm. Die damals aufkommenden neuen Tendenzen im Bereich der Religion hingen zweifellos damit zusammen, dass sich Kultur und Bildung auch in den Klassen ausbreiteten, die sonst außerhalb des Hofadels standen – der Landadel, die Städter und sogar die Bauernschaft. Der rasche Triumph des neuen Buddhismus über ältere Religionsformen war sicherlich zum Teil auch auf den Eintritt dieser neuen Klassen in das gesellschaftliche Leben zurückzuführen. Buddhistische Klöster regten den Seehandel mit China an; viele schöne Tempel im 13. und 14. Jh. wurden zum Teil durch solche Handelsvorstöße finanziert, so auch der *Daibutsu* oder *Große Buddha* von Kamakura, der in der zweiten Hälfte des 13. Jh. errichtet wurde und noch heute als die gewaltigste Bronzestatue der Welt gilt.

Grosser Buddha
von Kamakura
Diese 11,5 m hohe Statue aus dem 13. Jh., die sich heute in der freien Natur erhebt, ist ein Bildnis des Buddhas Amida. Wie ihr Pendant in Nara (S. 61) ist die Statue aus Bronze.

Der Buddhismus kam als hoch intellektuelle Philosophie mit prächtigen Zeremonien nach China. Seit der Tang-Zeit änderte sich dies jedoch – er wurde deutlich populärer. Dem frühen indischen Buddhismus zufolge war die menschliche Natur verkommen; diese Variante des Buddhismus ließ nur wenig Hoffnung auf eine Verbesserung des menschlichen Schicksals in dieser Welt und konzentrierte sich vor allem auf das, was er als „Erlösung im Kreislauf der Seelenwanderung" bezeichnete. Die Buddhisten übernahmen den alten indischen Glauben, dass das Einzelwesen immer und immer wieder neu in diese Welt geboren würde, sei es zu einer besseren, sei es zu einer schlechteren Existenz, je nach der Art seiner Lebensführung im Lauf der aufeinander folgenden Wiedergeburten. Der einzige Weg aus diesem „Kreislauf der Seelenwanderung" ist die Überwindung aller Wünsche. Wer diese erreicht, tritt ins Nirwana ein, den vollkommen erfüllten Zustand des Geistes, der nicht mehr von den Versuchungen des Lebens berührt wird; das individuelle Ich verliert seine Identität im Kosmos. Diese eher pessimistische Lebensauffassung widersprach der Vorstellung der südostasiatischen Völker, die das menschliche Leben positiv betrachteten. Als der Buddhismus nach China kam, überzeugte er durch seine schöne Kunst, die heiligen Schriften, die farbenprächtigen Zeremonien, den Fleiß und das friedliche Klosterleben – dies alles machte für die Chinesen, wohl noch mehr als die eigentliche Philosophie, den ursprünglichen Buddhismus aus. Die breite Masse konnte der Buddhismus mit seiner Philosophie in China und Japan jedoch nicht erreichen, solange sich seine Grundwerte nicht veränderten.

BUDDHA VON NARA
Der große Buddha von Nara (15 m, 8. Jh.), eine Darstellung Birushanas, steht in einem riesigen Holztempel. Er ist fast vollständig restauriert.

Die wohl interessanteste Entwicklung während dieser Neuorientierung war die sich ändernde Vorstellung vom Nirwana: Für den Gläubigen war es das Paradies, in dem die Einzelseele weiterlebte, während den Bösen, wie in Dantes Inferno, unzählige Qualen drohten. Die volkstümlichen Prediger betonten, dass der Sittenverfall ihrer Zeit jede Bemühung um Reinigung und das Streben nach „innerer Erleuchtung" unmöglich mache. Daher predigten sie Erlösung durch die Götter und Halbgötter des buddhistischen Pantheons. Glaube, nicht philosophische Erleuchtung oder beispielhafte Lebensführung trat in den Vordergrund; die Anrufung Buddhas wurde zur wichtigsten Glaubenshandlung.

Diese Lehren fanden in Japan im 10. und 11. Jh. großen Anklang. Es entstanden neue Schulen innerhalb des japanischen Buddhismus, die sich grundlegend von denen des 8. und 9. Jh. unterschieden. Die beiden zur Gründungszeit Kyotos entstandenen wichtigsten Schulen widmeten ihre Studien einer formalistischen und altmodischen Scholastik. Sie nannten sich *Shingon* („Schule des wahren Wortes") und *Tendai*. Letztere hatte ihren Sitz auf dem Berg Hiei, der Kyoto überragt. Benannt wurde die *Tendai*-Schule nach der Hochburg des Buddhismus auf dem Berg Tiantai in China. Charakteristisch für die *Shingon* und die *Tendai* sind die besondere Art der magischen Beschwörungen, die Zeremonien und die malerischen Darstellungen der buddhistischen Theologie. Während sich der Hofadel zu den Liturgien beider Schulen hingezogen fühlte, interessierten sich die unteren Volksschichten kaum dafür.

Die *Tendai*-Schule lieferte eine universelle und allumfassende Philosophie, die auch den volkstümlichen Glauben an die Erlösung durch den Glauben beinhaltete. Sie bildete den Ursprung aller neuen Schulen. Die erste neue populäre Schule wurde in Japan von

dem Mönch Honen Shonin im Jahr 1175 begründet. Sie nannte sich *Jodo-shu,* „Schule des Reinen Landes“, denn das „Reine Land“ bezeichnete das Paradies. Wie so oft bei religiösen Reformbewegungen sagte sich Shinran Shonin, einer der Schüler Honens, von seinem Lehrer los und gründete 1224 eine eigene Schule namens *Jodoshinshu,* die „Schule des Wahren Reinen Landes“. Mit der Zeit wurde diese Schule populärer als alle übrigen. Auch heute noch ist sie die größte und stärkste buddhistische Gruppe in Japan und die einzige mit nennenswerter Missionstätigkeit im Ausland. Die beiden Schulen *Jodo-shu*

PRACHT IM RENGEO-TEMPEL
Die Halle mit den 33 Nischen (sanjusangendo) *des Rengeo-Tempels von Kyoto beherbergt 1001 Statuen aus vergoldetem Holz, die Kannon, die Göttin der Barmherzigkeit, darstellen. Die Skulpturen entstanden im 12. und 13. Jh., eine Zeit, in der die Japaner ihr Seelenheil durch die Vermehrung guter Werke, etwa die Errichtung von Statuen und Tempeln oder die Abschrift von Sutren, zu erreichen suchten.*

und *Jodoshinshu* drückten unmittelbar die religiösen Gefühle der unteren Klassen aus. Sie lehrten einen nachvollziehbaren Weg der Erlösung für einfache Leute; von Anfang an hatten sie viel Einfluss und verkündeten, dass jeder das Seelenheil erreichen könne.

Shinran wirkte der geistigen Aristokratie der alten Klostersekten entgegen, indem er die Gründung von Klöstern verbot und die „Gleichheit aller Buddhisten" predigte. In seinem Bemühen, die Geistlichkeit dem Volk und dem Alltagsleben anzunähern, erlaubte er seinen Priestern die Ehe, eine Sitte, die sich zusehends beim gesamten Klerus Japans

NIO AUF EINER WOLKE
Die Gottheit Nio *ist häufig als Wächter an den Portalen buddhistischer Tempel aufgestellt. Auf diesem Schwertstichblatt sind Kupfer und Gold in bewundernswürdiger Weise kombiniert.*

ausbreitete. Einer der Nachfolger Shinrans förderte die japanische Übersetzung einiger buddhistischer Schriften, die in klassischem und oft schwer verständlichem Chinesisch nach Japan gebracht worden waren. Dieser Priester gründete unter den gläubigen Laien auch Diskussionsgruppen, die sich mit der Zeit zu sehr einflussreichen Laienbrüderschaften entwickelten.

Diese Gruppen waren während der Epoche des Feudalismus die wohl wichtigsten Organe für das Geistesleben der unteren Klassen. Schließlich wurden sie sogar zu Verbänden, durch die das Volk sich auch auf politischer Ebene bemerkbar machen konnte. Laienbrüderschaften der „Schule des Wahren Reinen Landes" töteten im Jahr 1488 ihre Gutsherren in zwei Provinzen an der Westküste Japans und verwalteten das Gebiet danach eigenständig. Im 16. Jh. konnte sich die große Tempelfeste der Schule, die dort lag, wo sich heute die Handelsmetropole Osaka befindet, zehn Jahre lang gegen die stärkste feudale Partei in Japan behaupten.

1253 entstand eine dritte populäre Schule namens *Nichiren,* benannt nach dem Mönch, der sie gegründet hatte. Hier wirkten mehr wandernde Prediger. Sie unterschied sich zudem durch einen religiösen Fanatismus – Erbe ihres hitzigen Gründers. Nichiren stand in scharfem Gegensatz zu dem pazifistischen und toleranten Geist, den der Buddhismus von jeher zeigte, ein unduldsamer, kämpferischer Mann des Glaubens, der die anderen buddhistischen Schulen häufig in offene Kampfhandlungen verwickelte. Nichiren war ein engstirniger Nationalist, dem Japan als das Land der Götter und Kern des Weltalls galt – nur der japanische Buddhismus sei der wahre Buddhismus. Bedeutsam ist, dass die aktivste religiöse Bewegung im modernen Japan, die *Soka-gakkai*, sich explizit auf die theologische Tradition Nichirens beruft.

Es ist unmöglich, die vielen Ähnlichkeiten des mittelalterlichen Buddhismus mit dem Christentum zu Beginn der Moderne zu übergehen. Merkwürdig ist, dass der japanische Buddhismus dem Christentum näher steht als dem historischen Buddhismus. Nachdem

IKKO – EINE KRIEGERISCHE SEKTE

In Japan entwickelte sich der Buddhismus erst ab dem 13. Jh., dem Beginn des Mittelalters, zu einer echten Volksreligion. Am Ende dieses Zeitalters beteuerten die unteren Schichten der Gesellschaft ihren buddhistischen Glauben mit einer Vehemenz, die es bis dahin in der Geschichte des Landes nie gegeben hatte. Die große Glaubensrevolte ging von Menschen aus dem einfachen Volk aus, die von den Idealen der Sekte *Ikko* (auch Jodoshinshu genannt) überzeugt waren. Diese Sekte verhieß, jeder könne sein Seelenheil durch die individuelle Anrufung des Buddhas Amida erlangen. Bauern unter der Führung niedriger Samurai waren die Ersten, die die Aufstände *(Ikko ikki)* gegen die ortsansässigen weltlichen Mächte in Gang setzten. Damit trugen sie zur allgemeinen Anarchie im ausgehenden 15. und fast im gesamten 16. Jh. bei. Ihre Gemeinden in den Zentralregionen (Osaka, Nagoya) und in der Provinz Kaga verweigerten die Zahlung von Abgaben an die Feudalherren, doch der Zehnte für die kirchliche Hierarchie wurde gezahlt. Dank dieser Beiträge und einer großen Zahl oft bewaffneter Gläubiger wurden die „Päpste" der *Ikko*-Sekte sehr mächtig. Der erste und bekannteste war der 1499 verstorbene charismatische Rennyo, dem es durch seine Verkündigung der Lehre *(ofumi)* gelang, eine große Anhängerschaft zu rekrutieren. Da die ihm nachfolgenden Würdenträger Interesse daran hatten, den Kriegsherren eine weltliche Macht entgegenzusetzen, ließen sie sich schließlich in einer imposanten Festung in Ishiyama (Osaka) nieder. Die Verbände der *Ikko* und das Stabsquartier von Ishiyama wurden jedoch von dem mächtigen *daimyo* Nobunaga Oda (1580) bezwungen. In der Geschichte Japans, in der Religion eher gleichbedeutend mit Toleranz und Frieden ist, stellt der Aufstand der *Ikko*-Sekte eine Ausnahme dar.

er sich nach und nach von dem Konzept einer Lossagung vom Diesseits, die durch stetes Streben in mehreren Leben erarbeitet wurde, verabschiedet hatte, betonte er das Weiterleben des Individuums in einem Paradies, das durch den Glauben an die göttliche Gnade erlangt wurde. Die protestantischen Reformer des feudalen Japan hatten mehr als einen Grundzug mit den Reformern im 16. Jh. Europas gemein; die auffälligsten Analogien sind die Übersetzung der Heiligen Schrift, die Laienbrüder, die Priesterehe, das kämpferische Sektierertum und der junge Nationalismus.

Während sich die unteren Klassen mit ihren religiösen und geistigen Neigungen an die volkstümlichen buddhistischen Schulen hielten, fand die Kriegerkaste eine Entsprechung für ihre religiösen und philosophischen Bedürfnisse in einer gänzlich abweichenden buddhistischen Schule, die durch japanische Mönche nach ihrer Rückkehr von einem Studienaufenthalt in China im späten 12. und frühen 13. Jh. in Japan eingeführt worden war. Diese Schule ist als Zen-Buddhismus bekannt, ein Wort, das „Meditation" bedeutet; Zen ging wohl in gleichem Maß auf die chinesischen Mystikerschulen zurück wie auf den frühen denaturierten Buddhismus.

Zen ist antischolastisch und antirational. Seine Anhänger legen mehr Wert auf die intuitive, plötzliche Erkenntnis, die aus äußerster körperlicher Disziplin und aus geistiger Sammlung resultiert, nicht aus Bücherwissen oder logischem Denken. Im Verlauf der anfänglichen Übungen stellte der Zen-Meister seinen Schülern ein einfaches, aber unlösbares Problem: „Von welcher Art ist das Geräusch, wenn man mit einer Hand klatscht?" Der Schüler musste tagelang darüber nachdenken, aber eine Antwort darauf, wie das Geräusch sei oder warum kein Geräusch entstehe, wurde vom Meister nicht anerkannt. Die durch dieses Problem angeregte Meditation sollte zu einer plötzlichen Erleuchtung führen, die die Erkenntnis der Natur Buddhas, der Einheit des Alls oder anderer gleichermaßen tiefer Probleme betraf.

KUNSTVOLL ARRANGIERT
Die Kunst des Ikebana (wörtlich übersetzt: lebendige Blumen) wurde von den Japanern aus China übernommen. Inspiriert wurde diese Kunst durch die buddhistische Tradition, Blumen als Opfergabe darzubringen. Im Ikebana spielen jahreszeitliche Themen eine große Rolle.

Die Ablehnung der Scholastik, die Befürwortung des spartanischen Lebens und die strenge körperliche Disziplin der Zen-Anhänger zwang sie zu einem Leben in der Natur. Zen wurde rasch die Philosophie der Militärs im feudalen Japan, auf die sie ihr Dasein gründeten. Dadurch gewann Zen weithin Einfluss und großes Ansehen. Zen förderte die Zähigkeit und Charakterstärke, die den Krieger des feudalen Japan auszeichnete. Zweifellos finden der disziplinierte Geist und die scheinbare Gelassenheit vor Prüfungen, die für viele Japaner typisch ist, ihren Ursprung in der Meditation des Zen.

SAMURAI-RÜSTUNG
Einst boten die Samurai-Rüstungen allen Körperteilen Schutz. Später hatten sie jedoch wegen der Verwendung von Feuerwaffen und der langen Friedenszeit vor allem dekorativen Charakter.

Die Welt der Samurai

Die Kriegerkaste der Samurai beherrschte Japan vom 12. bis zum 19. Jh. – ein langer Zeitraum, in dem sich die Welt der Samurai veränderte. Schon zu Beginn des Mittelalters unterschieden sich die Krieger nach ihrem Rang in der feudalen Hierarchie. In der Kamakura-Zeit (1192–1233) gab es zwei Klassen von Kriegern, die *gokenin*, direkte Vasallen des Shoguns, und alle anderen, die keine privilegierten Beziehungen zu den Anführern der Militärregierung hatten. Väter und Söhne der *gokenin* waren in Register eingetragen und bekleideten angesehene Verwaltungsämter. Die Stellung der Krieger richtete sich auch nach den militärischen Techniken. Wer zu Pferde kämpfte und eine Rüstung trug, galt mehr als das leichter bewaffnete Fußvolk. Ein weiteres Unterscheidungsmerkmal war die Beherrschung der Schriftzeichen: Die Bildung der militärischen Elite hob sich stark von dem geringen Wissensstand der niedrigen Provinzkrieger ab.

Ab dem 16. Jh. wurde die Welt der Samurai durch die Einführung der Feuerwaffen erschüttert. Dass diese von den Kriegsherren ohne besondere Rücksicht auf überlieferte Kampfregeln eingesetzt wurden, verwirrte die Samurai. Da man zur gleichen Zeit zunehmend Fußsoldaten von bescheidener Herkunft für die Armeen rekrutierte, war die Kriegerkaste mit gesellschaftlichen Umwälzungen konfrontiert, die ihnen das Gefühl vermittelten, dass Beförderungen nun nach persönlichen Verdiensten und nicht mehr nur nach der Geburt erfolgten.

Doch in der Tokugawa-Zeit (1603–1867) war der Zugang zur Schicht der Samurai wieder wesentlich schwieriger geworden, obwohl sich die Krieger wegen einer langen Friedensperiode zum Teil auf Verwaltungsarbeiten und intellektuelle Tätigkeiten verlegten. Von nun an musste sich jeder Samurai, der dieser Bezeichnung würdig war, nicht nur mit Waffen, sondern auch mit der klassischen chinesischen Philosophie des Konfuzianismus auskennen. Die Feudalherren verpflichteten ihre Vasallen zum Schulbesuch, wo sie eine Ausbildung auf militärischem Gebiet, in Ethik, Literatur und Wissenschaft erhielten. Ab der Meiji-Zeit (1868–1912) wurden aus den Samurai Bankiers, Industrielle und Kaufleute. Damit bestätigte die Klasse, die die japanischen Inseln sieben Jahrhunderte lang beherrscht hatte, ihre große Anpassungsfähigkeit.

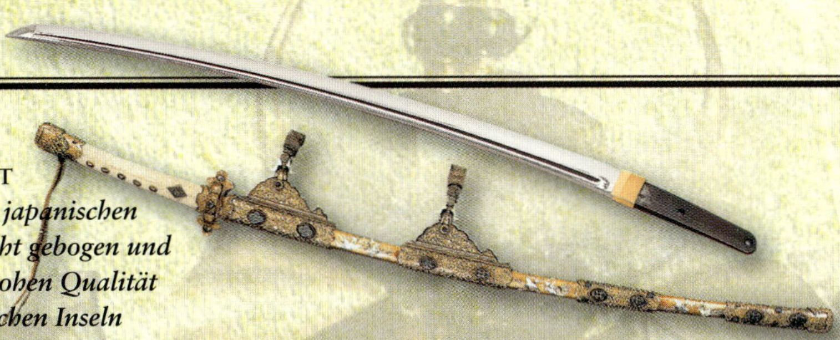

Klassische Klinge aus der Muromachi-Zeit
Die Klingen der klassischen japanischen Schwerter (katana) *sind leicht gebogen und einschneidig. Wegen ihrer hohen Qualität wurden die auf den japanischen Inseln angefertigten Schwerter mit großem Erfolg nach China ausgeführt.*

Wohnsitz eines Samurai
In dieser stilvollen Residenz waren schon in der Edo-Zeit Samurai zu Hause. Der Garten ist ein typisches Merkmal japanischer Architektur.

Kunstvolles Stichblatt
Wie alle Teile der japanischen Schwerter waren auch die Stichblätter (tsuba) *wahre Meisterwerke. Dieses Exemplar stellt eine Schlange dar, die einen Reiher fängt.*

Sattel
Die Samurai kümmerten sich gewissenhaft um ihre Reitpferde. Die kostbaren Tiere – treue Gefährten im Kampf und beim Training – stammten in der Regel aus Züchtungen im Osten und Norden Japans.

Rache der Krieger
Die Rache nahm in der Vorstellungswelt der Japaner einen wichtigen Platz ein. Oft erzählt wurde die Geschichte vom Samurai Watanabe Kazuma, der 1634 den Mörder seines jüngeren Bruders in einen Hinterhalt lockte und tötete. Die Szene wurde auf Holzschnitten (unten) dargestellt und in Kabuki-Theaterstücken erzählt.

YOSHITSUNE MINAMOTO

Yoshitsune Minamoto (1159–89), der jüngere Halbbruder des ersten Shoguns Yoritomo Minamoto, ist Japans populärster Samurai. Als sein Vater Yoshitomo 1160 von Rivalen aus dem Clan der Taira ermordet wurde, blieben er und seine Brüder verschont. Später war Yoshitsune nur noch von dem Gedanken beseelt, den Tod seines Vaters zu rächen. Seine militärische Begabung bewies er, als er mit seinem Bruder Yoritomo den Kampf gegen die Taira aufnahm. Der Sieg in der Seeschlacht von Dannoura (1185), in der die Taira besiegt wurden, ist vor allem sein Verdienst. Nun aber betrachtete ihn der ehrgeizige Yoritomo als Rivalen und zwang Yoshitsune 1189 zum Selbstmord. In den nachfolgenden Generationen rankten sich zahlreiche Legenden um diesen tragischen Helden, seine Geliebte Shizuka und seinen Freund Benkei, einen Mönch von legendärer Kraft.

Kapitel 5

Gefährdete nationale Einheit

So gut das Kamakura-System anfangs funktionierte, so litt es doch an Verfallserscheinungen. Solange die ihm angehörenden Ritter nur eine kleine fest gefügte Gruppe in gegenseitigem Treueverhältnis waren, ging alles gut; doch mit den nachfolgenden Generationen verschwanden die Stützen, die durch Familienfreundschaften und Kameradschaften in fast vergessenen Feldzügen entstanden waren. Die Nachfahren der alten Ritter der Kanto-Ebene, die 1185 die Zügel in Japan ergriffen hatten, verspürten immer weniger die geistige Einheit des ursprünglichen Clans im Sinne persönlicher Treue zu Kamakura. Ein anderer Faktor, der zur Auflösung des Clans führte, hing mit der wachsenden Zahl der Mitglieder zusammen: Mit jeder Generation wuchs die Ritterkaste rasch, doch die Zahl der Gutsverwalter konnte nicht in gleichem Maße erhöht werden. Jeder Ritter musste also die Feudaleinkünfte von dem bewirtschafteten Gut unter seinen Söhnen aufteilen; deshalb nahmen gegen Ende des 13. Jh. manche Ritter so wenig ein, dass sie kaum ihren Stand als berittene Krieger aufrechterhalten konnten, um dem Ruf ihres Herren in voller Rüstung mit Pferd, Panzer und Waffen Folge leisten zu können.

Trotz dieser Schwächungen hielt sich das Kamakura-System noch eineinhalb Jahrhunderte lang. Während dieser Zeit widerstand es sogar der gefährlichsten Bedrohung von außen, die Japan bis zu der Zeit je erlebt hatte: dem Versuch einer Invasion durch die Mongolen in den Jahren 1274 und 1281. Die Mongolen, ein Nomadenvolk der Steppen Nordchinas, hatten in der ersten Hälfte des 13. Jh. ganz Innerasien, Südrussland und

MONGOLEN GEGEN SAMURAI

Die beiden Invasionsversuche der Mongolen in den Jahren 1274 und 1281 boten den Samurai Gelegenheit, am eigenen Leib festzustellen, dass es noch andere als die ihnen von den Vorfahren eingeschärften Kampfmethoden gab. In der Tat verunsicherten die Mongolen die japanischen Krieger beträchtlich. Ohne das Eingreifen der „Götterwinde" *(kamikaze)*, die die Invasionsflotte zweimal zerstörten, hätten die Japaner möglicherweise eine Niederlage hinnehmen müssen. Die Mongolen hatten im Vergleich zu den Samurai etliche Vorteile. Sie verfügten über pulvergefüllte Eisenkugeln, die mit gewaltigem Krachen explodierten. Damit versetzten sie Reiter und Pferde in Panik, die schon vom Geräusch der Trommeln und Gongs, die die feindlichen Truppen mitführten, erschreckt waren. Auch verwendeten die Mongolen Giftpfeile, die mit einer Reichweite von bis zu 200 m doppelt so weit flogen wie die Pfeile der Samurai. Außerdem kämpften die Angreifer in Gruppen, während die Samurai eine Vorliebe für den Einzelkampf hatten. Die Streitkräfte der Feinde, die nicht nur aus Mongolen, sondern auch aus von Khubilai Khan unterworfenen Chinesen und Koreanern bestanden, stellten allein schon zahlenmäßig eine Bedrohung dar. Für den zweiten Invasionsversuch in Japan waren 150 000 Mann aufgeboten.

einen großen Teil Vorderasiens erobert, ihre Heere waren bis nach Schlesien und über Ungarn an die Adria vorgestoßen. Am Ostrand des großen Reiches unterwarfen sie im Jahr 1259 Korea vollständig und brachen 1276 den letzten organisierten Widerstand in China. Im Osten war nur Japan frei von ihrer Herrschaft geblieben, und der Mongolenkaiser Khubilai Khan, der sich schon nach neuen Ländern zur Eroberung umsah, entsandte Unterhändler nach Japan, um die Kapitulation des Inselkönigreichs zu fordern. Die erschrockenen Höflinge in Kyoto wollten der Forderung nachgeben, doch die Krieger von Kamakura lehnten ab und gaben ihrem Standpunkt deutlich Nachdruck, indem sie einige der Gesandten töteten.

Eine derartige Provokation konnte nicht ungestraft bleiben. 1274 fuhr eine starke Mongolenmacht auf koreanischen Schiffen aus, um Japan zu erobern. Sie besetzten einige kleine Inseln und landeten in der Hakatabucht in Nordkyushu. Aber bevor die entscheidende Schlacht stattfand, kehrten die Mongolen wegen eines aufziehenden Unwetters um, um ihre Schiffe zu sichern. Doch es war klar, dass sie zurückkehren würden. In den folgenden Jahren hielt Kamakura viele Ritter der Westlandschaften in Nordkyushu bereit und ließ um die Hakatabucht Wälle ziehen, damit die mongolische Kavallerie bei einer zweiten Landung dort aufgehalten werden könnte.

Die Mongolen kamen 1281, und zwar dieses Mal mit einer großen vereinigten Flotte von koreanischen und chinesischen Schiffen. Wiederum landeten sie in der Hakatabucht. Die Landungstruppen zählten 150 000 Mann, die größte Armee, die bis dahin über das Meer gekommen war. Die Mongolen waren jedoch auch an eine weiträumige Reitertaktik gewöhnt, die bisher noch niemals versagt hatte. Außerdem waren sie mit ihrer Artillerie technisch deutlich überlegen. Gegen diese überwältigende Macht konnten die Japaner nur eine Hand voll Ritter stellen, die lediglich auf den Einzelkampf trainiert waren. Aber die Mongolen wurden durch den Wall aufgehalten, den die Japaner errichtet hatten, sowie von kleinen, aber schnellen japanischen Booten im flachen Wasser der Bucht. Bevor sie an Land ihre Kräfte voll entfalten konnten, erfasste ein Taifun die Flotte und vernichtete sie. Für die Japaner war der Taifun *kamikaze*, der „Göttliche Wind“, der das Land der Götter vor den fremden Eindringlingen schützte. Dieses Ereignis blieb natürlich noch lange in der japanischen Geschichtsschreibung lebendig und trug stark zur Überzeugung vieler Japaner bei, dass ihr Land heilig und unverletzlich sei.

MONGOLE ZU PFERD
Der auf dieser Schale dargestellte Mongole scheint in friedlicher Mission unterwegs zu sein. Bei den beiden Invasionsversuchen der Mongolen im 13. Jh. waren ihre Krieger jedoch auch bei den mutigsten Samurai gefürchtet.

Eine innere Bedrohung: der Go-Daigo-Aufstand

Nach dieser Herausforderung hielt die Unzufriedenheit in der Kriegerkaste an. Viele Ritter waren in den langen Monaten und Jahren, die sie fern von ihren Gütern verbrachten, verarmt; es hatte keine Beute gegeben, die man unter den Siegern hätte verteilen können. Die an sich schon unbeständige Treue der Ritter hatte einen schweren Schlag erlitten; dennoch war das Kamakura-System stark genug, um noch weitere 50 Jahre zu überdauern.

Kurioserweise war es ein abgedankter Kaiser, der Nachwelt als Go-Daigo oder Daigo II. bekannt, der dem System den Todesstoß versetzte. Er vertrat die antiquierte Auffassung, dass das Kaiserhaus direkte Macht ausüben solle. So scharte er unzufriedene Krieger aus dem Hauptstadtbezirk und Soldaten von den Klostergütern um sich und lehnte sich 1331 gegen Kamakura auf. Der Aufstand wäre bedeutungslos geblieben, wenn nicht das Kamakura-System zur Auflösung reif gewesen wäre. Die westjapanischen Ritter standen meist hinter der kaiserlichen Sache und der von Ostjapan entsandte General Ashikaga Takauji, der den Aufruhr unterdrücken sollte, wechselte 1333 die Seiten. Eine zweite Streitmacht wurde in der Kanto-Ebene aufgestellt, aber der kommandierende General marschierte nicht einmal in Kyoto ein. Anstatt Kamakura einzunehmen, vernichtete er die Hojo-Familie und beendete damit eineinhalb Jahrhunderte zentraler Regierung.

Go-Daigo nahm zwar an, dass nun der Weg für die Wiederherstellung der kaiserlichen Macht, wie sie fünf, sechs Jahrhunderte zuvor bestanden hatte, geebnet wäre, doch er wurde schwer enttäuscht. Ashikaga Takauji war Realist genug um zu wissen, wo die Macht zu suchen war; er verließ Go-Daigo und vertrieb den unglückseligen Monarchen 1336 aus Kyoto. Der zog sich mit seinen Anhängern auf die Bergfesten südlich der Nara-Ebene zurück. Er bildete eine Gegenregierung in den Hügeln von Yoshino, von wo aus er und seine Nachfahren sechzig Jahre lang einen hoffnungslosen Kampf gegen die Ashikaga-Familie führten. 1392 wurden sie zur Aufgabe gezwungen: Man lockte sie mit dem Versprechen nach Kyoto, dass sich die Linie Daigos mit der von Takauji eingesetzten Linie auf dem Thron abwechseln sollte. Niemand, der den Aufstieg der verräterischen Familie Ashikaga kannte, wäre von dem Bruch der Zusage überrascht gewesen: Nie wieder saß ein Mitglied der Linie Go-Daigos auf dem Thron.

HANDEL UND WANDEL IN DEN LÄNDLICHEN GEBIETEN

Die Samurai waren nicht die einzigen Akteure in der mittelalterlichen Gesellschaft Japans. Schon seit Beginn des Mittelalters spielten auch andere Bevölkerungsgruppen eine wichtige Rolle: Bauern, Handwerker und Kaufleute bildeten die Grundlage einer wirtschaftlichen Entwicklung, die sich in den nachfolgenden Jahrhunderten verstärkte. Im 11. und 12. Jh. vergrößerten die Bauern die landwirtschaftliche Nutzfläche. Zwei Reisernten im Jahr, die Verwendung von mehr Düngemitteln und Eisenhacken sowie der Einsatz von Pferden und Rindern führten im 13. Jh. zur Intensivierung der Landwirtschaft. Es kam zu einer landwirtschaftlichen Überproduktion, die das Leben veränderte. Bis dahin hatten die Bauern verzehrt, was sie produzierten, und produzierten, was sie verzehrten. Ab dem 12. bis 13. Jh. ließ sich mit den landwirtschaftlichen Überschüssen Handel treiben. Regionale Messen wurden abgehalten, wo man zu festgesetzten Terminen Sake, Öl, Fisch, Stoffe, Metall und natürlich Reis verkaufte. Zur Erleichterung des Handels verwendeten die bäuerlichen Kaufleute Kupfergeld aus China. Parallel dazu verschafften sich einige Bauern zusätzliche Arbeit durch handwerkliche Tätigkeiten und traten an die Stelle der professionellen Handwerker, die sich ihrerseits zunehmend am Waffenbedarf der Krieger zu orientieren versuchten. Diese neuen Aktivitäten auf dem Land und die Entwicklung des Handwerks fanden vor allem in der Mitte Japans, im Gebiet von Kinai, statt. Das ist zum Teil die Erklärung, warum die Shogune aus der Familie Ashikaga (1338–1573) Kamakura verließen und es vorzogen, sich in Muromachi, einem Stadtteil von Kyoto, niederzulassen. Ihrer Meinung nach lohnte sich die Kontrolle über diese reichen und dynamischen Regionen mehr als der Verbleib in den weniger entwickelten Provinzen des Ostens.

Go-Daigo hatte mit seinem Versuch, die Kaisermacht wiederherzustellen, einen völligen Fehlschlag erlitten, aber auch Ashikaga Takauji, der sich 1338 selbst zum Shogun ernannt hatte, war kaum erfolgreicher bei der Wiederherstellung der Einheit Kamakuras. Er trug zwar den Titel des Shoguns, den seine Nachfahren bis 1573 behielten, doch nie mehr hat ein Ashikaga-Shogun wirkliche Macht über die Kamakura ausgeübt. Der dritte Ashikaga-Shogun kam nach der Kapitulation der kaiserlichen Partei Go-Daigos (1392) der Beherrschung des Landes kurze Zeit so nahe wie kein anderer aus seiner Familie, aber der Einfluss der Ashikaga sank. Noch 1467 waren Bürgerkriege in Japan an der Tagesordnung. In der zweiten Hälfte ihres Shogunats – die nach dem Viertel in Kyoto, in dem der Shogun seinen Sitz hatte, als Muromachi-Periode bezeichnet wird – verloren die Ashikaga, wie zuvor die Kaiser und die Fujiwara, jede Autorität über das Land und behielten nur ein Amt, ohne tatsächlichen Einfluss zu haben.

Eine neue Gesellschaftsordnung: die Daimyos

Das 14. und das 15. Jh. erfuhren neben politischer Zerrüttung und Verwirrung den allmählichen Zerfall der Zentralgewalt. Die Ursache der wachsenden Uneinigkeit lag in dem raschen Aufstieg der Kriegerkaste; eine auf persönliche Treue begründete Einheitsregierung war nicht länger möglich. Die Schaffung einer Einheit ging langsam vor sich. Zuerst bildeten sich neue feudale Gruppen, die kleiner als die Kriegerclans waren, sich aber über das ganze Land verteilten. Einige Gouverneure oder Ritter mit größerer lokaler Anhängerschaft drängten sich immer mehr in die Stellungen, die die feudalen Herren in der späten Kamakura-Periode innegehabt hatten. In den Kämpfen, die das Ende der Kamakura-Regierung ankündigten, wurde es offensichtlich, dass viele Ritter sich in erster Linie ihrem Herrn verpflichtet fühlten und nicht den Hojo oder einem Shogun.

GLASIERTE TEESCHALE
Bei der japanischen Teezeremonie wird die Schale von einem zum anderen weitergereicht und verkörpert den Geist des Einklangs zwischen den Teilnehmern. Teeschalen gibt es in verschiedenen Formen. Die hier abgebildete Schale mit der dicken weißen Glasur ist typisch für die Shino-Schule (Ende 16. Jh.).

Im 14. und 15. Jh. wurde der Gutsherr daher mehr und mehr zur zentralen und maßgebenden Figur im politischen Leben. Ursprünglich erhielt er seine Macht nur durch den allgemeinen Konsens oder die Ernennung durch andere Grundherren; seine Stellung war die eines *primus inter pares*. Im Lauf der Zeit wurden diese Gutsherren zu Lehnsherren, eigneten sich ganze Gebiete an und forderten von den Rittern, die auf ihren Gütern lebten, absolute Treue. Im 16. Jh. nahmen sie den Namen *Daimyo* („Besitzer von viel Namenland") an, unter dem sie bis zum Ende des Feudalismus eine herausragende Rolle spielen sollten. Mit dem Aufstieg des Daimyos, des Feudalherrn, verringerte sich die Bedeutung des Ritters dramatisch, bis diese Gruppe schließlich ganz verschwand – nicht zuletzt deshalb, weil die alten Güter in dem Besitz der Daimyos aufgingen und ein Gutsverwalter nicht mehr erforderlich war. Zugleich veränderte sich die Kriegführung: Die Infanterie löste den Ritter als Stütze des Heeres ab, und er musste als Krieger und Hüter der politischen und wirtschaftlichen Ordnung abtreten.

Einige Abkömmlinge alter Kriegerfamilien wurden selber Daimyos, andere wurden nur Teil einer Aristokratie von militärisch und in der Verwaltung tätigen Beamten, die auf den Herrensitzen der Daimyos dienten und von festen Gehältern oder von Einkünf-

SZENE AUS *KAGEMUSHA*
In seinem Film Kagemusha *(1980) erzählt der Regisseur und Produzent Akira Kurosawa die Geschichte vom Doppelgänger eines Feldherrn aus der Zeit der Bürgerkriege im 16. Jh. Dieser Film ist eines der unzähligen japanischen Werke, die von der Gestalt des Samurai angeregt wurden.*

ten aus kleinem Landbesitz lebten, die ihnen der Daimyo gewährte. Seitdem gab es keine klare Trennung mehr zwischen den Kriegern und der Bauernschaft, die ebenso wie die Besten der Kriegerkaste als Fußsoldaten dienten. Deshalb waren die Brüderschaften der „Schule des Wahren Reinen Landes“ auch imstande, die Vorherrschaft der Feudalherren herauszufordern. Im Krieg waren die Bauern Soldaten, und so kam es, dass im 15. und 16. Jh. viele Männer niederer Herkunft bis in die höheren Ränge der neuen Feudalaristokratie gelangen konnten, während alte Krieger zu Bauern wurden. Zu dieser Zeit herrschte eine gewisse soziale Durchlässigkeit zwischen den unteren Volksschichten und dem mittleren Militäradel.

Das Aufgehen der Güter in den Domänen der Daimyos bedeutete für das Kaiserhaus und den Hofadel in Kyoto eine Besorgnis erregende Entwicklung. Die Einkünfte schwanden und blieben zum Ende des 15. Jh. sogar ganz aus. Im folgenden Jahrhundert führten die regierende kaiserliche Familie wie verschiedene Zweige der Fujiwara und andere Hoffamilien ein kümmerliches Leben. Aber sie hielten durch, indem sie sich zu Schutzherren der Handels- und der Handwerkergilden in Kyoto erklärten oder sich auf Künste und Fähigkeiten konzentrierten, die ihnen die Hoftradition gestattete. Es gab sogar einen

Kaiser, dem nichts anderes übrig blieb, als seine kalligraphisch wertvollen Gedichte oder Sinnsprüche an reiche Herren zu verkaufen, die ihm dafür eine kleine Gabe zukommen ließen. Da der Hof den Prunk der Beisetzungen und Krönungen nicht mehr bezahlen konnte, musste das Kaiserhaus im 16. Jh. dreimal auf die feierliche Einsetzung des Thronfolgers verzichten, sodass die Kaiser ihre Herrschaft nicht standesgemäß antreten konnten. Ohne die große Bedeutung der geschichtlichen Tradition hätten die Kaiserfamilie und ihr Hofadel das finanzielle Debakel nie überlebt.

Die Ashikaga-Shogune – schwache Herrscher und Kunstmäzene

Die politischen und sozialen Änderungen, die das Ashikaga-Shogunat kennzeichneten, waren von ständigen Unruhen begleitet. Japan durchlebte eine Zeit ununterbrochener Auseinandersetzungen, deren Ziel die Aneignung neuer Güter oder die lokale Vormachtstellung war. Dieser Kriegszustand erinnert an die Situation im feudalen Europa. Der Krieg entschied sowohl in Japan als auch in Europa über das Schicksal der großen Familien. Das politische Chaos und die miserable Lage des kaiserlichen Hofes hinterließen der Nachwelt ein Bild von zweieinhalb finsteren Jahrhunderten in der japanischen Geschichte. Doch dieses pessimistische Bild verdeckte wichtige Tatsachen, denn das politische Durcheinander war nur eine Begleiterscheinung einer tiefen Wandlung der Institutionen und Sozialstrukturen. Insgesamt machten die Japaner in diesen wirren Zeiten kulturell und wirtschaftlich große Fortschritte.

Infolge der finanziellen Schwierigkeiten hatte nicht mehr der kaiserliche Hof in Kyoto, sondern der Hof des Shoguns die kulturelle Vorherrschaft inne. In der Tat sind einige Ashikaga-Shogune in der Geschichte viel eher als Förderer der Kunst denn als politische Führer bekannt. Sie scharten die besten Künstler und Schriftsteller um sich und verfügten dadurch zeitweise über einen kulturell glänzenden, wenn auch politisch bedeutungslosen Hof. Wie gewöhnlich in unruhigen Zeiten waren die Künstler und Literaten meist buddhistische Priester und Mönche; mehr denn je wurden die großen Klöster die Heimstätten des Lernens und Zentren der schöpferischen Kunst. Besonders die Zen-Mönche beherrschten das kulturelle Leben dieser Ära, nicht so sehr deshalb, weil sie beschützt wurden, sondern weil sie im engeren Kontakt mit China blieben als andere Gruppen und deshalb die Ersten waren, die von den neuen kulturellen Strömungen auf dem Festland erfuhren. Die vorherrschende Zen-Kultur der Ashikaga-Zeit war eine prächtige Mischung aus einheimischen Traditionen und Einflüssen vom Festland.

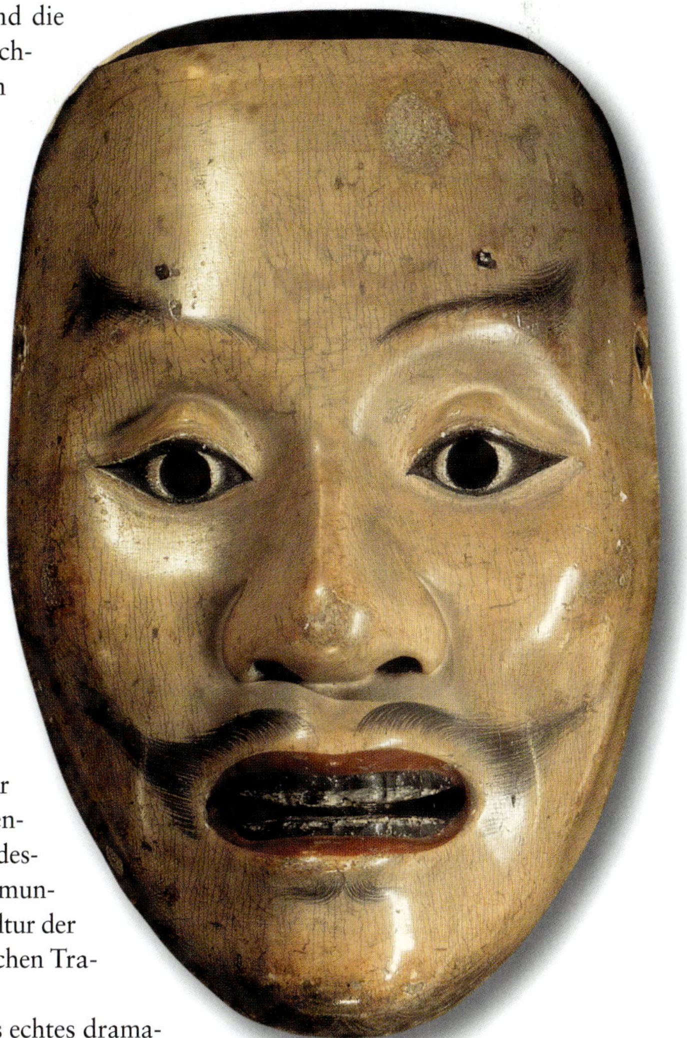

SAMURAI-MASKE
Diese No-Maske stammt aus dem späten 14. Jh., also aus einer Zeit, in der die feierliche Ausdrucksform des Tanztheaters entstand. Ein guter Schauspieler muss dem Holzgesicht Leben einhauchen können.

Die buddhistischen Mönche entwickelten Japans erstes echtes dramatisches Genre, das so genannte No, eine Art lyrisches Drama. Hauptzweck des No war die Verbreitung der buddhistischen Lehre. Da es sich ursprünglich aus religiösen Tänzen entwickelt hatte, blieben symbolische Tänze ihr wichtigster Bestandteil. Das charakteristische Merkmal des No war die abwechselnde Rezitation von Schauspielern

und Chor. Diese Form des Theaters blieb eine der großartigsten dramatischen Schöpfungen des japanischen Volkes; seine Anhänger konzentrieren ihre Bemühungen auf die Erhaltung der schmucklosen Symbolik, das Grundwesen dieses Theaters.

Die Zen-Mönche trugen dazu bei, dass der literarische Stil der chinesischen Klassik wieder auflebte – die scholastische Tradition lehnten sie von Grund auf ab. Auch in der Baukunst brachten frische chinesische Einflüsse neue Formen hervor. Die Zen-Kultur der Ashikaga-Zeit fand jedoch ihren stärksten Ausdruck in der Malerei. Die eng mit der Natur verbundenen Zen-Mönche nahmen mit Begeisterung die chinesische Art auf, Landschaften einfarbig darzustellen. Diese Malerei hatte ihren Höhepunkt in der chinesischen Song-Dynastie, zwischen 960 und 1279. Die Werke japanischer Maler aus Zen-Klöstern wetteiferten mit den Werken der chinesischen Meister mehr in Hinblick auf die Qualität der Arbeit als in Bezug auf die Tiefe der Eingebung.

Die mittelalterlichen Zen-Mönche brachten aus China noch drei weitere Künste mit, die für die japanische Kultur so charakteristisch wurden, dass man sie für typisch japanische Künste hält. Dabei handelt es sich vor allem um die Darstellung von Blumenarrangements, wie sie ursprünglich als Opfergabe an den buddhistischen Statuen nieder-

gelegt wurden. Später wurde daraus eine gängige Praxis, die alle Mädchen beherrschen mussten. Die zweite – ursprünglich chinesische – ästhetische Kunst ist die Gartenkunst. Die Gartenarchitekten der Ashikaga-Zeit strebten danach – da ihnen die westliche Idee von einer geometrischen und gestalteten Natur unbekannt war –, die Natur auf einer begrenzten Fläche in ihrer ganzen Vielfalt mit Bergen, Bäumen und Bächen nachzubilden. Zum Teil versuchten sie, eine Illusion der Wirklichkeit zu schaffen, zum Teil begnügten sie sich mit einer symbolischen Ähnlichkeit mit der Natur wie etwa bei dem Entwurf des Steingartens Ryoanji in Kyoto, wo nur Sand und Felsen verwendet wurden. Die Leistungen der Meister des Ashikaga-Shogunats auf diesem Gebiet sowie die ihrer Nachfolger im 17. Jh. hatten Kyoto zum Mekka der Gartenarchitektur werden lassen. In dieser Zeit entstand auch die Teezeremonie, ein schlichtes, einfaches Ritual: Ein paar feine, irdene Gefäße, leichte, anmutige Gesten, die Zubereitung in einer bestimmten Weise und das Kosten des Tees genügen, um die Suche nach geistiger Ruhe, die das Wesen des Zen ausmachen, nachzuvollziehen.

Kapelle im Silbernen Pavillon
Die Togudo-Kapelle in der Nähe des Silbernen Pavillons in Kyoto ist dem Kult des Buddhas Amida geweiht. In Auftrag gegeben wurde der Pavillon von dem 1490 gestorbenen Yoshimasa Ashikaga, dem 8. Shogun der Muromachi-Zeit, einem sachkundigen Mäzen, aber schwachen Politiker.

Diese drei Kunstformen wurden inspiriert von verwandten ästhetischen Konzeptionen, die gleichermaßen eine künstlich gestaltete Natur ablehnen, die Schlichtheit schätzen und ebenso streng am Wesentlichen festhalten. Die zarten Blüten einer Blumenkomposition, die einfachen Gefäße und die anmutigen Bewegungen bei der Teezeremonie, die karge Strenge eines Miniaturgartens, die Sparsamkeit der Pinselstriche bei einer Malerei, die im Hintergrund alle kosmischen Kräfte erweckt – das sind die Bestandteile einer Ästhetik, in der sich das Kriegerideal und die Zen-Ethik der inneren Askese sowie die Selbstreinigung widerspiegeln. Es ist erstaunlich, dass diese Kunst, die ganz an die Genügsamkeit und das Niveau der schwachen Wirtschaftsentwicklung des mittelalterlichen Japan angepasst war, in der letzten Zeit einen großen Anklang in unserer doch viel komplexeren und vielseitigeren Konsumgesellschaft gefunden hat.

Handel und wirtschaftlicher Fortschritt

Regelmäßige Kontakte zum Festland begründeten den beispiellosen Aufschwung der japanischen Wirtschaft. Die Tatsache, dass die Rittergüter langsam verschwanden, beschleunigte den Expansionsprozess. Japan, das mehrere Jahrhunderte in einer geschlossenen Gutswirtschaft gelebt hatte, begann sich einem wechselseitigen Austausch und dem Warenumlauf zu öffnen. Zum ersten Mal wurde in bestimmten Bereichen eine gewisse lokale oder regionale Spezialisierung möglich. Weil es in einem Feudalstaat wie Japan notwendig war, einen Schutz vor zahlreichen Einschränkungen und Abgaben einzurichten, bildeten sich im Lauf der neuen wirtschaftlichen Spezialisierung auch diverse Kaufmannsgilden, die mit bestimmten Waren handelten, sowie Gewerbegilden, die verschiedene Waren erzeugten.

Osaka heute
Die um 1580 gegründete Stadt Osaka gehörte mit Edo und Kyoto zu den „drei Städten" der Tokugawa-Zeit. Im 18. Jh. hatte sie fast 400 000 Einwohner. Der florierende Handel verschaffte der Stadt die schmeichelhafte Bezeichnung „Küche des Reiches". In der Mitte ist die restaurierte Burg Hideyoshis zu erkennen.

Diese neuen Verbindungen dienten als Anreiz für die beispiellose und rasche Expansion des japanischen Handels und der Industrie. Im ganzen Land entstanden Zentren der Papierherstellung, Metallverarbeitung, der Weberei und anderer Wirtschaftsbereiche. Kleine Marktflecken wuchsen zu großen Handelsstädten heran. Kyoto blieb zwar noch die größte Stadt Japans, aber am Ostrand der Inlandsee erstand eine Rivalin, die ausschließlich auf Handel und Industrie setzte: Diese Stadt wurde später Osaka genannt. Sie blieb bis zum Ausgang des 16. Jh. eine freie Stadt außerhalb des Einflussbereichs der Feudalherren und war nur den örtlichen Kaufleuten und der großen Tempelburg der „Schule vom Wahren Reinen Land" untertan.

Der Außenhandel ist das deutlichste Beispiel für das Ausmaß des wirtschaftlichen Aufschwungs in Japan während der Feudalzeit. Es bestanden zwar schon vereinzelt Handelsbeziehungen mit dem Festland, seit Prinz Shotoku die erste offizielle Gesandtschaft nach

China geschickt hatte, aber der Überseehandel gewann erst gegen Ende des 12. Jh. nennenswerte Bedeutung. Im 16. Jh. wurde der Handel ein maßgebender Faktor im wirtschaftlichen Leben des Landes. Die Japaner führten vom Festland Tropenerzeugnisse ein, die aus Südostasien oder sogar aus Indien stammten, außerdem Waren aus China, wie Seide, Porzellan, Bücher, Schriften, Malereien und Kupfermünzen. Letztere waren im Hinblick auf Masse und Wert sogar die wichtigste Ware, weil vom 13. Jh. an das Münzgeld Waren wie Reis und Textilien als hauptsächliches Tauschmittel verdrängte. Nachdem im 8. Jh. der Versuch missglückt war, den chinesischen Münzen nachempfundenes eigenes Geld herzustellen, hatte Japan die Prägung von Münzen aufgegeben. Da es keine Zentralregierung gab, die über genügend Macht verfügt hätte, um diesen Zustand zu ändern, mussten die Japaner sich darum bemühen, vom Festland die Geldmittel zu bekommen, die sie für ihre wirtschaftlichen Aktivitäten benötigten.

In der frühen Feudalzeit beschränkte sich die Ausfuhr aus Japan meist auf Rohwaren wie Bauholz, Schwefel, Gold, Quecksilber, Perlen und Perlmutt. Im 15. und 16. Jh. exportierte Japan aber schon große Mengen an Fertigwaren nach China beziehungsweise in andere Länder auf dem Festland; an erster Stelle standen Schwerter, handgemalte Klappfächer und Wandschirme – die beiden letztgenannten Artikel waren koreanische und japanische Produkte und wurden in China hoch geschätzt. Die geschwungenen Schwerter aus feinstem Blattstahl, die nicht einmal von Damaszener und Toledo-Klingen übertroffen wurden, stießen in ganz Südostasien auf eine starke Nachfrage und wurden zu Tausenden hergestellt.

Einst hatten die Koreaner das Handelsmonopol in den Gewässern zwischen Japan und dem Festland, doch im Lauf der Zeit wurden sie von den Japanern immer mehr verdrängt. Im 11. Jh. fuhren japanische Händler bis nach Korea, im 12. Jh. wagten sie sich bis nach China vor, und im 14. und 15. Jh. begannen sie die Seefahrt und den Handel in allen ostasiatischen Gewässern zu beherrschen. An diesem ertragreichen Handel mit dem Festland nahmen verschiedene Gruppen in Japan teil. So förderten buddhistische Klöster den Handel, um wie die Feudalherren, einschließlich der Ashikaga, zu Geld zu kommen. Letztere wollten ihr angeschlagenes Imperium durch Handelsgewinne wieder auf die Beine stellen und machten sich die chinesische Theorie zu Eigen, dass internationaler Handel schlicht nur bedeute, dass barbarische Völker gegenüber dem chinesischen Hof zu Abgaben verpflichtet seien und dass der Hof den Barbaren dafür gnädigst Geschenke gewähre. Dementsprechend erlaubten einige Ashikaga-Shogune unter völliger Missachtung der Regeln kaiserlicher Herrschaft, dass die Kaiser der Ming-Dynastie Chinas sie als „Könige von Japan" einsetzten. Nur um diesen Preis gelang es, japanischen Kaufleuten Beglaubigungsschreiben zu übergeben sowie offizielle und regelmäßige Handelsbeziehungen zum Festland zu unterhalten.

Trotz des großen Interesses, das die Klöster und die Shogune Mitteljapans am Außenhandel hatten, fiel die Führung im Überseehandel mehr und mehr in die Hände der kleinen Feudalherren, der Krieger und der Kaufleute Westjapans: Wie ihre europäischen Kollegen bildeten diese Seefahrer eine eigene Gruppe von Händlern, die gelegentlich auch als Seeräuber ihr Unwesen trieben, wenn sich eine günstige Möglichkeit ergab. Die

DAS ANDERE JAPAN – DIE RYUKYU-INSELN

Im äußersten Süden Japans, zwischen den Inseln Kyushu und Taiwan, erstrecken sich die Ryukyu-Inseln über 1000 km. Von jeher bildeten diese Inseln eine Übergangszone von der Welt des chinesischen Festlands zur japanischen Inselwelt. Die Ryukyu-Inseln weisen ganz eigene historische und kulturelle Aspekte auf, die sie zu einem anderen Japan machen. Auf politischer Ebene waren die Ryukyu-Inseln lange vom Reich der Aufgehenden Sonne unabhängig. Selbst als Japan ab dem 17. Jh. die direkte Kontrolle über die Inseln ausübte, blieb das einheimische Königtum erhalten und unterhielt weiterhin Beziehungen zu China. Auch die Wirtschaftsgeschichte der Ryukyu-Inseln weist im Vergleich zu dem vom Reisanbau geprägten Zentraljapan einzigartige Züge auf, denn dort bilden Fischfang, der Anbau von Zuckerrohr und der Seehandel mit China die Grundlage der traditionellen Wirtschaft. Vor allem aber besitzt der Archipel eine ihm eigene Kultur, die noch heute dem Besucher aus Japan den Eindruck vermittelt, er befinde sich im Ausland. So sind etwa die Dialekte auf den Ryukyu-Inseln, zu denen auch Okinawa gehört, für einen Japaner von den Zentralinseln völlig unverständlich. Auch die traditionelle Religion, eine Art Shintoismus, unterscheidet sich von der Zentraljapans, denn sie räumt Frauen einen wichtigen Platz ein: Frauen sind gleichzeitig Priesterinnen und Schamaninnen. Zur Zeit der Kolonisierung durch das Lehen Satsuma ab 1609 unterschieden sich die Bewohner auch auf militärischem Gebiet. Um das Verbot des Waffentragens zu umgehen, entwickelten die Ryukyu-Insulaner Techniken des Kampfes mit bloßen Händen. Die Besonderheiten der Ryukyu-Inseln verwischten sich mit der zunehmenden Japanisierung, besonders ab der Meiji-Zeit, als die Inselgruppe japanische Präfektur wurde (1879).

Schutzbriefe der Ashikaga und die Handelspässe des chinesischen Hofes waren für sie kaum von Belang. Schon im 13. Jh. nahm die Piraterie der japanischen „Kriegerhändler" in den koreanischen Gewässern überhand; im 14. Jh. war sogar das Königreich Korea davon betroffen. Bestärkt durch ihre großen Erfolge, konzentrierten sie sich schließlich auf die Küsten Chinas. Als der Einfluss der Ming-Dynastie im 16. und frühen 17. Jh. sank, brandschatzten japanische Seeräuber die großen chinesischen Küstenstädte, ganz wie es ihnen gefiel, und trugen damit zum endgültigen Zusammenbruch der Dynastie 1644 bei.

Die so genannten japanischen Seeräuber des 16. Jh. waren keineswegs ausschließlich Piraten, auch nicht immer Japaner. Viele Chinesen machten mit ihnen gemeinsame Sache, um in den großen chinesischen Küstenstädten Lösegeld zu fordern. Unter diesen Plünderern waren die Eingeborenen von Okinawa, der wichtigsten der Ryukyu-Inseln; sie sprachen einen Dialekt, der dem Japanischen ähnlich ist, und waren im 17. Jh. sowohl mit China als auch mit der Daimyo-Herrschaft in Süd-Kyushu verbunden. Als am Anfang des 16. Jh. die europäischen Abenteurer die Malaiische Halbinsel umrundeten und in die ostasiatischen Gewässer gerieten, fanden sie eher eine japanische als eine chinesische Seeherrschaft vor. Im Lauf des Jahrhunderts hatten sich Tausende von Japanern in den Städten und Siedlungen Südostasiens niedergelassen. Die Spanier und Portugiesen, die rasch erkannten, dass die Japaner geborene Krieger waren, setzten sie als Söldner auf ihren Kriegszügen in Ostasien ein. In einer typischen Kolonialstadt wie Manila wurde die japanische Gemeinde groß und mächtig, und im frühen 17. Jh. waren die japanischen Abenteurer in Siams Hauptstadt einflussreich genug, um eine erfolgreiche Revolution anzuzetteln und eine befreundete Partei an die Macht zu bringen.

Während des „dunklen Zeitalters" politischen Durcheinanders in Japan hatte sich die Bevölkerung so weit entwickelt, dass sie es ihren chinesischen Lehrmeistern auf vielen Gebieten der Handwerkskunst gleichtat oder sie gar überflügelte. Trotz des feudalistischen Systems hatten die Japaner eine stabile Wirtschaftsstruktur geschaffen. Dank der großen Aktivität der kriegerischen Händler wurden die Japaner die Herren über die Gewässer Ostasiens. Japan war in das 12. Jh. und in die Feudalzeit als kleines, schwächliches, wirtschaftlich rückständiges Land am Rand der zivilisierten Welt eingetreten. Im 16. Jh., nach einer langen Zeit der feudalen Anarchie, trat es als wirtschaftlich fortgeschrittene Nation auf. Die Japaner waren nun in vielerlei Hinsicht den Europäern und sogar den Chinesen ebenbürtig.

SCHILD DER HOLLÄNDISCH-OSTINDISCHEN KOMPANIE
Dieser Schild wurde in Bengalen angefertigt und im 17. Jh. in Japan lackiert. Er bezeugt die Beziehungen zwischen Japanern und Holländern in der Edo-Zeit. Die Holländer waren in der Tokugawa-Zeit die einzigen westlichen Partner Japans.

Japan und das Christentum

Getarnte Muttergottes
Die japanischen Christen, die ab 1613 verfolgt wurden, mussten ihren Glauben verbergen. Ein Bildhauer aus der Tokugawa-Zeit schuf die oben abgebildete Muttergottes mit den Zügen der buddhistischen Göttin Kannon.

Durch die Ankunft der ersten Europäer kam Japan in engen Kontakt mit der christlichen Religion. Franz Xaver und andere Missionare unterwiesen die Bewohner der japanischen Inseln im katholischen Glauben. Das im 16. Jh. von Bürgerkriegen geschüttelte und gesellschaftlich stark differenzierte Japan war ein fruchtbarer Boden für die pazifistische und auf soziale Gleichheit aller Menschen ausgerichtete Botschaft des Christentums. Auch genoss die in technischer Hinsicht überlegene europäische Zivilisation einen guten Ruf. Außerdem zeigten sich die Missionare der Bevölkerung gegenüber geduldig und sanft, eine Haltung, die sich beträchtlich von der Einstellung des eher arroganten und habgierigen einheimischen buddhistischen Klerus unterschied. Zusätzlich versprachen sich einige Japaner durch die Hinwendung zum Christentum eine Verbesserung ihrer Handelsbeziehungen mit den Europäern.

Ieyasu Tokugawa jedoch, der den imperialistischen Absichten der Menschen aus dem Westen und den Rivalitäten zwischen portugiesischen Jesuiten und spanischen Franziskanern in Japan misstraute, verbot 1613 die christliche Religion. Diese wurde nun im Verborgenen ausgeübt. So entstand die Kirche der *kakure-kirishitan*, der heimlichen Christen. In der ausgehenden Edo-Zeit hatte diese Kirche vermutlich noch etliche tausend Anhänger.

Um inmitten der Verfolgungen überleben zu können, führten die japanischen Christen für rund 250 Jahre ein religiöses Doppelleben, denn nach außen gaben sie sich als Buddhisten. Da sie keine christlichen Bücher besitzen durften, wurde die katholische Lehre mündlich überliefert, wobei die ursprünglichen Lehrsätze leicht verändert wurden. Sie konnten auch nicht Priester werden und etablierten deshalb eine nur aus Laien bestehende Hierarchie. Weil die Beibehaltung von Taufe und Kommunion gefährlich war, gaben sie dem Gebet viel Raum. Am Ende der Edo-Zeit hatten sie ganz eigene Gebräuche entwickelt, sodass es viele von ihnen, als das Verbot des Christentums aufgehoben wurde, ablehnten, sich wieder der katholischen Kirche anzuschließen, weil diese sich zu sehr von ihrer eigenen Glaubensrichtung unterschied.

Der Protestantismus wurde in der Meiji-Zeit eingeführt, vor allem weil die Beziehungen zwischen Amerikanern und Japanern große Bedeutung erlangten.

JESUITISCHE MISSIONARE
Die erfolgreiche Bekehrung zum Evangelium in Japan ist nicht zuletzt auf den Einsatz der europäischen Missionare zurückzuführen, die sich intensiv bemühten, Japanisch zu erlernen.

FÜR DEN GLAUBEN IN DEN TOD
Diese Darstellung erinnert daran, dass am 10. September 1622 in Nagasaki 55 Christen zu Märtyrern wurden – darunter japanische Gläubige und ausländische Missionare. 25 wurden verbrannt, 30 enthauptet.

CHRISTLICHER FRIEDHOF
Dieser Friedhof liegt auf der kleinen Insel Ikitsuki, nordwestlich von Kyushu. In der Tokugawa-Zeit war die Insel Zufluchtsort „heimlicher Christen".

DER APOSTEL INDIENS
Nachdem der Jesuit Franz Xaver das Evangelium in Indien und Malakka gepredigt hatte, baute er 1549–51 die erste christliche Mission in Japan auf. Dieses Porträt stammt von einem unbekannten japanischen Maler des 17. Jh.

ENTEHRTE HEILIGENBILDER

Im Jahr 1628 kamen die Behörden in Nagasaki auf die Idee, zur Entlarvung von Christen eine Zeremonie einzuführen, in der verdächtige Personen Heiligenbilder, so genannte *fumie*, mit Füßen treten mussten. Die *fumie* stellten die Muttergottes (links), Jesus oder einen Heiligen der christlichen Religion dar. Wer sich weigerte oder zögerte, die Bilder mit Füßen zu treten, galt als Christ und musste sich unter Androhung der Todesstrafe vom Christentum lossagen. Diese Zeremonie fand alljährlich beim ersten Mond statt. Sie belegt, wie stark der Bilderkult in der Gemeinschaft der Christen entwickelt war. Vielleicht rechneten die Behörden auch mit einer gewissen natürlichen Abneigung der Japaner, auf heilige Dinge zu treten – so fordert beispielsweise die japanische Tradition, dass man die Schwelle an den Toren buddhistischer Tempel mit einem Schritt überquert.

CHRISTENTUM UND JAPANISCHE TRADITION
Auf seiner heimischen Tracht trägt dieser junge Japaner stolz ein großes Kreuz als Zeichen seiner Bekehrung zum Christentum. Das Tragen zweier Schwerter zeigt, dass er zu den Samurai gehört.

KAPITEL 6

Eine neue nationale Einheit

Trotz aller Wirren hatte Japan bis in das 16. Jh. hinein einen beachtlichen Aufstieg erlebt. Was es aber noch von einigen Staaten Europas unterschied, waren Ansätze zu einer zentralen Regierung. Dennoch war die Grundlage für eine neue politische Struktur in den Daimyos, den japanischen Großgrundherrschaften, bereits gelegt. Ganz Japan zerfiel in oft sehr umfangreiche Ländereien, von denen jede eine politische Machteinheit in sich war. Sollten eine oder mehrere dieser Machteinheiten genug Eigendynamik entfalten, so wären ein gewaltsamer Zusammenschluss oder eine freiwillige Kooperation der Daimyos und das Entstehen einer nationalen Einheit nicht mehr fern.

Die Besitzungen der Daimyos mochten sich zwar stark in ihren Ausmaßen unterscheiden, doch war ihnen gemeinsam, dass sie in sich geschlossene, politisch einheitliche und vom Kaiser oder Shogun unabhängige Gebilde waren. In seiner Besitzung war der Daimyo ein ebenso patriarchalischer wie absoluter Herrscher. Beamte und Offiziere, die vererbbare finanzielle Zuwendungen des Daimyo erhielten, standen ihm zur Seite und bildeten seinen Hofstaat. Gestützt auf ihre Krieger, waren die lokalen beziehungsweise regionalen Herrscher die eigentlichen Machthaber im Land. Stets bemüht, die eigene Militärmacht noch weiter zu entwickeln, beherrschten einige Daimyos sogar mehrere Provinzen. Eine abhängige Bauernschaft war dabei das Rückgrat des Wirtschaftslebens und der Rekrutenwerbung, während die feudale Aristokratie in Verwaltung und Offizierslaufbahnen diente und die Kaufleute im Kriegsfall die Kommunikation sicherstellten.

HIDEYOSHI TOYOTOMI *(S. 83) Diese Darstellung Hideyoshis aus dem 19. Jh. belegt das nach wie vor hohe Ansehen des großen Feldherrn, dem am Ende des 16. Jh. die politische Einigung Japans gelang.*

Die Gründer des japanischen Staates

Die größeren und stärkeren Lehnsgüter versuchten natürlich, die schwächeren Nachbarn aufzusaugen. Der zwangsläufige Neugliederungsprozess wurde in der zweiten Hälfte des 16. Jh. beschleunigt, als zunehmend von Europa aus Feuerwaffen eingeführt und auf den heimischen Schlachtfeldern benutzt wurden. Am Ende des Jahrhunderts gab es in Japan eine einzelne, alles überragende Macht.

Zweifelhafte Verdienste um die Wiedervereinigung des Landes erwarb sich zunächst der Daimyo Oda Nobunaga. Sein Herrschaftsgebiet erstreckte sich bereits über drei Provinzen, als er 1568 die Hauptstadt Kyoto eroberte. Zum unumschränkten Diktator in Mitteljapan aufgestiegen, sicherte er seine Stellung, indem er die militärische Stärke der mächtigen Klöster brach und nach zehnjähriger Belagerung die riesige Tempelburg der Sekte des „Wahren Reinen Landes" in Osaka einnahm. Dennoch scheiterte Nobunagas Vorhaben, die Hegemonie über ganz Japan zu erringen: Wie das vieler anderer Diktatoren endete auch sein Leben abrupt – ein verräterischer Vasall ermordete ihn 1582.

Nobunagas Rolle als unbestrittener Herrscher Mitteljapans wurde von seinem General Hideyoshi übernommen. Von niederer Geburt, war er allein durch seine Persön-

lichkeit zu Macht und Ansehen gelangt. Schnell konnte Hideyoshi das Kommando über die Vasallen Nobunagas übernehmen und die große Burg von Osaka als Sitz der Heeresführung wiederherstellen. Daneben zeigte er seine Anhänglichkeit zum Kaiserhof, indem er 1585 den alten Titel eines Kaiserlichen Regenten *(kampaku)* annahm, den zuvor die Fujiwara innegehabt hatten. Ein Jahr später erhielt er den Titel „Großkanzler". Zudem ließ er sich einen Palast in der Umgebung von Kyoto bauen.

Im Jahr 1587 zerbrach Hideyoshi das große Reich der Schimazu von Satsuma in Süd-Kyushu und gewann dadurch die Herrschaft über Westjapan. Drei Jahre später unterwarf er das wichtige Daimyo-Reich in der Kanto-Ebene und damit ganz Ost- und Nordjapan. Somit war die politische Einheit in Japan wiederhergestellt. Unter der Ägide eines mächtigen Mannes herrschte Friede in einem Land, in dem mehr als 100 Jahre lang unaufhörlich Bürgerkriege gewütet hatten.

Hideyoshi stand an der Spitze von zahllosen Berufskriegern, die nichts als den Krieg kannten. Vielleicht um deren Kampfeslust zu stillen, sie zu beschäftigen und abzulenken, vielleicht aber auch einem Eroberungswahn verfallen, wollte er die Welt – also das mächtige China – erobern. Als ihm die Koreaner das für seine Pläne notwendige Durchmarschrecht verweigerten, besetzte er 1592 deren Halbinsel mit einem Heer von 160 000 Mann. Doch anstatt eines leichten Spiels erwarteten Hideyoshis Heer dort mühevolle Kämpfe. Denn es stieß auf die Armee Chinas, das seinem koreanischen Satelliten zu Hilfe eilte. Japans Soldaten wurden rasch nach Südkorea zurückgeschlagen, wo sie mehrere Jahre unter erschwerten Bedingungen ausharrten. Während sich die Lage zunehmend verschlechterte, gelang es den Koreanern mit eigenartigen Schiffsungeheuern, regelrechten

„Panzerkreuzern", die Verbindung zum japanischen Archipel zu unterbinden. Der Tod Hideyoshis 1598 gab den Japanern schließlich den willkommenen Vorwand dafür, das Abenteuer abzubrechen. Japans erster, aber nicht letzter organisierter Versuch, in Übersee Eroberungen zu machen, endete als völliger Fehlschlag.

Die durch den Tod Hideyoshis entstandene politische Lücke füllte schon bald sein wichtigster Vasall aus: Ieyasu Tokugawa. Er war Hideyoshis Statthalter in Ostjapan und hatte sich bei dem kleinen Dorf Edo, dem späteren Tokio, ein Schloss als Residenz gebaut. Nur zwei Jahre nach Hideyoshis Tod musste Ieyasu Rivalen besiegen, die sich gegen ihn verbündet hatten. 1615 beseitigte er schließlich die letzten Nachfahren der Hideyoshi, als er das große Osaka mithilfe eines Hinterhalts und überlegener Heeresmacht einnahm. Gewarnt durch das Schicksal seiner Vorgänger, war Ieyasu darauf bedacht, ein politisches System zu errichten, das seinen eigenen Tod überdauern konnte. Sein Ziel wie das seiner Nachfolger war politische Stabilität, die auch tatsächlich erreicht werden sollte. Denn in der ersten Hälfte des 17. Jh. schufen die Tokugawa ein System, das fast unverändert 250 Jahre überdauerte und das für einen inneren Frieden sorgte, wie ihn sonst kaum ein Volk erlebte. Kehrseite der Medaille war allerdings, dass das Regime Frieden und Festigkeit durch strenge Überwachung sicherte, durch rücksichtslose Unterdrückung schöpferischen Strebens im damaligen Japan. Sie stützten sich auf die vollständige Isolation der Inseln sowie auf die Herausbildung autoritärer Institutionen und entsprechender Einstellungen der Bürger. Selbst bezogen auf die Bedürfnisse des beginnenden 17. Jh. zeichnete sich das System der Tokugawa durch seinen bedingungslosen Konservatismus aus. Bereits von Anbeginn an schien er mit Anachronismen befrachtet, die auch später nicht beseitigt wurden.

IEYASU TOKUGAWA
Der erste Shogun aus dem Haus Tokugawa war ein politisches Genie. Scharfsinn und große Geduld verbanden sich vorteilhaft mit persönlichem Ehrgeiz. Sein Ordnungssinn trug zur Konsolidierung des in Anarchie versunkenen Japan bei.

Der zentralisierte Staat im Umfeld Edos

Ieyasu, wie vor ihm Yorimoto, lehnte es ab, das Land von dem alten Distrikt um Kyoto aus zu regieren. 1603 nahm er den Titel des Shoguns an, den zuvor schon die Minamotos und die Ashikagas getragen hatten; er baute seine neue Hauptstadt in der Nähe seines Schlosses in Edo (heute Tokio), im Osten der Insel Honshu. Seine Nachfolger bauten die Stadt nach und nach zu einer imposanten Festung aus, die von breiten Gräben, hohen Wällen und Mauern umgeben war. Noch heute können die konzentrischen Ringe des imperialen Palastes mit einem Gesamtdurchmesser von über drei Kilometern im Herzen Tokios besichtigt werden.

Um die Stabilität ihres Systems nicht zu gefährden, hielten die Tokugawa an der politischen Struktur des späten 16. Jh. fest. Damit überdauerten die meisten der bestehenden territorialen Gliederungen und Lehen *(daimyate* oder *han),* bei denen es genügte, ein System strenger militärischer Überwachung zu installieren. Die Fläche der einzelnen Güter war sehr unterschiedlich und häufigen Änderungen unterworfen. Zum Ende der Tokugawa-Periode zählte man 265 Güter, von denen die kleineren circa 10 000 *koku* (1 *koku* = 180,39 Liter) Reis, die größeren bis zu 1 Million *koku* Reis erwirtschafteten. Rund ein Viertel der geschätzten jährlichen Reisernte in einer Höhe von 26 Millionen *koku* führten die Shogune dabei in die eigenen Reiskammern ab. Zudem kontrollierten sie die wichtigsten Städte, die Häfen sowie die Minenausbeutung Japans.

Die Gesellschaft war durch eine tiefe Kluft zwischen dem Tokugawa-Clan und den anderen Adelsfamilien gespalten. Die Regierung stützte sich auf den Shogun und auf die „inneren Daimyos". Dabei handelte es sich um Daimyos, die eine Verwandtschaft zur Sippe des Shoguns vorweisen konnten *(shimpan-daimyo)* oder als enge Vertrauensleute bereits vor 1600 an der Seite Ieyasus standen und mit vererbbaren Lehen belohnt worden waren *(fudai-daimyo)*. Sie waren es, die in Armee und Verwaltung die Karriereleiter bis zu den obersten Stellen erklommen. Die „äußeren Daimyos" *(tozama-daimyo)*, die Ieyasu erst nach seinem Sieg von 1600 anerkannt hatte, waren dagegen wesentlich schwieriger in das Regime einzubinden. Wie alle Daimyos verfügten auch sie oft über eine Reihe von fest besoldeten Militärs und Beamten sowie eigenen Vasallen, denen sie die Leitung von Teilen ihrer Güter anvertrauten. Auf diese zunächst sehr unabhängigen Daimyos konnten sich die Shogune daher weit weniger verlassen als auf ihr unmittelbares Gefolge, die Bannerträger *(hatamoto)* und „Hausleute" *(gokenin)*.

Die Verteilung der Domänen des Shogun und der Daimyos erfolgte nicht zufällig. Das ganze Gebiet von der Kanto-Ebene nach Osten bis zur alten Hauptstadt im Westen wurde von den Tokugawa kontrolliert. Dieser Bezirk war das strategische und ökono-

SCHWEBENDE KARPFEN
Alljährlich im Mai werden anlässlich des Knabenfestes Fähnchen in Karpfenform an Masten neben den Häusern aufgehängt. Im traditionellen Japan ist der Karpfen das Symbol der Ausdauer. Noch heute ist er in allen Teichen von Tempeln und japanischen Gärten zu finden.

HEILIGTUM VON NIKKO
Das Tor zum Heiligtum von Nikko (17. Jh.), dem Mausoleum Ieyasu Tokugawas, ist in chinesischem Stil (karamon) *gestaltet. Die üppigen Formen bilden einen starken Kontrast zu dem schlichten Stil, der üblicherweise mit japanischer Ästhetik verbunden ist. Der Enkel Ieyasus, der dieses Bauwerk in Auftrag gegeben hat, wollte offensichtlich die Besucher des Heiligtums von Nikko beeindrucken.*

mische Herz des Landes, umfasste er doch die fruchtbaren Ebenen Japans sowie zahlreiche Handelsorte und Städte. Um den Bestand der Dynastie zu sichern, wurden die drei großen Daimyos der Tokugawa, denen die Ehre zuteil wurde, den Shogun im Fall des Erlöschens der Hauptlinie zu benennen, in strategisch ausgesuchten Zentren belehnt: in Mito, Nagoya und Wakayama. Die äußeren Daimyos jedoch, die bisweilen alten Groll gegen die Tokugawa hegten, wurden in den äußersten Norden und Westen Honshus sowie auf die Inseln Shikoku und Kyushu „verbannt", wo wiederum die inneren Daimyos sie zu überwachen hatten.

Theoretisch besaßen alle Daimyos Autonomie innerhalb ihrer Fürstentümer. Doch das von den Tokugawa installierte Kontrollsystem schob Rebellionen und Usurpationen

einen wirksamen Riegel vor. Zwar verteilte sich eine große Anzahl japanischer Krieger auf die verschiedenen Daimyate, doch Truppenstärke und Befestigungsarbeiten jedes einzelnen Guts blieben unter der Aufsicht der Shogune in Edo. Selbst Ehen und vertragsmäßige Beziehungen zwischen verschiedenen Daimyofamilien waren Gegenstand genauer Überwachung. Ersatz für eine direkte Besteuerung der Daimyos waren diesen auferlegte Maßnahmen „öffentlichen Interesses", die sie regelmäßig in und um Edo zu leisten hatten. Dabei hatten die Tokugawa wohl vor allem die Absicht, zu große Vermögen in den Händen ihrer Territorialfürsten zu verhindern.

Ein sehr effektives Instrument der Herrschaftssicherung war eine neu geschaffene Beamtengruppe (*metsuke*; wörtlich übersetzt: Blick, Wahrnehmung), deren Mitglieder

Die Burg von Himeji

Wegen ihrer Eleganz wird die Burg von Himeji – hier eine Ansicht um 1617 – auch als „Burg des Weißen Reihers" bezeichnet. Das 1993 zum Weltkulturerbe erklärte Bauwerk aus dem späten 16. Jh. zählt zu den schönsten Beispielen japanischer Burgarchitektur. Die Gräben, Festungsmauern, Türmchen und Bäume bildeten einen Schutzschild, der die Einnahme der Festung fast unmöglich machte. Die Anlage gewährt interessante Einblicke in die japanische Feudalherrschaft zu Beginn der Shogun-Periode.

Innerster Mauerring 1 (Hon no maru)
Hauptbergfried 2 (Tenshu)
Westfort 3 (Nishi no maru)
Östliche Ringmauer 4 (Higashi no maru)
Westliche Ringmauer 5 (Ni no maru)
Unterkünfte der Soldaten und Bediensteten 6 (San no maru)
Wasserspeicher 7
Boudoirturm 8 (Kesho Yagura)
Hara-kiri maru 9
Tempel 10
Eckturm 11 (Yagura)
Äußere Gräben 12
Vorstadt 13 (Jo ka machi)

2
1
9
4
6
10

die Aufgaben einer Geheimpolizei übernahmen. Sie kontrollierten die Tokugawa-Beamten und die öffentliche Meinung und bespitzelten potenzielle Rivalen der Tokugawa-Herrschaft. Die Edo-Regierung hat damit den zweifelhaften Ruf, eine der ersten Regierungen in der Welt gewesen zu sein, die das eigene Volk mit einem dichten und straff organisierten Netz von Agenten unterwandert hat.

Neben dieser verborgenen Kontrolle der Daimyos griffen die Tokugawa aber noch weit drastischer in das Leben ihrer Vasallen ein. Ein fest geregelter Turnus *(sankinkotai)* nämlich zwang die Adligen, jedes zweite Jahr in Edo zu verbringen und die restliche Zeit die Familienangehörigen dort als Geiseln des Shoguns zurückzulassen. Straßenkontrollen verhinderten dabei, dass die adligen Frauen Edo verließen oder ersatzweise mit Feuerwaffen ausgestattet wurden. Während das Risiko einer Erhebung also wirksam minimiert wurde, war es für die Daimyos ferner unverzichtbar, eine ständige Residenz in Edo zu unterhalten. Brachten die jährlichen Umzüge der Daimyos und ihres Gefolges für diese weitere große finanzielle Belastungen, so sicherten die regelrechten Prozessionen doch dem Volk ein alltägliches Schauspiel. Dessen Bühne war die Tokaido, die Straße, die noch heute Kyoto mit Edo/Tokio verbindet.

Die Tokugawa mussten nicht nur über die Daimyos wachen, um sich an der Macht zu halten, sondern sich auch um den Zusammenhalt der eigenen Familie kümmern und sich vergewissern, dass nicht ein unfähiger Familienangehöriger das Überleben des Regimes gefährdete. Hatte auch die uralte Fiktion der kaiserlichen Herrschaft Bestand, so sollte doch das Shogunat, der Oberbefehl über die kaiserliche Armee, weiter in der Dynastie verbleiben. Dies hatte zweierlei Konsequenzen: Einerseits galt es, die theoretische Quelle der Legitimität, den Kaiser, großzügig zu fördern. Andererseits musste aber das im Bürgerkrieg erfochtene Shogunat faktisch vom Kaiser unabhängig bleiben, die reibungslose Nachfolge daher innerhalb der Familie gesichert werden. Zu schnell wurden etwa die Nachkommen Nobunagas und Hideyoshis in der Vergangenheit von der Macht vertrieben. Indem Ieyasu daher seinem Sohn Hidetada bereits 1605 formell das Shogunat übertrug, weiterhin aber maßgeblich im Hintergrund auf seinen recht unselbstständigen Nachfolger einwirkte, sicherte er nachhaltig die Überlegenheit der eigenen Familie – eine Überlegenheit, die auch sein Tod 1616 nicht mehr gefährden konnte.

DIE REICHSSTRASSE TOKAIDO

Nach der Schlacht von Sekigahara (1600) bemühte sich Ieyasu, das Oberhaupt des Clans der Tokugawa, um die Festigung seiner neu erlangten Macht über Japan. So ließ er das Verkehrsnetz auf dem Land neu gestalten, um den Kontakt mit den oft weit von Edo entfernt liegenden, gerade erworbenen Provinzen zu wahren. Er begann mit der Modernisierung der traditionellen Straßen auf der Hauptinsel Honshu. Seine Nachfolger setzten seine Arbeit fort, und bald war Edo Mittelpunkt eines Netzes von fünf Reichsstraßen, über die der größte Teil des Verkehrs von Menschen und in geringerem Maß von Waren abgewickelt wurde. Die wichtigste der fünf Straßen war die Tokaido, die „Straße am östlichen Meer". Sie verband die Brücke von Nihonbashi in Edo mit der Brücke von Sanjo in Kyoto. Mit einer Länge von 500 km war sie der längste Verkehrsweg des Landes. Die Breite von 5–10 m machte sie auch für den Fußwanderer gefahrlos nutzbar. Aufgrund ihrer strategischen Bedeutung unterhielten die Tokugawa die Straße mit großer Sorgfalt, denn nur so konnten sie innerhalb kürzester Zeit Botschaften abschicken und empfangen. In bereits bestehenden Siedlungen oder eigens geschaffenen Ortschaften an der Strecke wurde ein Netz von insgesamt 53 Poststationen geschaffen, die Tag und Nacht 100 Mann und 100 Pferde für die Obrigkeit bereithielten. Dank dieses Systems konnten die Postkutschen die 500 km zwischen Edo und Kyoto in nur 2–3 Tagen zurücklegen. Außerdem waren die großen Feudalherren gehalten, die Tokaido zu benutzen, wenn sie sich jedes zweite Jahr im Rahmen ihrer Vasallendienste nach Edo begeben mussten. Die Züge der rund 150 Daimyos aus den Gebieten im Süden und Westen, die ihrer zeitweiligen Anwesenheitspflicht nachkommen mussten, gehörten zum üblichen Straßenbild auf der Tokaido.

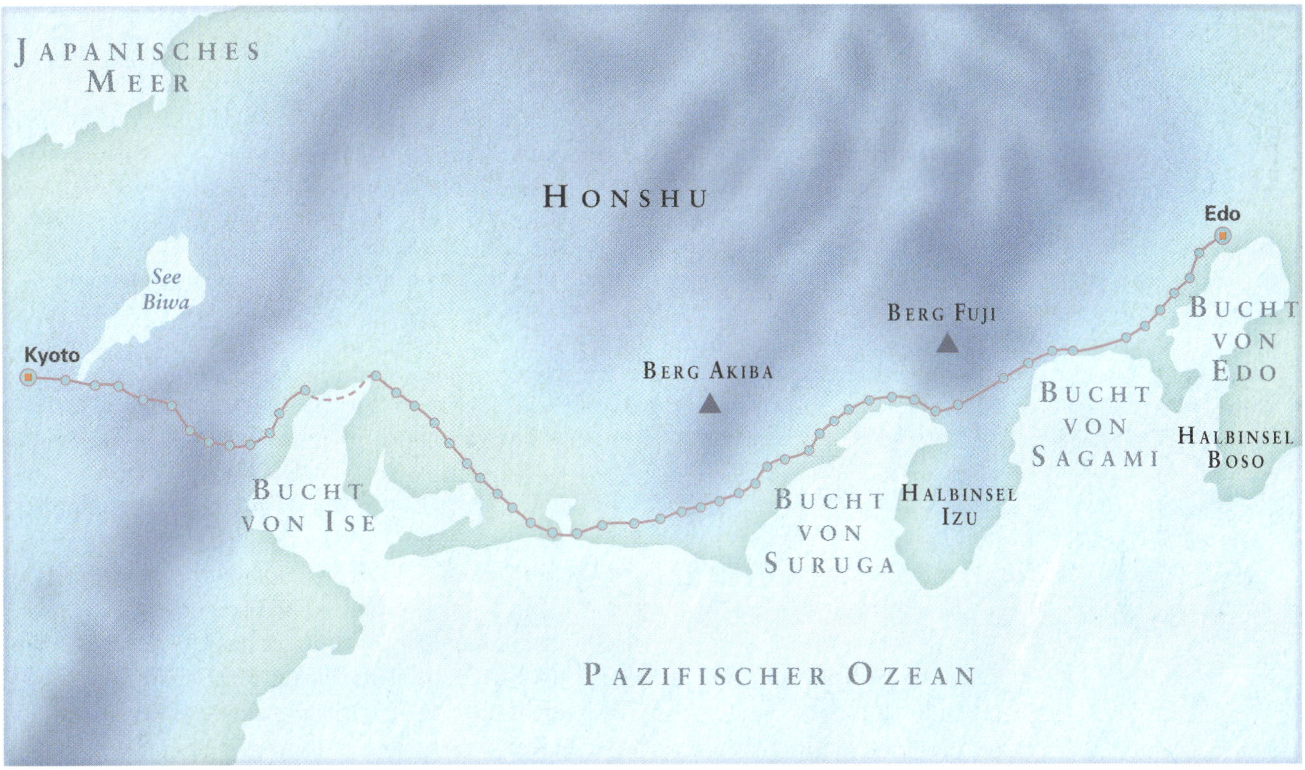

Von Hauptstadt zu Hauptstadt

Zur Zeit der Tokugawa verband die Reichsstraße Tokaido die kaiserliche Hauptstadt Kyoto mit der neuen militärischen Hauptstadt Edo. An der Straße, auf der auch die Feudalherren unterwegs waren, um dem Shogun von Edo ihre Aufwartung zu machen, lagen 53 Poststationen, wo frische Pferde für die amtlichen Kuriere zur Verfügung standen.

Stabilisierendes Element des Shogunats wurde die Installation einer Zentralverwaltung, die zwei obersten Gremien unterstand: dem Rat der Ältesten *(roju)* und dem Regierungsgremium der Jüngeren Staatsräte *(wakadoshiyori)*. Beide setzten sich aus den *shimpan-daimyo* zusammen und befehligten zahlreiche Beamten, die wiederum unter den *hatamoto* und den *gokenin* rekrutiert wurden. Zivilverwalter *(bugyo)* reisten – stets zu zweit – im Land umher, um die Finanzen zu kontrollieren. Vervollständigt wurde die Beamtenkaste etwa durch das Personal an den Gerichtshöfen, aber auch durch enge Vertraute im Gefolge des Shogun.

Das Verwaltungssystem zeichnete sich durch seinen bürokratischen und kollegialen Charakter aus. Die Bedingungen, die bei der Einstellung von Beamten galten, waren von festen Verfahrensregeln bestimmt. Wenn auch der Erbstand die Zahl der Posten begrenzte, auf die jeder Anspruch erheben konnte, blieb doch das individuelle Können innerhalb dieses Rahmens der Schlüssel für die Karriere. Bestand in Japan seit dem 7. Jh. häufig ein Mangel an gebildeten Beamten, konnte die Regierung in Edo nun folglich auf ein sehr fähiges Personal zurückgreifen. Das Prinzip der Kollegialität sicherte überdies die Qualität und Berechenbarkeit der Entscheidungen. Auf allen Gütern hatte die gemeinsame Verantwortung zweier Beamter Vorrang vor der Autorität eines Einzelnen. Während die obersten Amtsträger und selbst die Shogune oft eher eine Statistenrolle spielten, bildete die straffe Bürokratie das eigentliche Rückgrat des Shogunats.

Die Organisation der unteren Verwaltungsebenen, der Daimyate, zielte darauf ab, die Edo-Regierung zu kopieren. Oft waren die Daimyos daher in eine „Miniatur-Bürokratie" eingebunden, deren Vorschriften den Gesetzen der Shogune glichen. Selbst die Hauptstädte der Daimyate erschienen wie Repliken von Edo. Von wenig schmuckvollen, oft zerbrechlichen Holzhäusern umgeben sowie von großen Wassergräben, Erddämmen und dicken Mauern vor unerwünschten Eindringlingen geschützt, waren sie das Erbe des unruhigen 16. Jh., dem auch Edo seine neue, machtvolle Existenz verdankte.

DIE PHILOSOPHIE DES ZEN-BUDDHISMUS

Die Philosophie und religiöse Praxis des Zen-Buddhismus folgen dem Grundsatz, die schweigende Meditation in den Mittelpunkt des Daseins zu stellen. Das Wort *zen* bedeutet Meditation. Der Meditierende versucht, die intuitive Erleuchtung des Geistes *(satori)* zu erlangen – eine Erkenntnis der Wahrheit, die für denjenigen, der sie erreicht hat, nicht aussprechbar und mitteilbar ist. Der Zen-Meister hat im günstigsten Fall die Aufgabe, ein Meditationsthema *(koan)* vorzugeben, das den Schüler möglicherweise zur Erleuchtung führt. Das Zen geht also davon aus, dass der Meditierende das *satori* aus eigener Kraft *(jiriki)* erreicht, ohne sich auf Hilfe eines Buddhas, Bodhisattwa oder Gurus zu verlassen. Bücher und Rituale sind für die Ausübung des Zen überflüssig. Auch besteht kein zwingender Zusammenhang mit den verschiedenen Künsten, die man gewöhnlich dem Zen zuordnet, beispielsweise die Teezeremonie, die Kunst des Blumensteckens, das No-Theater, Bogenschießen oder die Gartenkunst. Die Tatsache, dass Zen-Mönche einige dieser Künste gleichzeitig mit ihrer Lehre aus China mitbrachten, ist sicherlich der Grund für die Gleichsetzung mit dem Zen. Doch es trifft auch zu, dass die Betrachtung eines Kunstwerks die Meditation unterstützen kann.

Trotz der Bedeutung, die die religiöse Zen-Philosophie der Loslösung von der Welt des Scheins beimisst, wussten sich die mittelalterlichen Zen-Mönche, insbesondere die Mönche der Rinzai-Sekte, sehr geschickt in den Dienst der Großen, der Adligen am Kaiserhof und des Shogunats zu stellen, indem sie Zeremonien abhielten oder als politische Berater tätig waren. Die mittelalterlichen Shogune haben in der Tat mehrere Zen-Tempel, die als *gozan* (fünf Berge oder fünf Tempel) bezeichnet werden, offiziell anerkannt, kontrolliert und finanziert.

Eine vierstufige Gesellschaftspyramide

Die von den Tokugawa in der Verwaltung eingeführten Verbesserungen waren zweifellos ein Fortschritt. Doch der damit erreichten, zweieinhalb Jahrhunderte andauernden politischen Stabilität stand eine rückwärts gewandte Konsolidierung der gesellschaftlichen Verhältnisse gegenüber.

Nachdem Nobunaga die Militärmacht um die Sekte des „Wahren Reinen Landes" zerschlagen und die Herrschaft über die Handelsstadt Osaka an sich gerissen hatte, waren die unteren und mittleren Klassen in ihren politischen Bestrebungen schwer getroffen. Wenn auch Hideyoshi, der als einfacher Infanterist zum Herrscher Japans aufgestiegen war, durch seinen Erfolg den völligen Zusammenbruch der alten, feudalistischen Klassenschranken symbolisierte, so führte gerade er diesen Trend fort. Denn in dem Bemühen, die in einem geeinten Land unnötig aufgeblähten Militärkader zu verkleinern, zog er eine scharfe Trennlinie zwischen den Bauern und der aristokratischen Kriegerkaste. Die Bauern, die Schwerter und sonstige Waffen an die Regierung aushändigen mussten, waren ihrer einstigen Doppelrolle als Bauernsoldaten und zugleich eines politischen Drohpotenzials enthoben.

Die Tokugawa verfolgten diese Politik nicht nur, sondern führten sie zur Vollendung. Hierzu übernahmen sie die sozialen Theorien des Konfuzianismus, der in China 2000 Jahre zuvor entstanden war, und schufen eine soziale Hierarchie aus vier Klassen: Krieger-Beamte, Bauern, Handwerker, Kaufleute. Durch die Krieger-Beamten als oberste Klasse erfuhr die Ritterkaste des frühen Feudalismus eine künstliche Wiederbelebung. Die Mitglieder dieser neuen Adelsklasse, die im Westen Samurai, in Japan selbst Bushi („feudale Gefolgsmänner") genannt wurden, durften sich nicht mit anderen Gesellschaftsschichten vermischen. Als Erkennungszeichen diente ihnen ein langes und ein kurzes Schwert, die jeder Krieger mit sich trug. Trotz ihrer hohen intellektuellen und kulturellen Stellung in der Gesellschaft und in voller Verkennung ihrer wichtigen Rolle wurden die Kaufleute dagegen auf die unterste Stufe der Rangleiter gesetzt, da sie gemäß dem Konfuzianismus eine unproduktive Klasse waren. Im 17. Jh. musste diese unnatürliche Schichtung der Gesellschaftsklassen reaktionär erscheinen, aber die Tokugawa und die begünstigte Bushi-Kaste erzwangen ihre Aufrechterhaltung 250 Jahre lang stur und verblendet.

Die Tokugawa entliehen nicht nur diese überholten sozialen Theorien dem frühen Konfuzianismus, sondern regten auch das Studium seiner Philosophie an, wohl in der Hoffnung, dass sich hieraus eine Stabilisierung des geistigen Lebens ergeben würde. Der Konfuzianismus schien als Staatsphilosophie besonders dazu geeignet, der Treue des Untertanen gegenüber dem Regime einen tieferen Sinn zu verleihen. Denn wenn diese Religion und Weltanschauung ein ganzes Jahrtausend lang den Sockel des bürokratischen Staates in China bildete, dann sollte der Konfuzianismus doch auch in Japan die neue, autoritäre Regierungsform legitimieren und stützen können.

1608 ernannte Ieyasu daher einen prominenten konfuzianischen Philosophen zum Hofgelehrten, und schon bald entwickelte sich eine bedeutende Schule des Konfuzianismus in Edo. Sie lehrte eine orthodoxe Auslegung, wie sie im 12. Jh. in China von Zhu Xi (japanisch Shushi) entwickelt worden war. Im Anschluss daran entstanden mehrere Strömungen, die sich gegen die orthodoxe Interpretation von Konfuzius' Lehre wandten. Während der gesamten Tokugawa-Zeit war die Auseinandersetzung mit dem Konfuzianismus die Grundlage, auf der viele Generationen von Samurai zu Gelehrten und Denkern ausgebildet wurden. Sobald sie ein Amt bekleideten, erwiesen sich diese Männer als leistungsstarke und treue Beamte. Aufgrund ihrer Ausbildung trugen überdies viele von ihnen zum Erhalt des geistigen Lebens in Japan bei, das unter den politischen und gesellschaftlichen Zwängen zu ersticken drohte.

Japanischer Nippes
Die Künstler, von deren Hand diese Gegenstände aus dem 19. Jh. stammen, bezogen ihre Anregung aus dem Alltagsleben des kleinen Mannes. Links sind zwei Reisverkäufer dargestellt, oben ein Fächermacher. Die Arbeit ist von großer Präzision.

Auch das Volk wurde vom wiedererwachten Interesse am Konfuzianismus mit seinen hohen ethischen und moralischen Grundsätzen erfasst. Der Buddhismus blieb zwar weiterhin die vorherrschende Religion und genoss amtlichen Schutz, doch wurde der Konfuzianismus auch in Japan allmählich die stärkste geistige und ethische Macht. Während der Konfuzianismus so mehr und mehr an Einfluss und Stärke gewann, zerfiel der Buddhismus und verlor im Lauf der Zeit viel der einstigen Kraft, die ihn vor allem in der Ashikaga-Periode auszeichnete. Die konfuzianische Lehre wurde die bestimmende Philosophie in Japan und die Grundlage für den ungeschriebenen Sittenkodex der Samurai, dem Forscher den romantisch anmutenden Ausdruck Bushido („Weg des Kriegers") gaben.

Religiöse Verfolgungen und Isolation

Mit den Entdeckungsfahrten der europäischen Seemächte begann ein neues Kapitel der Geschichte, in dem die Welt näher zusammenrückte. Die ersten Europäer auf japanischem Boden waren portugiesische Seeleute, die 1543 an der Südspitze von Kyushu landeten. Rasch ergaben sich Handelsbeziehungen zwischen den Portugiesen und den Feudalherren in West-Kyushu. In der Folge sollten die Beziehungen zwischen Japanern und Europäern eine zwiespältige Gestalt annehmen, Zeiten des kulturellen Austausches wurden von einer massiven Bekämpfung des europäischen Einflusses durch die Tokugawa abgelöst.

ZUG DER FEUDALHERREN
Auf ihren Reisen zum Sitz des Shogunats in Edo, wohin der Shogun sie in regelmäßigen Abständen einbestellte, benutzten die Daimyo (Feudalherren) die Reichsstraße Tokaido. Wo sie vorüberfuhren, mussten sich die Bürgerlichen respektvoll zu Boden werfen.

Mit den Europäern kam eine neue, fremdartige Religion ins Land. Jesuiten, allen voran der berühmte Missionar Franz Xaver, predigten das Christentum, dessen Erfolg an der Reaktion der buddhistischen Kirchen gemessen werden konnte. Denn diese sahen im Christentum schon bald einen gefährlichen Konkurrenten und bekämpften es entschlossen. Doch mehrere kleine Adlige auf Kyushu begünstigten die Missionare, als sie erkannten, dass die portugiesischen Händler mit ihren Schiffen gerade die Häfen ansteuerten, in denen die Jesuiten freundlich aufgenommen worden waren. So baute ein unbedeutender Daimyo, der früh zum Christentum konvertierte, mithilfe der Portugiesen das kleine Fischerdorf Nagasaki in West-Kyushu zum wichtigsten Außenhandelshafen ganz Japans aus. Viele andere niedrige Adlige waren bereits getauft worden, als sich 1578 sogar der mächtigste Daimyo von Kyushu bekehren ließ. Japaner aller Klassen nahmen nunmehr in Westjapan, besonders auf Kyushu und in Kyoto, den neuen Glauben an, sodass bis 1580 die christliche Gemeinde Japans 150 000 Gläubige zählte. Bis zum Anfang des 17. Jh. verdoppelte sich diese Zahl – der prozentuale Anteil der Christen an der Gesamtbevölkerung sollte niemals mehr größer sein.

Hideyoshi und die Tokugawa betrachteten weniger die religösen Lehren des Christentums als die von ihm ausgehende potenzielle Bedrohung ihrer Herrschaft mit großem Misstrauen. Die immer größer werdende Gruppe japanischer Christen, die doch scheinbar undurchsichtige Lehnsverpflichtungen gegenüber einem weit entfernten europäischen „Herrscher", dem Papst, hatten, machte den neuen Glauben verdächtig und mehr noch zur Gefahr für die eben erst wiederhergestellte Einheit Japans. Bestätigt fühlten sich die Herrscher zudem durch die koloniale Expansion, die die europäischen Mächte in Südostasien vorantrieben: Waren die christlichen Missionare nicht Kundschafter für eine spätere militärische Durchdringung und Eroberung? So suchten die japanischen Autoritäten zwar die profitablen Handelsbeziehungen mit den Europäern zu pflegen, kamen aber mehr und mehr zu dem Ergebnis, dass das Christentum zugunsten der nationalen Sicherheit und der politischen Stabilität zu beseitigen sei.

Nachdem Hideyoshi 1587 Westjapan unterworfen hatte, befahl er daher die Verbannung aller christlichen Missionare aus Japan. Es dauerte jedoch noch zehn Jahre, ehe er diesem Erlass Nachdruck verleihen konnte. Zum Erfolg seiner Maßnahmen trugen besonders Zwistigkeiten zwischen portugiesischen Jesuiten und den seit 1593 in Japan missionierenden spanischen Franziskanern bei. Umso energischer nutzte er die Spaltung der Christen und ließ nun neun europäische Priester und 17 japanische Christen hinrichten.

NANBAN-RELIQUIAR
Dieses Reliquiar aus lackiertem Holz vom Ende des 16. Jh. ist ein Beispiel für eine Kunst (nanban), *die von Ausländern beeinflusst war, die im 16. und frühen 17. Jh. Kontakt zu den japanischen Inseln hatten. Zur Nan-Kunst zählen Werke japanischer Künstler und nach Japan eingeführte ausländische Werke.*

Ieyasu führte diese strikte Politik zunächst nicht fort. Stattdessen begünstigte er spanische Missionare bei deren allerdings erfolglosem Versuch, die spanischen Kaufleute zu einem direkten Handel mit der Edo-Region zu überreden. Die gleichzeitige Ankunft protestantischer Händler aus den Niederlanden und England, die ausschließlich wirtschaftlich und nicht missionarisch am Fernen Osten interessiert waren, überzeugten Ieyasu dann aber davon, dass man mit den europäischen Ländern sehr wohl Handel treiben könne, ohne gezwungen zu sein, das Christentum zu dulden.

Die Niederländer errichteten 1609 eine Niederlassung auf Hirado, einer Insel nahe der Nordwestküste Kyushus; im Jahr 1613 taten die Engländer es ihnen nach. Zu dieser Zeit nahm Ieyasu nun auch wieder die Politik Hideyoshis auf und begann, Christen systematisch zu verfolgen. Erneut wurden Geistliche und Konvertiten hingerichtet. In den folgenden Jahren wurden alle Missionare entweder getötet oder des Landes verwiesen. Tausende japanische Christen mussten entweder ihrem Glauben abschwören oder den Märtyrertod erleiden: Wer des christlichen Glaubens bezichtigt wurde, hatte die bittere Wahl, ein Kreuz oder ein anderes heiliges Symbol als Zeichen der Abkehr mit den Füßen zu treten oder dem sicheren Tod entgegenzugehen. 1637/38 nahm die Christenverfolgung schließlich dramatische Formen an, als sich die schon lange christianisierte Bauernbevölkerung um Nagasaki verzweifelt auflehnte. Etwa 37 000 Gläubige leisteten im Schutz eines verfallenen Schlosses fast drei Monate lang dem Ansturm der von der

KATHOLISCHE KIRCHE IN HOKKAIDO
Die Ausübung der christlichen Religion wurde 1613 verboten und erst ab 1873 wieder geduldet. Bis zum Zweiten Weltkrieg nahmen Katholiken wie Protestanten aktiv an der Errichtung von Kirchen, Schulen, Krankenhäusern und Berufsverbänden teil.

Zentralregierung aufgebotenen Truppenmacht vergebens Widerstand, bis das Feuer niederländischer Schiffsgeschütze, welche die Japaner sich beschafft hatten, den Kampf endgültig entschied. Die christlichen Rebellen wurden Mann für Mann niedergemetzelt. Ihr Märtyrertod beendete auch die Existenz des organisierten Christentums in Japan.

Die wirtschaftlichen Beziehungen wurden schon früher belastet, betrachteten doch bereits Ieyasus direkte Nachfolger die Fremden mit wachsendem Argwohn. Entsprechend ihrer konservativen Bestrebungen wollten sie unter allen Umständen den Status quo erhalten und begannen, die Tore Japans für jeglichen Auslandsverkehr zu schließen. Die Engländer hatten schon zuvor ihren Handelsplatz auf Hirado als nicht einträglich aufgegeben, während alle Spanier 1624 aus Japan vertrieben wurden. Auch die Portugiesen wurden 1638 unter dem Vorwurf der Beteiligung an dem Christenaufstand des Landes verwiesen. Als sie zwei Jahre später eine Gesandtschaft nach Japan schickten, um die Handelsbeziehungen wieder aufzunehmen, fiel das Nein deutlich aus: Die Gesandten wurden hingerichtet.

Die Tokugawa behandelten ihre eigenen Überseekaufleute ebenso drakonisch wie die fremden Händler und Missionare in Japan. Sie fürchteten, dass die japanischen Kaufleute in Übersee und die Händler, die fremde Häfen anfuhren, die christliche Religion und anderes unerwünschtes Gedankengut nach Japan importieren könnten. Die Edo-Regierung gebot deshalb 1635, dass kein Japaner ins Ausland reisen und dass kein im Ausland ansässiger Japaner in seine Heimat zurückkehren dürfe. Zwei Jahre darauf erfolgte ein weiteres Verbot: Schiffe, die sich für den Überseehandel eigneten, durften nicht mehr gebaut werden – die Handelsflotte beschränkte sich fortan auf kleine Schiffe für den Küstenhandel. Die Tätigkeiten der japanischen Kaufleute in Übersee waren damit jäh beendet, Tausende von Japanern für immer von ihrer Heimat getrennt. Die Exil-Japaner verloren gezwungenermaßen letztlich ihre nationale Identität und mussten sich unter die lokale Bevölkerung der Städte Südostasiens mischen.

Doch trotz der überzogenen reaktionären Politik einer nationalen Isolierung waren die Tokugawa klug genug, die Verbindungen zu anderen Nationen nicht völlig zu unterbinden. Nagasaki blieb das streng überwachte Fenster zur Welt. Chinesische Kaufleute konnten hier Handel treiben, und selbst die zuvor in Hirado angesiedelte niederländische Niederlassung fand auf einer kleinen Insel vor Nagasaki ein neues, wenn auch vom japanischen Festland rigide abgeschnittenes Zuhause.

Verknöcherter Archaismus

Die Maßnahmen der ersten Tokugawa zur Sicherung ihres Regimes waren rücksichtslos. Sie unterdrückten die soziale, demographische und wirtschaftliche Entwicklung des Landes, das zwangsläufig hinter die wissenschaftlichen und industriellen Leistungen des aufblühenden Europas zurückfallen musste.

Von neutraler Warte betrachtet muss der Politik der Shogune allerdings das Erreichen selbst gesteckter Ziele zugestanden werden: Zwischen Mitte des 17. und Mitte des 19. Jh. blieb Japan von Revolutionen verschont. Weder flammten groß angelegte Proteste auf, noch wurde ernsthaft versucht, sich durch Attentate der Machthaber zu entledigen. Einzig Naturkatastrophen wie schwere Erdbeben und die bis heute letzte große Eruption des Fujijama (1707) oder Großbrände in Edo (1657, 1772) sorgten für ernste Erschütterungen des Landesfriedens. Selbst Unruhen der verarmten und hungernden Bevölkerung – die stärksten ereigneten sich 1837 in Osaka – blieben lokal beschränkt; auf nationaler Ebene aber vermochten auch diese die politische Ordnung nicht zu gefährden.

Dennoch gärte die Unzufriedenheit innerhalb der Gesellschaft bis in die höchsten Schichten hinein. Ein Ereignis, das sich zu Beginn des 18. Jh. zutrug und das

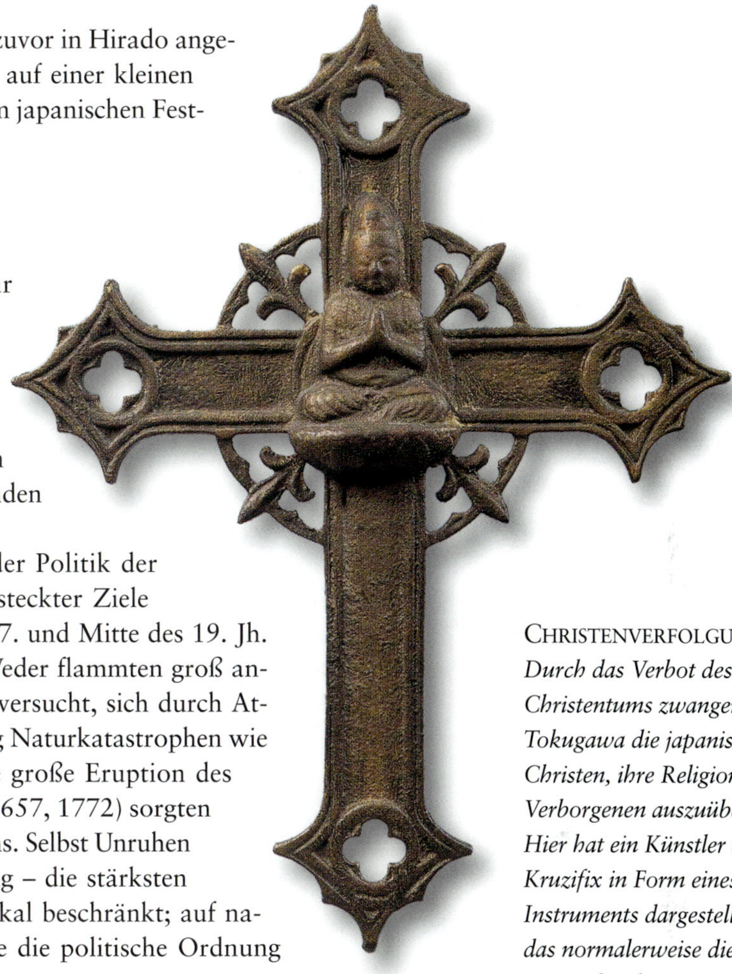

CHRISTENVERFOLGUNG
Durch das Verbot des Christentums zwangen die Tokugawa die japanischen Christen, ihre Religion im Verborgenen auszuüben. Hier hat ein Künstler ein Kruzifix in Form eines Instruments dargestellt, das normalerweise die vier Himmelsrichtungen anzeigt. Der Buddha im Zentrum symbolisiert Christus.

DER ERSTE TOKUGAWA-SHOGUN WIRD ZUM GOTT

Als Ieyasu, der erste Shogun der Tokugawa, 1616 starb, wurde er in Sunpu beigesetzt, der Stadt, wo er seine letzten Lebensjahre verbracht hatte. Drei Jahrzehnte später errichtete man ihm zu Ehren in Nikko, mehr als 200 km von Sunpu entfernt, einen prachtvollen Schrein. Die farbigen, in chinesischem Stil gestalteten Gebäude von Nikko bildeten einen starken Kontrast zur Nüchternheit der japanischen Ästhetik. Die Kultstätte besteht aus dem schlichten Mausoleum Ieyasus und den barock gehaltenen Bauwerken, wo man ihn als schintoistisch-buddhistische Gottheit verehrt. Später wurde dort auch die Grabstätte Iemitsus, des dritten Shoguns der Tokinawa, errichtet, der die Anlage geplant hatte. Warum aber hat man mit dem Bau des Heiligtums so lange gewartet, und warum wurde es in einer so abgelegenen Gegend errichtet? Fest steht, dass Ieyasu selbst in Nikko bestattet werden wollte. Er hatte darum gebeten, seine sterbliche Hülle nach dem ersten Jahrestag seines Todes dorthin zu überführen, was 1617 auch geschah. Er dachte an einen einfachen Schrein, doch sein Enkel Iemitsu hielt es für angebracht, den Ahnherrn der Familie Tokugawa mit einem eigenen Heiligtum zu verherrlichen. So entstand der Kult um Ieyasu, der als *daigongen* verehrt wurde, d. h. als Bodhisattwa, der sich in Gestalt eines *kami* offenbarte. Iemitsu richtete mehrere Pilgerfahrten nach Nikko aus, an denen wichtige Feudalherren teilnahmen. Die Pilger mussten am 17. Tag des viertes Mondes dort sein, dem Jahrestag von Ieyasus Tod. Eine der fünf Reichsstraßen der japanischen Inseln führte unmittelbar zu der heiligen Stätte. Nach dem Tod Iemitsus fanden diese Pilgerfahrten nur noch selten statt, ein Zeichen, dass es Iemitsu nicht gelungen war, Ieyasu eine echte religiöse Bedeutung zu verschaffen.

in unzählige literarische und dramatische Erzählungen einging, erregte die Nation 200 Jahre und länger: Es ereignete sich wohl im Jahr 1701, dass ein kleiner Landadliger durch einen höher gestellten Adligen schwer beleidigt worden war. In seiner Ehre verletzt, verwundete der Gedemütigte seinen Peiniger mit dem Schwert – ungeachtet des Verbots, im Burgbereich von Edo das Schwert zu ziehen. Für dieses Vergehen aber gab es nur eine Strafe. Folglich zwangen die Schergen des Shoguns den Landadligen, sich selbst zu töten, und beschlagnahmten dessen Gut. Seine ebenfalls adligen Gefolgsleute verloren zwar nicht ihr Leben, aber Ansehen und Ehre als Samurai. Fortan sollten sie ihr Leben als Ronin, als herrenlose Samurais, in Armut und Missachtung fristen.

So kam es, dass 47 Ronin Vergeltung an jenem Adligen gelobten, der ihren toten Herrn in den Untergang gerissen hatte. Doch mussten sie sich vor der Regierung in Acht nehmen, um ihr Vorhaben nicht zu gefährden. Nur scheinbar ergaben sie sich ihrem Schicksal. Der Stein des Anstoßes geriet unterdessen nach und nach in Vergessenheit, bis die Stunde der Rache kommen sollte. An einem verschneiten Wintertag schließlich – es waren inzwischen zwei Jahre vergangen – sammelten sich die Männer in Edo, brachen in das Heim ihres Opfers ein und schlugen ihm und seinen Gefolgsleuten die Köpfe ab. Mit dieser blutigen Tat rächten sie nicht nur ihren Herrn. Vielmehr verhöhnten sie die Tokugawa, indem sie sich selbst zu Richtern und Henkern erhoben. Im Volk indes machte ihre selbstlose, über den Tod hinausgehende Treue die Ronin zu Heroen. Natürlich konnte sie die öffentliche Meinung aber nicht vor der Todesstrafe retten, wenngleich ihnen gestattet wurde, ihr Verbrechen durch den ehrenhaften, einzig den Samurai vorbehaltenen Freitod *seppuku* (wörtlich „Bauchaufschneiden") zu sühnen.

SEPPUKU-DOLCH
Geriet ein Samurai in eine Situation, die in seinen Augen nur durch den Tod zu lösen war, schlitzte er sich den Leib mit dem seppuku-*Dolch auf. Es gab viele Gründe, die zum* seppuku *führen konnten – eine Befehl musste befolgt, eine Schande ausgelöscht, ein Protest ausgedrückt werden. Viele folgten auch ihrem Herrn in den Tod.*

Noch heute verehrt die japanische Bevölkerung die Ronin. 250 Jahre autoritäre Herrschaft hatten aber noch viel weitreichendere Folgen für die Mentalität der Japaner. Einst kriegs- und abenteuerlustig, wandelten sie sich bis zum Ende der Tokugawa 1868 zu fügsamen Untertanen. Die Japaner blickten zu denen auf, die in der Hierarchie über ihnen standen, und gehorchten ihren Führern blind. Tausende von Verhaltensregeln bestimmten ihr Dasein und pressten es in fest gefügte Schablonen, die nicht infrage gestellt wurden. Kollektive Anpassung prägte ein isoliertes Volk, dem der Konformismus über alles ging – im Gegensatz zur Aufbruchstimmung in den jungen westlichen Demokratien. Das japanische Volk verharrte in Demut, sodass sich kaum ein anderes Land eines vergleichbaren – allerdings nur oberflächlichen – sozialen Friedens rühmen konnte. Nirgendwo sonst wurden die Normen in nahezu allen Lebenslagen und von allen Gesellschaftsschichten duldsamer beachtet als in Japan. Und kaum ein anderes Volk war im 19. und auch 20. Jh. abhängiger von Anordnungen der Obrigkeit und alten Traditionen als das der Japaner, die lange Zeit staatsbürgerliche Kompetenzen wie beispielsweise politisches Selbstbewusstsein nur in geringem Ausmaß entwickelten.

Vielleicht mag auch diese bereits in ihrer Entstehung gezügelte, ja verhinderte demokratische Kultur den Fortgang der Geschichte Japans ergründen, das sich, von alten Fesseln befreit und regeneriert, im 20. Jh. zu neuer, imperialistischer Größe aufschwang. So bleibt der gerade in der dunkelsten Phase des modernen Japans auftretende Antagonismus zwischen einer höflichen, gelehrigen Geisteshaltung in der Heimat und einer scheinbar befreiten, zügellosen Brutalität in der eroberten Fremde ohne die Vorgeschichte des Tokugawa-Shogunats nur schwer erklärbar.

Da jede gesellschaftliche Dynamik zunächst zum Stillstand kam, konservierten die Tokugawa den eigentlich schon im 16. Jh. überholten Feudalismus weit länger, als dies in einer weniger bevormundeten Gesellschaft möglich gewesen wäre. Was im 17. Jh. im Wesentlichen als reaktionäres politisches und gesellschaftliches System geschaffen worden war, wurde so bis in die Mitte des 19. Jh. künstlich am Leben erhalten. Erst nach dem völligen Zusammenbruch im Zweiten Weltkrieg konnte das politische Japan den Weg in eine neue, demokratische Ordnung antreten. Doch bereits zuvor animierte gerade die neue nationale Einheit einen – wenn auch gedämmten – wirtschaftlichen und sozialen Fortschritt. Der lang andauernde innere Frieden der Tokugawa-Zeit muss folglich als durchaus zwiespältige Errungenschaft betrachtet werden.

HOLLÄNDISCHE KAUFLEUTE IN JAPAN
In der langen Zeit der Abschottung des Landes gegen die Außenwelt (1639–1853) waren die Holländer die einzigen Menschen aus dem Westen, die in Japan leben durften. Sie waren auf die künstliche Insel Dejima bei Nagasaki beschränkt, wo sie ihre Gebräuche bewahrten.

Edo, die Hauptstadt der Tokugawa

LEBENSSTIL VON EDO
Die Bürger von Edo entwickelten eigene Werte, die keineswegs immer dem offiziellen Wertesystem des Konfuzianismus entsprachen. Sie schätzen Schönheit, Eleganz und ein gewisses Dandytum – eine Mischung aus Gleichgültigkeit und Erotik.

Schon im 18. Jh. hatte die Stadt Edo etwa 1 Mio. Einwohner und war bis zum 19. Jh. die größte Stadt Japans. Doch als Ieyasu Tokugawa, seinerzeit einfacher Daimyo (Feudalherr), dort 1590 sein Hauptquartier aufschlug, war Edo nur ein bescheidener Marktflecken im Osten. Ieyasu begann mit der Erschließung des städtischen Gebiets, wo er seine Vasallen und Kaufleute aus dem Westen ansiedeln wollte. Als er 1603 Shogun wurde, wurden die Arbeiten mit Macht vorangetrieben. Innerhalb weniger Jahre wurden Kanäle und Brücken gebaut und eine Festung mit Gräben und Bergfried errichtet. Diese Burg war das Symbol der politischen Macht der Tokugawa, der Ort, an dem der Shogun mit Familie, Vasallen und Beamten wohnte. Nach dem verheerenden Brand von 1657, dem 60 % der Stadt zum Opfer fielen, wurde Edo erneut umgestaltet, dieses Mal mit dem Ziel, den schon sehr dicht besiedelten städtischen Raum zu entlasten.

In den frühen Tagen von Edo verlief das Wachstum der Stadt kontrolliert. Die ersten Shogune forderten ihre Vasallen sowie Kaufleute und Handwerker auf, dort heimisch zu werden. Außerdem zwang die Militärregierung in den Jahren um 1630 die großen Feudalherren des Landes, jedes zweite Jahr in Edo zu verbringen und ihre Frauen und Kinder dort dauerhaft anzusiedeln. Samurai, Mönche und Bürgerliche lebten in verschiedenen Vierteln, und die Einwohnerzahl der Hauptstadt begann kontinuierlich zu steigen. Doch rasch glitt den Behörden die Kontrolle aus der Hand und Bürgerliche strömten unaufgefordert in die Stadt – mit dem Ergebnis, dass Edo im 18. Jh. zu einer der größten Städte der Welt geworden war. Die Bevölkerungskonzentration schuf zahlreiche Probleme. Brände, Epidemien und Erdbeben waren eine ständige Bedrohung für die Einwohner der Metropole. Recht einfach lösen ließ sich dagegen das Versorgungsproblem mithilfe von Kanälen, die nicht nur Wasser lieferten, sondern auch den Transport landwirtschaftlicher Produkte und handwerklicher Erzeugnisse aus dem Umland ermöglichten. Schon bald entwickelte sich in der Stadt eine eigene großstädtische Mentalität. Das typische „Kind von Edo“ *(Edokko)* prahlte gern damit, in der Hauptstadt geboren zu sein, und war stolz auf einen Lebensstil, der von Großzügigkeit, Freude am Wettbewerb und Eleganz geprägt wurde.

Die berühmteste Brücke von Japan
Die 1603 erbaute Nihonbashi-Brücke war in der Tokugawa-Zeit das Zentrum Japans und der Ausgangspunkt der fünf großen Reichsstraßen des Landes. Sie war zugleich eine Handelsdrehscheibe und ein öffentlicher Platz in Edo.

Die Kurtisanen von Yoshiwara
Yoshiwara war das einzige offizielle Vergnügungsviertel in Edo. In dem 8 ha großen Gebiet konkurrierten 3000 Mädchen um die zahlreiche Kundschaft, Samurai wie Bürgerliche.

Kimono eines Feuerwehrmannes
In Edo gab es ca. 1600 Brände, von denen 86 großen Schaden anrichteten. In den Bezirken der Bürgerlichen waren 10 000 Menschen mit dem Kampf gegen das Feuer beschäftigt.

SUMO-RINGER

Ursprünglich waren die Kämpfe zwischen den Ringern *(sumotori)* ein Spektakel für die gesellschaftliche Elite. Diese stark religiös beeinflusste Form der Unterhaltung war den Adligen am kaiserlichen Hof der Antike, dann den Samurai des Mittelalters vorbehalten. Der Überlieferung zufolge waren die beiden ersten Kämpfer Japans *kami*. In der Edo-Zeit jedoch erlaubten die Tokugawa auch Bürgerlichen den Besuch dieses Schauspiels, das eines ihrer Lieblingsvergnügen wurde. Sumo-Kämpfe gab es in Edo in Tempelbezirken und Heiligtümern, aber auch auf der Straße. Damals waren die Ringer noch nicht so beleibt wie heute. Es galten aber schon dieselben Regeln: In einer kleinen Kampfarena aus gestampfter Erde stürzten sich zwei Ringer aufeinander und versuchten, den Gegner zu Fall zu bringen oder ihn herauszudrängen. Der Kampf war sehr kurz. Technisch waren nur ein paar Dutzend Griffe erlaubt. Noch heute wird der Sumo-Kampf von den Japanern sehr geschätzt, die ihren Champions *(yokozuna)* großen Respekt zollen.

Gräber der Ronin
Großes Aufsehen erregte in der Edo-Zeit die Geschichte der 47 Ronin. Sie rächten den Selbstmord ihres Herrn, indem sie denjenigen töteten, der ihn beleidigt hatte. Sie wurden zum rituellen Selbstmord (seppuku) *gezwungen und starben als Helden am Grab ihres Herrn in Edo.*

Schild des Zuckerbäckers
Neben dem Klerus und den Kriegern lebten in der Stadt Edo Kaufleute, Handwerker und Dienstboten (chonin). *Zu den bürgerlichen Werten zählte man Gewinnstreben, Anspruchslosigkeit, Achtung vor dem Eigentum und der Familie.*

KAPITEL 7

Der Niedergang des Feudalismus

Die Tokugawa betrieben eine Politik der Stabilisierung und der Isolation. Es gelang ihnen dabei jedoch nicht, die fortschrittlichen Kräfte zu bändigen und den Lauf der Geschichte aufzuhalten. Es ist bedeutend einfacher, die politischen Institutionen eines Landes zu lähmen, als die Mechanismen zu bremsen, die sein wirtschaftliches und soziales Leben beherrschen. Vom 16. Jh. an begannen Wirtschaft und Gesellschaft Japans, sich aus der Zwangsjacke des Feudalismus zu befreien. Und selbst der autoritären Regierung von Edo gelang es nicht, alle früheren Zwänge wieder zu installieren.

Ein nationaler Markt entsteht

Das Werk der inneren Einigung und Befriedung der Tokugawa war der Anfang vom langen Ende der Feudalwirtschaft. In dem Maß, in dem die nationale Einheit die zahllosen Handelshindernisse der Ashikaga-Epoche abbaute, begünstigte sie die Entstehung eines nationalen Marktes. Trotz der fortbestehenden Zerstückelung in Daimyate entwickelte sich Japan zu einem einheitlichen Wirtschaftsgebiet, das im 19. Jh. zum Grundstein der Modernisierung und Öffnung des Landes wurde.

Die politische Zentralisierung im Gebiet um Edo war das Vorspiel zur wirtschaftlichen Einigung. Dabei spielte vor allem das System des *sankinkotai* eine entscheidende Rolle. Es zwang die Daimyos dazu, einen doppelten Haushalt zu führen und jedes Jahr die ho-

OSAKA, DIE „KÜCHE DES REICHES“

Auf den Ruinen der Festung von Ishiyama, dem früheren Besitz der Ikko-Sekte, ließ General Hideyoshi 1583 die Stadt Osaka erbauen, die in der Tokugawa-Zeit eine bemerkenswerte Entwicklung erlebte und sogar eine Rolle als „Küche des Reiches“ spielte. Etwa ab der Mitte des 17. Jh. profitierte die Stadt von der fortschreitenden Umstrukturierung der Seewege, von denen bis dahin die Kaiserstadt Kyoto den größten Nutzen hatte. Und in der Tat stellten die Lehen am Japanischen Meer im Nordwesten der Inselgruppe in den Jahren um 1630 fest, dass es viel vorteilhafter war, ihren Reis direkt über die Meerenge von Shimonoseki nach Osaka zu liefern. Das trug zum Ausbau der Handelstätigkeit in der bereits sehr dynamischen Stadt bei. In den Jahren um 1670 beschloss die Regierung von Edo die Planung eines neuen Seewegs im Westen (Japanisches Meer–Shimonoseki–Osaka) und festigte damit die Rolle Osakas als Umschlagplatz. Waren aller Art wurden ständig von den verschiedenen Provinzen nach Osaka befördert und von dort weitertransportiert. Dabei kam der Stadt insbesondere ihre Küstenlage zugute, denn auf diese Weise konnte sie den gewaltigen Ballungsraum Edo auf dem Seeweg mit Konsumgütern beliefern. Gilden, die eifersüchtig über ihre Vorrechte wachten, sorgten für den Transport von Waren (Öl, Sake, kostbare Stoffe) von der „Küche“ zur Shogunatshauptstadt. Noch heute ist Osaka eine bedeutende Handelsstadt und mit 2,6 Mio. Einwohnern neben Tokio und Yokohama eine der drei großen Metropolen Japans. Der kürzlich erfolgte Bau eines ultramodernen internationalen Flughafens legt Zeugnis von der Dynamik Osakas ab. An die Vergangenheit der Stadt erinnern das prachtvoll restaurierte Schloss Hideyoshis, ein typischer Akzent und ein ausgeprägter Geschmack an guter Unterhaltung.

hen Kosten für die Umzüge zwischen ihren Besitztümern und der Hauptstadt aufzubringen. Um den Anforderungen zu genügen, mussten sie jedoch ihre Produktion von Reis, landwirtschaftlichen Gütern und Handwerksprodukten steigern. Darüber hinaus bildete die Herrschaft, die der Shogun über die Zentralregion als einziges entwickeltes Gebiet des Landes und über die wichtigsten Städte ausübte, einen zweiten Motor der wirtschaftlichen Entwicklung. Obwohl die Warenzirkulation behindert wurde und kaiserliche Monopole fortbestanden, konnten die Kaufleute von den großen, durch den Shogun protegierten Städten aus ihre Unternehmungen auf ganz Japan ausdehnen. Nachdem sie von den Steuern und den Einschränkungen der vorangegangenen Epoche befreit waren, konnten sie auf die Unterstützung der alten Gildenorganisation verzichten. Die meisten Gilden verschwanden mit der Zeit. An ihre Stelle traten in einer grundlegend veränderten wirtschaftlichen Umgebung unabhängige Gesellschaften und Kaufmanns- und Industriellenvereinigungen, die ihre Kooperation gemäß den Prinzipien freien Unternehmertums gründeten.

Dennoch hielten die Tokugawa, die Daimyos und der gesamte Adel beharrlich an der Vorstellung fest, dass die Landwirtschaft die einzige Quelle des Reichtums eines Landes bildete. Weiterhin maßen die Grundherren ihr Einkommen danach, wie viele *koku* Reis sie erwirtschafteten, während in den Städten eine aktive Unternehmerklasse die Fundamente für eine Tauschwirtschaft legte, die grundsätzlich mit den Strukturen einer Feudalgesellschaft unvereinbar war: Die alte kaiserliche Hauptstadt Kyoto erlebte eine ungeahnte Dynamik und wurde das Zentrum einer qualitativ hochwertigen Handwerksproduktion, die sich bis in die heutige Zeit erhalten hat. Osaka entwickelte sich dank seiner strategisch günstigen Lage zum wichtigsten Warenlager Westjapans. Zahlreiche Daimyos richteten hier Handelshäuser ein, um ihre landwirtschaftlichen Produkte umzuschlagen oder sich an den verschiedensten wirtschaftlichen Aktivitäten zu beteiligen. Vor allem aber profitierte Edo, das nach und nach die Bedeutung der älteren Städte Kyoto und Osaka in den Schatten stellte, von den politischen Veränderungen. Im 18. Jh. überschritt

BLICK VON EDO AUF DEN BERG FUJI
Im Vordergrund dieses Holzschnitts des Künstlers Hiroshige ist das Färberviertel Kanda in Edo zu sehen. Im Hintergrund erhebt sich der über 100 km entfernte Berg Fuji mit seinem schneebedeckten Gipfel.

AUFSTIEG UND ERFOLG DES HAUSES MITSUI

Die Geschichte der Firma Mitsui, heute eines der größten Handelsunternehmen der Welt, lässt sich bis 1673 zurückverfolgen, als Takatoshi Mitsui gleichzeitig in Edo und Kyoto ein Textilgeschäft mit dem Namen Echigoya eröffnete. Seine Geschäftsmethoden – Einzelhandel, Verkauf an Ort und Stelle, Barverkauf, konkurrenzfähige Preise – brachten ihm großen Reichtum ein. Einige Jahre später gründete er in Edo, Osaka und Kyoto, den drei größten Städten des Landes, die ersten Wechselstuben. Auch wurde Takatoshi Lieferant und Finanzier der Shogunatsregierung in Edo. Außer diesen Vorrechten und einem beträchtlichen Vermögen hinterließ Takatoshi seinen Nachkommen ein bemerkenswertes Hausgesetz, das er in verschiedenen Dokumenten niederlegte. Seine von 1695 stammenden Anweisungen beziehen sich auf die Aufstehenszeit, die Garderobe, die Ernährung und den Umgang der Angestellten mit der Kundschaft der Mitsui-Geschäfte. 1728 wies Takafusa, der Enkel Takatoshis, die Mitglieder seiner Familie auf die Gefahren von Darlehensvergaben an Feudalherren, Geschmack am Luxus, häufigen Umgang mit Schauspielern und Adligen und übermäßige Frömmigkeit hin. Zur Untermauerung seiner Worte führte er als Beispiel die ruinösen Missgeschicke mehrerer Kaufleute in Kyoto an.

Edos Bevölkerungszahl dank des *sankinkotai* die Eine-Million-Grenze. Rasch wurde das noch im 16. Jh. unbedeutende Dorf so zu einem der größten Ballungsräume der Erde, eine Stellung, die es bis heute – seit 1868 unter dem Namen Tokio – behalten hat.

Auf der ganzen Inselgruppe entstanden allmählich Formen einer modernen Geldwirtschaft, auf deren Basis landwirtschaftliche Erzeugnisse zu einem stetig zunehmenden Teil auf dem nationalen Markt verkauft wurden. Transaktionen wurden mit Krediten aller Art abgewickelt, und die Handelsbörsen von Osaka und Edo veröffentlichten täglich die Schwankungen des Reispreises.

GOLDSTÜCK AUS DER GENROKU-PERIODE
Dieses Goldstück (oban) *stammt aus der Blütezeit der Genroku-Periode. Es ist das Symbol einer Staatsmacht, der Macht der Familie Tokugawa, die mit ihrem großen Einfluss seinerzeit das Münzrecht auf nationaler Ebene hatte und das Geldwesen kontrollierte.*

Die Auswirkungen auf die gesellschaftlichen Verhältnisse konnten angesichts dieser Entwicklung nicht ausbleiben. Rasch erwarben sich die Kaufleute, denen in der aristokratisch bestimmten Gesellschaft der unterste Rang zugewiesen war, hohes Ansehen. In fast allen großen Städten etablierte sich bereits um 1700 eine Schicht erfahrener Händler und Geldverleiher, von denen einige schon bald großen Reichtum erlangten. Was 1673 von Takatoshi Mitsui noch als kleines Kaufhaus gegründet wurde, entwickelte sich beispielsweise bis zum 20. Jh. zu einem der mächtigsten Handels- und Industriekonzerne der Welt.

Nach und nach verschob sich, wenn nicht die politische, so doch die wirtschaftliche Macht im Land. Immer mehr Daimyos und Samurai sahen sich mit finanziellen Engpässen konfrontiert, aus denen sie meist nur mithilfe des Vermögens der Händler einen Ausweg fanden. Viele der Adligen mussten sich bei den nicht selten verachteten, doch reichen städtischen Kaufleuten verschulden.

HOLZSCHNITT-ATELIER
Zur Anfertigung eines japanischen Holzschnitts wird eine Papierzeichnung seitenverkehrt auf eine Holzplatte gelegt. Anschließend werden die Umrisse in den Holzstock geschnitten. Für einen Farb-Holzschnitt benötigt man mehrere, mit verschiedenen Farben getränkte Holzstöcke. Dann wird ein Blatt Papier nacheinander auf die verschiedenen Holzstöcke aufgelegt und mit einem Reiber bearbeitet, bis der Abdruck erscheint.

Überdies beschleunigten eheliche Verbindungen die ohnehin große soziale Mobilität, sodass die Grenze zwischen Adels- und Kaufmannsschicht bröckelte und einseitige Abhängigkeiten durch wechselseitige ersetzt wurden. So blieben die alten politischen Machtverhältnisse noch lange bestehen, auch weil die Händler den Feudalherrschern mit Ehrerbietung, Zurückhaltung und Umsicht begegneten. Erst um 1900 sollte in den ländlichen Gebieten eine neue Schicht aggressiverer Unternehmer schließlich das Erwachen der japanischen Landbevölkerung belegen.

Aufbruch zu neuen Welten

Bis dahin war es ein langer Weg. Armut, Hungersnöte und Aufstände prägten noch zu Beginn des 18. Jh. den Alltag der meisten Bauern, die sich jedoch zögerlich aus der Krise des ländlichen Japan zu befreien vermochten. Denn die Kluft zwischen Kriegern und Bauern, die von Hideyoshi und den Tokugawa konserviert beziehungsweise neu errichtet worden war, hatte nicht nur negative Aspekte. Zwar übte der Adel weiterhin auf zahlreichen Lehnsgütern seine uneingeschränkte Macht aus. Doch gestalteten die Bauern in vielen Gegenden das Dorfleben nach ihren Vorstellungen und von den Machthabern unbehelligt, solange sie die innere Ruhe wahrten und ihre Abgaben entrichteten. Blieben großflächige Grundherrschaften auch bestehen, so wurde das Land zugleich in kleine Parzellen aufgeteilt, die oft faktisch – seltener sogar rechtlich – in den Besitz der Bauern übergingen. Immer weniger orientierte sich die Produktion der landwirtschaftlichen Güter an den Erfordernissen der Selbstversorgung, sondern vielmehr an den Gewinnen, die auf regionalen und nationalen Märkten lockten. Frondienste wichen entlohnten Arbeitsverhältnissen, die Einkommen stiegen, Monokulturen und verbesserte Anbautechniken bestimmten mehr und mehr das Bild der Landwirtschaft – die feudale Wirtschaftsordnung hatte sich endgültig überlebt.

HUNGER NACH BILDUNG

Während die Samurai der Tokugawa-Zeit ihre Erziehung in offiziellen, für sie eingerichteten Schulen genossen, besuchten immer mehr Bürgerliche – Bauern, Kaufleute und Handwerker – Privatschulen. Sie lernten Schreiben, Lesen und Rechnen oder erhielten eine weiterführende Ausbildung mit Kursen in Konfuzianismus, in Mathematik oder in „Holland-Studien", worunter man westliche Sprachen und Wissenschaft verstand. Die Grundschulen hießen *terakoya*, was so viel wie „Haus, das von Kindern des Tempels besucht wird" bedeutet. Die höheren Bildungseinrichtungen nannte man *shijuku*, Privatschulen.

In der Edo-Zeit gab es für die Bürgerlichen viele Anreize zum Schulbesuch: die Notwendigkeit, Geschäftsbücher zu führen und Verträge zu lesen, der Wunsch, durch eine gute Heirat gesellschaftlich aufzusteigen und sich einen gewissen kulturellen Schliff anzueignen, die Erfordernis, Verwaltungsaufgaben wahrzunehmen oder ganz einfach Tagebuch zu schreiben. Alle diese Gründe führten am Ende des 18. Jh. zur Entstehung eines bemerkenswert dichten Schulnetzes in Japan. In den letzten Jahren der Edo-Zeit dürften mindestens 1200 *terakoya* vorhanden gewesen sein. Einige Historiker sprechen sogar von rund 40000 Schulen.

Nicht nur in der Landwirtschaft hielten der kulturelle und geistige Fortschritt fortan schrittweise Einzug. Waren die Soldaten des 16. Jh. noch ungebildet, so genoss die wiederbelebte Kaste der Samurai nun eine konfuzianische Ausbildung, mit der diese den Anforderungen einer bürokratischen Verwaltung weit mehr als genügten. Oft gehörten sie einer neuen Intellektuellenschicht an, die unter den Kaufleuten und in der ländlichen Elite weitere Vertreter fand. Ersatz für ein staatliches Bildungssystem moderner Staaten waren Lehrstätten auf Lehnsgütern und auch private Klosterschulen, dank derer das Bildungsniveau der japanischen Bevölkerung beachtlich anstieg. Folgende Zahlen, die mehr europäischen als asiatischen Verhältnissen dieser Zeit gleichen, sprechen für sich: Mitte des 19. Jh. konnten Schätzungen zufolge immerhin 45 Prozent der Männer (aber nur 15 Prozent der Frauen) lesen und schreiben.

MENSCHENFRESSER IM KABUKI-THEATER
Diese Schminkmaske zeigt den beeindruckenden Formenreichtum des Kabuki-Theaters. Jede Farbe hat eine Bedeutung: Rot steht für Mut, Blau für übernatürliche Wesen.

Mehr noch als in Wirtschaft und Bildung wurde der Einfluss der neuen Kaufmannsschicht auf die Gesellschaft der Tokugawa-Zeit in der Kultur spürbar. Kunst und Literatur dieser Epoche spiegeln die Sorgen des städtischen Bürgertums und des Feudaladels wider. Die Städte wurden zu Zentren der Begegnung unterschiedlicher Lebenswelten, aus denen neue Formen städtischer Zivilisation erwuchsen. In den Vergnügungsvierteln trafen der erschöpfte Kaufmann und der dekadente Samurai aufeinander. Entbunden von häuslichen Verpflichtungen und sozialen Zwängen hofften sie, ihre freien Stunden in der Gesellschaft von Frauen zu verschönern. Es entstand der Beruf der Geisha (von japanisch *gei* „unterhaltende Kunst" und *sha* „Person"), der kultivierten Begleiterin, die gleichermaßen in Gesang, Tanz und Konversation geübt war.

Auch das künstlerische und literarische Schaffen widmete sich den neuen Vergnügungen der zu Wohlstand gelangten Bevölkerungsschichten. Oft stellten die Künstler der Tokugawa-Zeit berühmte Schönheiten dar, die in den Vergnügungsvierteln zu Hause waren, und hielten der Gesellschaft teils unterhaltend, teils mahnend den Sittenspiegel vor. So tauchte Saikakus, der große Romancier des 17. Jh., für seine beliebten Erzählungen in eine Schattenwelt von Intrigen und Frivolitäten hinab.

Das Theater wandte sich mit seinen Stücken überwiegend an die Kaufleute, wobei seit dem 17. Jh. vor allem das Marionettentheater und eine neue, volksnahe Kunstform, das Kabuki, in Mode kamen. Dieses zeichnete sich bereits in seinen Anfängen um 1600 durch den Realismus der Handlung und des Bühnenbilds aus. Bereits Mitte des 18. Jh. kamen Drehbühnen zum Einsatz; insgesamt waren die Aufführungen und die Theatertechnik der europäischen Schauspielkunst überlegen. Doch auch in Japan selbst verdrängte es immer mehr das aus der Ashikaga-Zeit stammende No-Theater, das hauptsächlich am Hof und vom Adel geschätzt wurde. Mit spannungsgeladenen und melodramatischen Geschichten, die Autoren wie der große Dramatiker Chikamatsu Monzaemon (1653–1725) um die alltäglichen Schicksale und besonders den Freitod aus Liebe ranken ließen, begeistert das Kabuki bis heute.

DAS KABUKI-THEATER
Das Kabuki-Theater gehörte zu den beliebtesten Vergnügungen der Bürger in der Shogunatshauptstadt Edo. Um dem Publikum zu gefallen, setzten die Spielleiter auch akrobatische Akte und szenische Effekte ein.

Auch die Gedichtkunst suchte sich ihre eigene, dem neuen Zeitgeist angemessene Form: Das Haiku, dessen elaborierte Kompositionen dafür besonders geeignet waren, gab nicht nur die Empfindungswelt der Stadtbürger wieder, sondern besaß zugleich die metaphysische Tiefe des Zen. Meisterhafte Dichter wie der im 17. Jh. lebende Mönch Matsuo Basho verliehen den nur 17-silbigen Werken erstaunliche Kraft. Wenige Worte genügen, um das Unsagbare auszusprechen und dem flüchtigen Augenblick Ewigkeit zu verleihen. Einfache Zeilen und eine reduzierte Sprache überraschen und regen zu tiefsinnigen Überlegungen an, die sich erst mit dem zweiten Hinsehen erschließen. So

Freudenviertel
Gleich nach ihrer Machtergreifung reglementierten die Tokugawa die Prostitution durch die Einrichtung von Vergnügungsvierteln. Samurai und Bürgerliche verkehrten dort Seite an Seite und untergruben damit die offizielle, auf dem Prinzip der Trennung zwischen den Gesellschaftsschichten beruhende Ideologie.

brachten Tausende von Dichtern das neue Genre zur Vollendung und verwandelten es schließlich in eine brillante Stilübung, die jedoch nicht immer ohne eine gewisse Manieriertheit auskam.

Doch trotz dieser gedanklichen Nähe der Haiku-Dichtung zur Meditation des Zen emanzipierten sich die ästhetischen Vorstellungen der Kunst unter Hideyoshi und den ersten Tokugawa nach und nach von dessen Einflüssen und damit von den Lehren des Buddhismus. Die bis dahin eher zurückhaltende Landschaftsmalerei wurde durch kraftvolle Darstellungen von Pracht und Größe verdrängt, die der neuen politischen Macht und dem militärischen Ruhm zweifellos besser entsprachen. Charakteristisch wurden großartige Paravents und dekorative Holztafeln, auf denen sich Bilder in grellen Farben auf einem Hintergrund aus Blattgold erheben. Solch eine Ästhetik des Überflusses fand auch in der Gartenkunst ihren Ausdruck. Miniaturgärten wurden unpopulär, pompöse Anlagen wie der Garten der Villa Katsura in Kyoto setzten neue Maßstäbe. Und auch in der Architektur galt Bescheidenheit oft dann als eine unerwünschte Zier, wenn die Gebäude Repräsentationszwecken dienen sollten. Eindrucksvoll wurden etwa die leuchtenden Mausoleen der ersten Tokugawa, die sich noch heute im Hügelland von Nikko im Norden Edos erheben, zum Sinnbild des japanischen Barocks. Die Kunst hatte sich denkbar weit von der tiefen Spiritualität der Buddhastatuen und der Mönchsbüsten entfernt, welche die japanischen Bildhauer bis zum Ende des 16. Jh. unermüdlich angefertigt hatten. Von nun an erhielt die Bildhauerei hauptsächlich eine dekorative Funktion. Sie sollte die Tempel und Paläste schmücken.

Schon in den ersten Jahren der Tokugawa-Epoche zeigten die Kunstwerke eine stärkere volkstümliche Inspiration als noch unter den Ashikaga-Herrschern. Häufig begegnen dem Betrachter Figuren, Schmuckgegenstände und dekorative Motive, die das Leben der einfachen Stadtbewohner zum Gegenstand haben. Schufen auch einige große Künstler weiterhin Werke einzig für den oft noch konservativen Adel, so richtete sich die Mehrheit nach den Wünschen des neuen Bürgertums. Bilder mit berühmten Schauspielern, bekannten Kurtisanen und eleganten Frauen – zum Teil von einem kühnen Hauch Erotik umweht, zum Teil karikaturistisch pointiert – erfreuten sich ebenso großer Nachfrage wie Darstellungen von Landschaften und Orten, die entfernt an Ansichtskarten heutiger Zeit erinnern. Große Meister wie Katsushika Hokusai (1760–1849) und Ando Hiroshige (1797–1858) führten den Vielfarbendruck und die Holzschneidekunst zu einer ungeahnten Vollkommenheit, die dank der neuen Reproduktionstechniken nun auch von weniger vermögenden Schichten bewundert werden konnten. Eine Massenkunst war geboren.

WASSERFALL VON KIRIFURI
Die Landschaften Japans dienten den Malern der Edo-Zeit, hier dem berühmten Hokusai, als Anregung. Der Grund für den Erfolg der Landschaftsmalerei war das Vergnügen der Japaner der damaligen Zeit an Reisen im eigenen Land.

Die Dynamik im Kunsthandwerk war ungebremst. Zahlreiche technische Neuerungen und Fortschritte fallen in die Epoche der Tokugawa. Eine neue Töpferkunst entstand aus der eigenen Tradition und koreanischer Raffinesse, die von Gefangenen der Armeen Hideyoshis vermittelt wurde. Tuchmacher stellten großartigen Seidenbrokat her. Lackkünstler überzogen allerlei Möbel, Kästen, Schalen und Plastiken mit grazilen Gemälden und Ornamenten. Doch trotz allen technischen Fortschritts, der oft an den Maßstäben der neuen Massenproduktion orientiert war, blieb die japanische Kunst der ihr eigenen Ästhetik treu.

Europa und die nationale Identität

Mit dem allmählichen Übergang zur Marktwirtschaft und dem Anwachsen des städtischen Bürgertums nahmen auch der Wissensdurst und der Drang zu neuen intellektuellen Erfahrungen zu. Vor allem äußerte sich diese mit Unternehmergeist gepaarte Neugierde in einem wiedererweckten Interesse an Europa und seiner Schaffenskraft. Doch erst als die Neugierde die von früheren Machthabern errichteten Bedenken vor dem Christentum und ausländischen Aggressoren überwog, fielen erste politische Schranken: Als Yoshimune (1716–45), tatkräftiger und gleichzeitig aufgeschlossener Herrscher, um 1720 schließlich das Einfuhrverbot für europäische Bücher mit der Ausnahme religiöser Werke aufhob, war für die japanischen Gelehrten das Startsignal für neue Studien gegeben. Unverzüglich stürzte sich eine Hand voll Männer in die Arbeit. Sie nahmen Kontakte mit den holländischen Kaufleuten von Nagasaki auf, um ihre Sprache zu lernen. Innerhalb weniger Jahrzehnte erstellten die neuen Anhänger der „holländischen Studien“ ein niederländisch-japanisches Wörterbuch und übersetzten eine anatomische Abhandlung ins Japanische. Bis Mitte des 19. Jh. holten die Intellektuellen Japans Schritt für Schritt den Vorsprung der europäischen Forscherkollegen auf und wurden zu Spezialisten in so unterschiedlichen Bereichen westlichen Wissens wie in der Waffenkunde, der Gießerei, dem Schiffbau, der Kartographie, der Astronomie oder der Medizin. Mochte die Gruppe der Wissensdurstigen dabei auch lange Zeit klein und überschaubar bleiben, so sind deren Verdienste für die Entwicklung der Wissenschaften in Japan umso mehr zu würdigen.

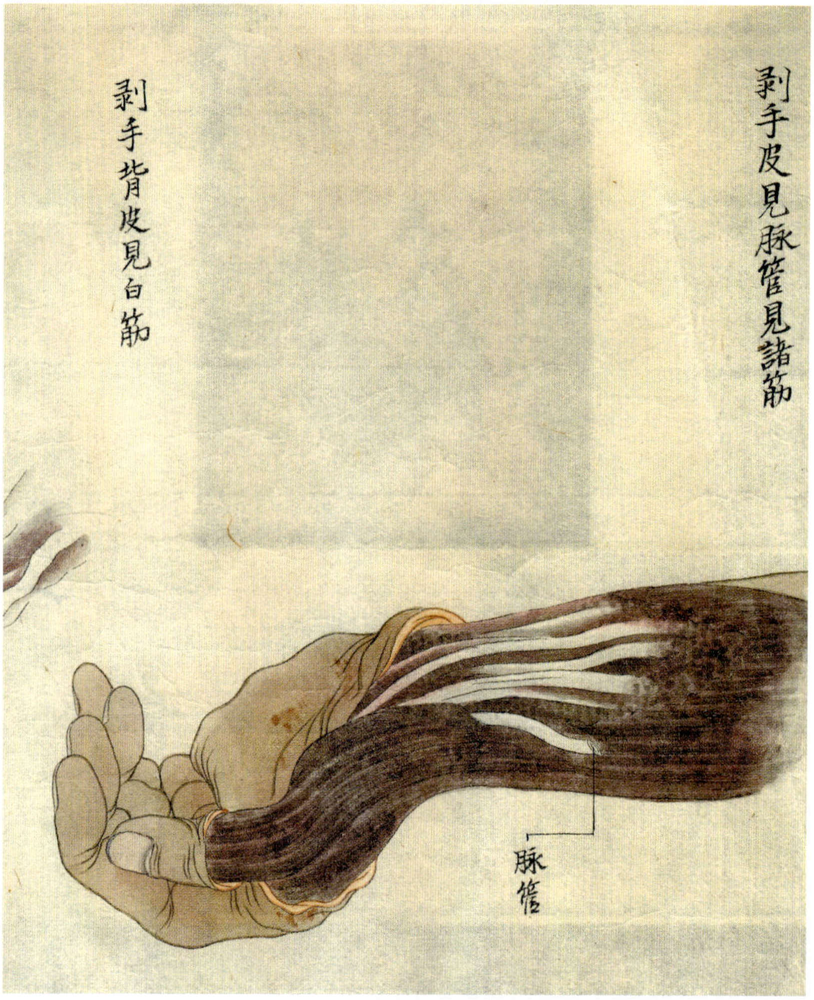

Menschliche Körper als Studienobjekte
In Japan widmete man sich der Kunst des Sezierens erst relativ spät – ab 1754 unter dem Einfluss der westlichen Wissenschaft (rangaku). *Diese 1796 sezierte Hand gehörte einem hingerichteten Japaner.*

Nicht allein der Kontakt mit den niederländischen Händlern gab die nötigen Impulse für die Modernisierung Japans. Ohne das zunehmend starke nationale Bewusstsein als mentale Klammer des wissenschaftlichen Aufschwungs ist dieser wohl kaum zu verstehen. Doch warum entwickelte sich die nationale Identität in Japan so viel eher und umfassender als in den anderen Ländern des Fernen Ostens? Die Antwort auf diese Frage, die nicht nur im 17. und 18. Jh. zu finden ist, fällt mannigfaltig aus. Denn bereits die Orientierung der japanischen Kaiser an China im 6. und 7. Jh. hatte den Nebeneffekt, dass die Japaner – im Bewusstsein der Überlegenheit der Kultur des riesigen chinesischen Nachbarn – trotz aller Anpassung eigene Wege suchten.

Der Antagonismus zu China allein genügt jedoch nicht, um die frühe und starke nationale Identität Japans zu erklären. Auch Korea und andere Regionen Südostasiens waren chinesischen Einflüssen ausgesetzt, ohne dass sich ein mit Japan vergleichbares Muster ergeben hätte. Wie so oft gaben folglich geographische Gegebenheiten den Ausschlag: Der abgeschiedenen Insellage Japans stand im Fall aller sonstigen Länder Südostasiens die räumliche Nähe zu China gegenüber. Waren diese demnach früh gezwungen, politische und gesellschaftliche Gepflogenheiten Chinas zu übernehmen und sich militärisch dem mächtigen Nachbarn unterzuordnen, konnten sich die Inselbewohner – durch das Japanische Meer geschützt – chinesischer Expansionsbestrebungen erwehren. Während auf dem Festland die Aussichtslosigkeit, die Abhängigkeit von China abzustreifen, schon bald in eine resignierte, unterwürfige Mentalität mündete, bewahrten

in Japan mehrere Mechanismen die kulturelle Eigenständigkeit. Die Unabhängigkeit der feudalen Strukturen, die ethnische Homogenität und die unüberwindliche Sprachbarriere wirkten erfolgreich einer Anpassung an China entgegen.

Zu keiner Zeit gab es ernsthafte Bestrebungen japanischer Bevölkerungsgruppen, sich mit der Hegemonialmacht jenseits der eigenen Küsten zu identifizieren. Stattdessen dienten Vergleiche dazu, das Anderssein zu unterstreichen und eigene Werte zu verteidigen. Je mehr aber gesellschaftliche Verbundenheit im Inneren und Abgrenzung nach außen die kulturelle Identität exklusiv erscheinen lassen sollten, desto näher rückten die Vorzeichen eines japanischen Nationalismus.

ZEREMONIE IM YASAKA-SCHREIN

Der Yasaka-Schrein von Kyoto ist Susanoo no Mikoto, dem ungestümen Halbbruder der Sonnengöttin Amaterasu Omikami, geweiht. Alljährlich im Juli findet das Gion-Fest statt, bei dem eine große Trommel von einem Priester geschlagen wird.

Der Nationalismus – ein japanisches Phänomen?

Nationalistische Denkströmungen etablierten sich früh. Bereits in der Kamakura-Zeit förderten die Lehren von Nichiren (1222–82) und anderen religiösen Führern entsprechende Ansichten, die in den politischen Schriften der frühen Ashikaga-Periode zur Blüte kamen. Ein bekannter Gelehrter dieser Zeit verfasste beispielsweise ein bedeutendes Geschichtswerk, dem er einen kaum verkennbaren nationalistischen Anstrich gab: Japan war danach das Land göttlichen Ursprungs, sein Kaiser ein Nachkomme göttlicher Ahnen.

Shintopriester, die in der Feudalzeit für das geistige Leben Japans wieder eine größere Rolle spielten, trugen in dem Maß zur Entwicklung der nationalen Identität bei, wie sie ihre Religion seit dem 13. Jh. schrittweise von den Fesseln des Buddhismus lösten. Nach und nach gewann der Shintoismus so eine geistige Kraft, die es ermöglichte, die Hierarchie der Religionen umzukehren. Waren lange Zeit die shintoistischen Götter lokale Spiegelbilder ihrer buddhistischen Pendants gewesen, gelangte man nun zur gegensätzlichen Deutung. Die eigene, originär japanische Religion, galt dem aus China importierten Buddhismus als überlegen. Auch die Götterwelten mussten sich also dem japanisch-chinesischen Gegensatz fügen.

WEIHRAUCHDOSE
Diese prachtvolle Dose ist einer der unzähligen Gegenstände aus der Werkstatt der Lackkünstler der Edo-Zeit. In Japan haben Lacktechniken eine uralte Tradition, sie stammen aus prähistorischer Zeit und erreichten höchste Vollendung. Kämme, Flaschen, Kästen, Tische, Futterale und andere Gegenstände wurden von den Handwerkern lackiert.

Als zu Beginn des 17. Jh. die Tokugawa die Macht erlangten, war das ausgeprägte japanische Nationalbewusstsein ein willkommenes Instrument, um die Herrschaft der Shogune zu sichern. Doch die von den Tokugawa betriebene völlige Selbstisolation Japans förderte umgekehrt nicht nur die weitere Steigerung der nationalen Identität, sondern auch die Fremdenfeindlichkeit, die durch die Ausweisung der Europäer oder das Verbot des Christentums staatlich legitimiert wurde. Weiteren Aufwind erhielt der Nationalismus durch die Förderung des Konfuzianismus, der die Beschäftigung mit der historischen wie sagenhaften Vergangenheit und somit die Wiederentdeckung von Mythen und Legenden anregte. Historiker im Dienste der Shogune konsultierten alte japanische Geschichtswerke wie das *Kojiki* (Bericht über alte Begebenheiten) und das *Nihon shoki* (Japanische Annalen). Die Seitenlinie der Tokugawa in Mito gründete zu diesem Zweck eigens eine Historikerschule, deren Hauptwerk, ein monumentales Geschichtsepos, im 17. Jh. begonnen und erst im 20. Jh. beendet wurde. Immer mehr sorgte die Auseinandersetzung mit den Quellen zur japanischen Geschichte dafür, dass die gebildete Öffentlichkeit für die nationale Idee empfänglich wurde. Zur Charta aller Nationalisten entwickelte sich der Kommentar des *Kojiki,* den der Gelehrte Motoori Norinaga (1730–1801) gegen Ende des 18. Jh. herausgegeben hatte. Wie die meisten Historiker seiner Zeit suchte auch Norinaga in der Geschichte nach einer Bestätigung für die seiner Meinung nach verkannte Überlegenheit Japans über China, die er in den ewigen Tugenden Japans gefunden zu haben glaubte.

Auch im 19. Jh. standen Nationalismus und Religion in einem wechselseitig inspirierenden Verhältnis zueinander. So wird das geistige Erwachen des Shinto mit dem Auftreten neuer Shintosekten zwischen 1800 und 1850 belegt. Wenngleich nach wie vor buddhistische Auffassungen und Praktiken im Shintoismus aufzugehen schienen, waren diese nun durchweg nationalistisch gefärbt. Darüber hinaus machte die Beliebtheit der teilweise bis heute bestehenden Sekten deutlich, dass der Buddhismus allein endgültig nicht mehr imstande war, die religiös-geistigen Bedürfnisse der unteren Bevölkerungsschichten zu befriedigen.

Das gesteigerte Interesse an der japanischen Urgeschichte musste sich fast zwangsläufig ein neues, gleichzeitig aber auch altes Bezugsobjekt gemeinsamer Identität schaffen: Der seit Jahrhunderten entmachtete Kaiser rückte wieder stärker ins Bewusstsein. Nationalisten betonten die göttliche Herkunft des Kaiserhauses und begründeten damit die Über-

legenheit Japans über andere Völker. Doch – nicht ohne Ironie – bereitete der ganz im Interesse der Tokugawa-Shogune geförderte Nationalismus damit deren eigenen Untergang vor. Denn anders als im national ungeeinten Japan der Ashikaga-Periode war es in erster Linie der Kaiser in Kyoto, der in dem gewandelten geistigen Umfeld neue Legitimität für sich schöpfen konnte. Wenn auch politisch machtlos, wurde er zu *dem* Symbol der Nation, während die einst unangetastete Stellung der Shogune zu bröckeln begann.

Weit bis in das 19. Jh. hinein blieb die Herrschaft der Tokugawa nach außen hin ungefährdet. So zogen etwa Äußerungen von allzu gewagten Gelehrten, die den Kaiser über die Shogune stellten, noch um 1800 energische Repressionen der Tokugawa nach sich. Doch ganz allmählich verschoben sich die Kräfteverhältnisse in diesem nur scheinbar stabilen Machtgefüge. Hinter der Fassade eines politischen und sozialen Systems, das in seinem archaischen Gewand starr, reaktionär und handlungsunfähig erschien, bekam mehr und mehr eine bürokratische Elite die Zügel in die Hand. Das Kaisertum war auf dem Vormarsch und unterhöhlte die gesellschaftliche Macht des Feudaladels. Dieser sah sich zudem einer neuen, fortschrittlichen Wirtschaftsordnung gegenüber, in der Kaufleute und Händler von dem raschen Wirtschaftswachstum profitierten. Die Alphabetisierung und in ihrem Gefolge neue Ideen und Gedanken waren unaufhaltsam auf dem Vormarsch. Trotz der Aufteilung des Landes in zahllose Grundherrschaften hatte das Volk ein festes nationales Bewusstsein entwickelt. Noch bevor Japan – von alten Schranken befreit – die politischen Formen des modernen Nationalstaates zu übernehmen imstande war, war es mental zur „modernen Nation" gereift.

Es bleibt die Frage, warum Japan das einzige Land des asiatischen Kontinents war, das neben Teilen Europas und den USA schon früh den Weg der Modernisierung einschlug. Bei der Antwort auf diese Frage spielt das Studium des japanischen Feudalzeitalters und der nachfolgenden Tokugawa-Epoche eine wichtige Rolle. Doch wäre es übereilt, allein deswegen von allgemein gültigen historischen Gesetzmäßigkeiten zu sprechen. Ein Blick auf die Länder, die seit dem 18. Jh. den Weg des Fortschritts beschritten, zeigt, dass erst das Verstehen des komplexen Zusammenwirkens von politischen, sozialen, wirtschaftlichen und mentalen Faktoren den Prozess der Modernisierung erklären kann. Und dennoch existieren zwischen der Entwicklung Japans und der Europas Parallelen, die nicht nur als zufällig zu bezeichnen sind. Denn hier wie dort resultierten aus dem lange konservierten Feudalismus gesellschaftliche Widersprüche, die zu einer der Antriebsfedern des gesellschaftlichen Fortschritts wurden.

KRANICHE UND SCHWALBEN

Das Lackkästchen und der Schreibkasten aus der Edo-Zeit sind typische Beispiele für die traditionelle japanische Ästhetik mit ihrer sachlichen, präzisen und reinen Linienführung.

Neugier auf den Westen

Westliche Mode
Die Begegnung mit der westlichen Kultur hatte starken Einfluss auf die Kleidermode in Japan. Dieses Bild vom Anfang des letzten Jahrhunderts zeigt junge Frauen in Badeanzügen.

In der zweiten Hälfte des 19. Jh. hatten die Japaner eine widersprüchliche Einstellung zum Westen. Um 1820 gab der Shogun die Anweisung, ausländische Schiffe, die sich der Küste näherten, mit Gewalt abzuwehren. Gleichzeitig schürten die Intellektuellen eine ausländerfeindliche Stimmung. Doch trotz ihrer Ablehnung ließen die Japaner eine wachsende Neugier auf den Westen erkennen, dessen technische, industrielle und wissenschaftliche Überlegenheit ihnen bewusst war. Als sie von den Amerikanern 1854 zur Öffnung ihrer Häfen gezwungen wurden, konnten sich sogar die Nationalisten einer gewissen Faszination fürs Ausland nicht entziehen. Hirobumi Ito (1841 bis 1909), einem notorischen Patrioten, der zum Sturz des Shogunats beigetragen hatte, gelang es, heimlich in England zu studieren. Bei seiner Rückkehr zeigte er sich von der Macht Großbritanniens zutiefst beeindruckt. Ito ist die erste japanische Verfassung aus dem Jahr 1889 zu verdanken.

Um 1860 wurden immer häufiger japanische Delegationen ins Ausland entsandt. Noch vor seinem Sturz schickte das Shogunat sechs Missionen in die Vereinigten Staaten, nach England und Frankreich. Bei ihrer Rückkehr versetzten die Berichte der Gesandten die Japaner in höchstes Erstaunen. Einer der Bestseller der damaligen Zeit war übrigens das 1867–70 entstandene Buch des Intellektuellen Yukichi Fukuzawa *Die Lebensbedingungen im Westen* mit einer Beschreibung der Gebräuche und Institutionen in Amerika und Europa. Von seinen Reisen brachte er auch die demokratischen Ideale mit. Sein Buch *Ermutigung zum Studium* (1872 bis 1876) beginnt mit einem Satz, der später berühmt wurde: „Der Himmel hat keinen Menschen geschaffen, der anderen überlegen oder unterlegen ist."

In Japan entwickelte sich Yokohama zum Tor zum Westen. Diese 1858 bei Edo errichtete kosmopolitische Stadt hieß Engländer, Franzosen und Amerikaner willkommen. Die Japaner der damaligen Zeit waren so sehr an westlichen Sitten interessiert, dass Verleger aus Edo Künstler nach Yokohama schickten, um Skizzen von der Stadt und ihren Bewohnern anzufertigen. Die entsprechende Veröffentlichung der *Yokohama-Grafiken (Yokohama-e)* fand großen Anklang bei Kunden.

Bildnis des Père Tanguy
Die japanische Ästhetik wurde im Westen anlässlich der Weltausstellung in Paris 1867 entdeckt. Wie viele andere Künstler bezog auch van Gogh Anregungen aus der japanischen Kultur. Er malte sechs Ölgemälde (1887) wie ukiyoes (Holzschnitte).

Bau eigener Kriegsschiffe
Aus militärischen und wirtschaftlichen Gründen lag den Machthabern seit dem Ende der Edo-Zeit die Modernisierung der japanischen Flotte sehr am Herzen. Die ersten Marine- und Schiffswerften errichtete man gemeinsam mit den Franzosen.

Der Yen
Mit der neuen Währungseinheit Yen wollte die Meiji-Regierung ab 1871 eine Modernisierung des alten Währungssystems, in dem oft falsche Geldstücke und entwertetes Papiergeld im Umlauf waren, erreichen.

Golf in Japan
Anfang des 20. Jh. hatte ein englischer Kaufmann das Golfspiel in Japan eingeführt. Ebenso wie Baseball wurde Golf erst nach dem Zweiten Weltkrieg wirklich populär.

Japaner in Paris
Dieses Foto zeigt die japanische Delegation auf der Weltausstellung in Paris 1878. Bei dieser Gelegenheit stellte der aus Japan heimgekehrte Lyoner Unternehmer Emile Guimet japanische Gegenstände zum Thema „Religionen in Fernost“ aus.

DER HAFEN VON YOKOHAMA

Im 19. Jh. tauchte Yokohama (oben eine Ansicht von 1895) als völlig neuer Ort auf der japanischen Landkarte auf. Begonnen wurde mit der Errichtung der Stadt 1858, anlässlich des im selben Jahr unterzeichneten Handelsvertrags zwischen Japan und den Vereinigten Staaten, der die Öffnung von fünf Häfen und zwei Städten des Archipels vorsah. Innerhalb eines einzigen Jahres ließ das Shogunat den Hafen und die Stadt Yokohama am Standort eines kleinen Fischerdorfs südlich von Edo erbauen. Die Bauarbeiten waren teuer, doch die Regierung konnte sie mithilfe öffentlicher Ausschreibungen finanzieren. Rasch entwickelte sich Yokohama zum geschäftigsten Hafen der japanischen Inseln, über den 80 % des Außenhandels abgewickelt wurden. Anfänglich exportierten die Japaner vor allem Rohseide und Tee; Importgüter waren Schiffe, Waffen und Baumwollgewebe. Der wichtigste Handelspartner war England. 1872 profitierte Yokohama vom Bau der ersten Eisenbahnstrecke Japans, die nach Tokio führte. Noch heute ist Yokohama der größte internationale Handelshafen Japans.

KAPITEL 8

Die westliche Schule

Gegen Mitte des 19. Jh. waren politische und soziale Wandlungen in Japan dringend notwendig. Das politische System, das sich im 17. Jh. von Grund auf reaktionär zeigte, war 200 Jahre später völlig überholt. Der wachsende Nationalismus und die Entwicklung einer reifen Handelsökonomie hatten Japan für eine neue politische Ordnung vorbereitet. Aber die Tokugawa hatten ihr System von Anfang an derart stabilisiert, dass die politische und administrative Maschinerie noch reibungslos weiterlief. Erst eine Kraft von außen konnte sie ausschalten – dies waren die Europäer und die Amerikaner.

YOKOHAMA
Der Künstler, der diesen Holzschnitt schuf, wollte das moderne Leben in der zweiten Hälfte des 19. Jh. darstellen. Hierzu zählten die Kleidung, die Eisenbahn und Schiffe aus dem Westen.

Gegen Ende des 18. Jh. versuchten die Russen, die quer durch Sibirien den Pazifik erreicht hatten, mit den Japanern Kontakt aufzunehmen. Etwa zeitgleich begannen die Engländer, die die Portugiesen als Hauptseefahrer in den ostasiatischen Gewässern abgelöst hatten, sich in Japan wieder Zugang zu verschaffen. Doch am wichtigsten war für die Amerikaner die Öffnung der japanischen Häfen. Ihre Walfänger durchfuhren den Nordpazifik und gelangten in die japanischen Gewässer; ferner steuerten die amerikanischen Chinasegler auf ihren großen Routen über den Pazifik die japanischen Küsten an. Die Amerikaner wollten für ihre Walfänger und Segler die Erlaubnis zur Wassernahme und zur Ergänzung des Proviants in den japanischen Häfen einholen; als sich dann die Dampfschifffahrt durchsetzte, wurde nach Häfen mit Kohleversorgung in Japan Ausschau gehalten. Nicht selten strandeten amerikanische und europäische Segler an Japans Küsten. Die Landesgesetze schrieben für jeden Fremden, der an Land ging, die Todesstrafe vor, die zwar nicht in jedem Fall verhängt wurde, aber die gestrandeten Seeleute, die über Nagasaki freikamen, berichteten meist von Grausamkeiten.

AMERIKANISCHES SCHIFF IN YOKOHAMA
In der Mitte des 19. Jh. riefen die Schiffe aus westlichen Ländern Furcht und Faszination hervor. Die Japaner betrachteten sie mit Argwohn, weil sie für die erzwungene Öffnung Japans standen, bewunderten aber gleichzeitig die moderne Technik der Schiffe.

Die „Barbaren" gegen den Archipel

In der ersten Hälfte des 19. Jh. entsandten Amerikaner, Engländer und Russen wiederholt Expeditionen nach Japan, um die Japaner zu überreden, ihre Häfen den fremden Schiffen zu öffnen; auch die Niederländer bedrängten sie, diesen Forderungen nachzugeben. Aber Edo hielt treu an der herkömmlichen Politik fest. Einige einheimische Jünger der westlichen Wissenschaft befürworteten mutig die Öffnung Japans, aber die Mehrheit des Volkes, das sich zu sehr an die Isolierung von der Außenwelt gewöhnt hatte, war strikt dagegen, dass Ausländer an Land kommen durften. Offensichtlich dachte Japan niemals daran, freiwillig seine Häfen zu öffnen.

So beschloss die amerikanische Regierung, sich mit Gewalt Zutritt in Japan zu verschaffen. Sie entsandte deshalb eine mächtige Flotte unter Mathew C. Perry, die im Juli 1853 in die Edobucht einlief. Perry übergab einen Brief des Präsidenten der Vereinigten Staaten, in dem die Aufnahme von Handelsbeziehungen gefordert wurde. Anschließend fuhr Perry zur Überwinterung nach Okinawa, nachdem er angekündigt hatte, sich im folgenden Jahr eine Antwort zu holen. In Edo herrschte infolge dieser plötzlichen Krise ein völliges Durcheinander. Diese Unruhe spiegelt sich in der japanischen Bezeichnung für das letzte Jahrzehnt des Tokugawa-Shogunats wider: *bakumatsu,* wörtlich „das Ende des *bakufu*". Die Japaner waren durch die Geschütze und die Ausmaße der amerikanischen „schwarzen Schiffe", die wegen ihres Dampfantriebs sogar gegen den Wind zu fahren vermochten, zutiefst erschüttert. Sie erkannten die Nutzlosigkeit ihrer eigenen Waffen gegen die amerikanischen Kriegsschiffe, denen Edo schutzlos preisgegeben gewesen wäre.

Die Regierung spaltete sich in zwei Lager. Die Konservativen predigten verblendet die Vertreibung der Fremden. Die Realisten erkannten klar, dass Japan nichts anderes tun konnte, als sich den amerikanischen Forderungen zu fügen. In ihrer Unentschlossenheit taten die Behörden in Edo etwas Ungewöhnliches: Die Regierung des Shoguns holte zum ersten Mal nach mehr als 600 Jahren Militärherrschaft die Meinung des Kaisers über ein wichtiges Staatsproblem ein und erbat auch von den Daimyos Rat. Das konservative Kyoto und die Daimyos waren natürlich unbedingt für die Vertreibung der Fremden. Die Edo-Regierung war in der Klemme, als Perrys Flotte im Februar 1854 erneut in die Edobucht einlief. Der Kaiser und die Nation als Ganzes forderten eine Politik, die Edo gar nicht verwirklichen konnte. Unter den drohenden Geschützmündungen der amerikanischen Kriegsschiffe gab es für die Tokugawa keine andere Wahl, als den Vertrag mit den Vereinigten Staaten zu unterzeichnen, den amerikanischen Schiffen zwei Häfen zu öffnen und einen beschränkten Außenhandel zu genehmigen. Die beiden Häfen waren Shimoda, am äußersten Ende einer Halbinsel bei Edo gelegen, und Hakodate bei Hokkaido – zwei unbedeutende Anlaufstellen, die abseits der großen Schifffahrtslinien lagen. Ein Konsul der Vereinigten Staaten erhielt die Erlaubnis, sich in Shimoda niederzulassen.

Sowie nun die Tür nur einen Spalt weit geöffnet war, konnte man sie nicht mehr schließen. Innerhalb von zwei Jahren wurden Verträge mit England, Russland und den Niederlanden abgeschlossen. 1856 traf Townsend Harris als erster amerikanischer Generalkonsul ein, um einen vollständigen Handelsvertrag auszuhandeln, der allen amerikanischen Staatsangehörigen Exterritorialität zugestand, das heißt, dass für sie das amerikanische Recht vor amerikanischen Gerichten galt. Die europäischen Mächte schlossen ähnliche Verträge mit Japan. Diese Privilegien, die unerhört schienen, waren auch Bestandteil aller früheren Verträge zwischen dem Westen und China. Durch ihre Annahme verabschiedete sich Japan unwiderruflich von seiner Isolation.

Ausländer durften nun in fünf Häfen ihren Wohnsitz haben, auch in den großen Städten und Edo. Fremde Kaufleute eröffneten Handelshäuser in dem Fischerdorf Yokohama, das rasch wuchs und sich in wenigen Jahrzehnten zu einem der größten Häfen der Welt entwickelte. Aus dem Handelsstützpunkt Hyogo jenseits der Bucht von Osaka entstand die große Hafenstadt Kobe. Yokohama und Kobe sind westlichen Ursprungs, genau wie die ausländischen Stützpunkte in China, die unter dem Schutz europäischer und amerikanischer Garnisonen zu Metropolen heranwuchsen.

Die Tokugawa erkannten, dass sie wegen ihrer militärischen Machtlosigkeit die Ausländer nicht aufhalten konnten. Viel zu spät begannen sie mit der Modernisierung der Rüstung, indem sie zunächst eine kleine Flotte nach westlichem Muster bauten. Aber der Hof in Kyoto und die Mehrzahl der Feudalherren, die von der militärischen Übermacht des Westens noch gar nichts mitbekommen hatten, zeigten kein Interesse an der militärischen Modernisierung; sie blieben unversöhnliche Gegner jener Regierung, die das Land den Fremden geöffnet hatte.

DIE *EEJANAIKA*-BEWEGUNG

Die letzten Jahre der Shogunatsregierung der Tokugawa wurden von sozialen Unruhen erschüttert, die die japanische Gesellschaft ins Wanken brachten. Die Anwesenheit von Menschen aus dem Westen auf japanischem Boden, Preisanstiege, Morde, Bürgerkriege und Naturkatastrophen (das große Erdbeben von 1855, die Cholera-Epidemie von 1858) schürten eine Weltuntergangsstimmung. Auf diese Situation reagierte das Volk auf erstaunliche Weise. Vom Sommer 1867 bis zum Herbst 1868 gaben sich Dorf- und Stadtbewohner der japanischen Inseln spontanen Freudenausbrüchen hin, sie sangen, tanzten und staffierten sich mit extravaganter Garderobe aus. Zur Bezeichnung dieses Phänomens verwendeten Historiker den Begriff *eejanaika*, ein Wort, das etwa „Warum nicht? Ist doch großartig!" bedeutete und das oft in den Gesängen der jubelnden Menge vorkam. Ausgelöst wurde die Volksbewegung *eejanaika* von dem Gerücht, es seien Papieramulette der beiden großen Schreine von Ise als Zeichen einer besseren Zukunft vom Himmel gefallen. Dieses glückliche Vorzeichen sollte gefeiert werden. Einige Historiker vertreten die Theorie, die Bewegung sei von den Gegnern des Shoguns von Edo gefördert worden, um seine Macht zu erschüttern.

Der Zweig der Tokugawa-Familie in Mito führte die Opposition innerhalb der Edo-Regierung an. 1860 ermordeten Männer aus Mito den Ministerpräsidenten, der neue Handelsverträge abgeschlossen hatte. Andere unversöhnliche Konservative aus Satsuma im Süden Kyushus ermordeten 1862 bei Yokohama einen Engländer. Derweil feuerten die Forts des Fürstentums Choshu in Westhondo auf europäische Schiffe, die durch die Straße von Shimonoseki am Westausgang der Inlandsee fuhren. Der Hof in Kyoto, der seine Autorität wachsen fühlte, forderte von Edo, die Ausländer zu vertreiben. Der Kaiser lud sogar erstmalig den Shogun nach Kyoto vor, und der Shogun zeigte durch seinen Gehorsam, wie weit die Edo-Regierung bereits die Autorität des Kaisers anerkannte.

Der Kaiser gegen den Shogun

Der Sturz der Tokugawa beruhte nicht auf einer Lähmung des Staatsapparats – ihre Herrschaft zerfiel von dem Moment an, in dem die Bevölkerung das Vertrauen in sie verloren hatte. Sie waren offiziell für die Verteidigung des Kaisertums verantwortlich, hatten sich aber als unfähig erwiesen, die Sicherheit des Landes zu gewährleisten, indem sie dem amerikanischen Druck nachgegeben und einem ausdrücklichen Befehl des Kaisers zuwidergehandelt hatten. Diese „Verfehlungen" waren Anlass für Angriffe aus dem Volk, die sich in der doppelten Forderung äußerten: „Ehrt den Kaiser!" *(sonno)* und „Hinaus mit den Barbaren!" *(joi)*. Selbst unter den Anhängern des Shoguns machte sich der Einfluss shintoistischer Historiker und Propagandisten bemerkbar, sodass sogar in der engeren Umgebung des Shoguns dessen Legitimität angezweifelt wurde. Die früher allmächtigen Truppen von Edo hatten ihre Schlagkraft verloren, nachdem sie zwei Jahrhunderte lang ohne Aufgabe gewesen waren. Die Entscheidungsschwäche lähmte die Räte und Versammlungen. Diese Situation gab den unzufriedenen Fürsten am Hof von Kyoto und den ehrgeizigen Samurai Auftrieb, die im Besitz der großen Güter des Westens waren und die Herrschaft der Tokugawa nur widerwillig akzeptiert hatten. Sie schlossen sich zusammen, um das zum Untergang verurteilte Shogunat zu stürzen und seine Macht unter sich aufzuteilen. Ihr Schlachtruf – „Einheit des Hofs und des Militärs!" – ließ eine Aufteilung der Macht zwischen Edo, Kyoto und den Daimyos vermuten. Einige der radikalen Verfechter träumten davon, den Shogun ganz abzuschaffen.

JAPAN UND AMERIKA
Diese Persönlichkeiten waren Mitglieder der ersten japanischen Delegation, die in die Vereinigten Staaten geschickt wurde (1860). Anschließend entsandten die Tokugawa fünf weitere Missionen. Vier der insgesamt sechs Gesandtschaften sollten Handelsgespräche führen, zwei widmeten sich der Aufgabe, Kontakte anzuknüpfen.

Der Umsturz wurde von jungen Samurai vorangetrieben, die aus einfachen Verhältnissen stammten, in erster Linie aus den Clans Satsuma und Choshu, aber auch aus dem Clan Tosa von Shikoku. Es ist schwer verständlich, wie diese Männer dazu kamen, in einem so wichtigen Moment der japanischen Geschichte eine solch entscheidende Rolle zu spielen, während die etwa 260 anderen Großgrundbesitzer sich abwartend verhielten. Man könnte vermuten, dass die erstgenannten Clans wegen ihrer herausragenden Größe das Recht darauf hatten, in der Krise eine aktive Rolle zu übernehmen. Die Clans Satsuma und Choshu verfügten über eine große Klientel von Samurai und hatten es geschafft, die alten Feudalbande aufrechtzuerhalten. Außerdem hatten sie den Tokugawa schon immer sehr feindselig gegenübergestanden. Zudem waren ihre finanziellen Ressourcen groß genug, um sich für den bevorstehenden Konflikt mit westlichen Waffen auszurüsten.

Die jungen Samurai sammelten ihre Clans zum Angriff auf das Shogunat um sich. Sie intrigierten am Hof von Kyoto und stellten die Autorität der Edo-Regierung auf die Probe. Der Frieden während der Tokugawa-Zeit war 1863 zu Ende, als die Anhänger des Shoguns sich wehrten und den Choshu-Clan aus Kyoto vertrieben. Die Lage spitzte sich zu; Edo musste eine große Armee aufstellen, um den Choshu-Clan zu unterwerfen. Der erste Feldzug erfolgte im Winter 1865/66 und endete mit einem Kompromiss. Ein zweiter Feldzug im Sommer zwang die Mächtigen von Edo zur Flucht. Ein einziger Aufstand genügte, um die Autorität des Shoguns zu unterhöhlen und ins Wanken zu bringen.

Der Sieg des Choshu-Clans im Sommer 1866 erklärt sich auch aus der wohlwollenden Neutralität, die ihm der Satsuma-Clan in geheimen Verhandlungen zugesichert hatte. Eineinhalb Jahre später verübten die Satsuma, Choshu, Tosa und einige andere – zum Teil Verwandte des Shoguns – gemeinsam in Kyoto einen Staatsstreich. Am 3. Januar 1868 verkündeten sie die Restauration der Kaiserherrschaft. Der Shogun aus dem Zweig der Mito, die von jeher der kaiserlichen Dynastie verbunden waren, schien zur Abdankung bereit. Die letzten Verteidiger des Shogunats begannen jedoch, Widerstand zu üben. Sie wurden aber bei Kyoto von der Koalition der südlichen Clans geschlagen, die auf Edo zumarschierten.

Im Norden bewaffneten sich einige Clans, um das Regime zu verteidigen, und auch die Marine unterstützte bis zum Frühjahr 1869 in Hokkaido den Widerstand des Shoguns. Die Tokugawa und ihre Anhänger organisierten jedoch keine Gegenoffensive gegen die Aufständischen. Das Shogunat, das zwei Jahrzehnte zuvor noch fest etabliert schien, war fast ohne Blutvergießen gestürzt worden.

Die Einsetzung einer neuen Regierung erwies sich als schwierig. Die neue Führungselite rekrutierte sich aus Samurai südlicher Clans und höfischen Würdenträgern. Keiner von ihnen hatte Regierungserfahrung. Ihr Plan einer kaiserlichen Restauration, der auf einer vagen Erinnerung an die Geschichte des Mittelalters beruhte, war durch kein Handlungsprogramm untermauert. Die Mehrheit der Güter hatte sie nicht unterstützt und begegnete ihnen mit Misstrauen. Ständig zeigte die Nation ihren Unwillen über ausländische Präsenz, die nicht mit den Traditionen übereinstimmte.

In der neuen kaiserlichen Regierung stand der Kaiser natürlich im Mittelpunkt – die wieder hervorgeholte Theorie von der Kaiserherrschaft hatte den Sturz der Tokugawa schließlich erst ermöglicht. Der Staatsstreich und die folgende Zeit werden allgemein als

PORZELLAN AUS ARITA
Dieses Porzellan (19. Jh.) ist typisch für die neue Zeit. Die Inschrift in der Mitte lautet: „Unter unserem Dach befinden sich Japan und der Westen.“ Darüber wird eine Ansicht der Neuen und der Alten Welt gezeigt.

BEQUEMLICHKEIT FÜR DIE AMERIKANISCHEN MILITÄRS *Dieses Foto wurde um 1875 aufgenommen. Einige Jahre zuvor hatte der Japaner Izumi Yosuke die erste Rikscha entwickelt. Diese Fahrzeuge ersetzten die bis dahin üblichen Sänften. Schon bald wurden Rikschas in großer Stückzahl produziert und nach Asien verkauft.*

„Meiji-Restauration" bezeichnet. Das Wort Meiji benennt die neue Ära der japanischen Geschichte, die 1868 begann, und ist zugleich der posthume Name des jungen Kaisers, der ein Jahr zuvor den Thron bestiegen hatte. Niemand hatte geglaubt, dass der 15-jährige Junge tatsächlich die Macht ausüben würde. Die Japaner hatten sich viel zu sehr an Vertreter und Gremien gewöhnt, als dass sie ihm eine Aussicht auf die Herrschaft zugetraut hätten. Rückblickend ist es schwer, die Motive der Männer zu ermitteln, die die Drahtzieher der kaiserlichen Restauration waren. Sie scheinen den Kaiser wirklich verehrt zu haben und waren davon überzeugt, dass tatsächlich alle Macht von ihm ausging.

Unter den Hofadligen, die sich um den Kaiser sammelten, waren einige fähige, kluge Köpfe. Iwakura war bis zu seinem Tod 1883 die beherrschende Persönlichkeit der neuen Regierung. Später wurden der Fürst Saionji und Konoe (Fumimara), zwei Nachfahren der berühmten Fujiwara-Familien, die Ministerpräsidenten des neuen Japan. Doch ansonsten schien es den Kyotohöflingen an Erfahrung und auch an dem Ehrgeiz zu fehlen, an der Regierungsarbeit maßgeblich mitzuwirken. Einige außen stehende Daimyos beteiligten sich daran, aber nur wenige waren wirkliche politische Persönlichkeiten. Die gehobenen Posten in der Regierung wurden meist von kaiserlichen Prinzen, von Hofedlen und den Daimyos eingenommen, aber die tatsächliche Führung lag in den Händen einer Gruppe junger Samurai, die schon die Politik von Satsuma, Choshu und anderen Clans bestimmt hatten. Zu den wichtigsten zählten Okubo und Saigo aus dem Satsuma-Clan und Kido aus dem Choshu-Clan, die ihre Güter geführt und gegen die Tokugawa intrigiert hatten. Sie stammten aus den unteren Schichten der Samurai-Klasse und verfügten über einen scharfen politischen Verstand. Sie waren in einer unruhigen Zeit aufgewachsen, in der taktisches Geschick den Schlüssel zum Erfolg bildete. 1868 waren diese Männer zwischen 27 und 41 Jahre alt, im Durchschnitt also außergewöhnlich jung, was sicher zu ihrer Fähigkeit beitrug, sich an Veränderungen anzupassen. Sie hielten Talent für wichtiger als Herkunft und vertraten Ideen, die für ihre Zeit revolutionär waren.

Revolution gegen Tradition

Die Veränderungen, die unter der Herrschaft dieser Männer in Japan eingeführt wurden, erwiesen sich wirklich als revolutionär. Im Unterschied zu den europäischen Revolutionen des 19. Jh. kam die Meiji-Restauration jedoch nicht von unten. Sie hatte auch nichts mit den Revolutionen gemein, die China und andere asiatische Länder später erlebten. In China war die Mandschu-Dynastie seit dem 19. Jh. im Niedergang begriffen, aber das imperiale System musste dem Druck revolutionärer Ideen aus Europa erst nachgeben, als einige Jahrzehnte lang politisches Chaos geherrscht und ausländische Mächte das Land geschröpft hatten. In allen anderen Ländern Asiens war die Revolution nur der verspätete Ausdruck eines Nationalismus, der gegen die Kolonialherrschaft und westliches Gedankengut aufbegehrte. In Japan dagegen führten einige Männer aus den unteren Schichten der alten Aristokratie eine eigenständige Revolution durch, die zugleich die alte Regierung ohne Blutvergießen beseitigte und eine neue Regierung stellte, ohne dass die Bevölkerung beteiligt war. Die japanische „Revolution" von oben hat Menschenleben und materielle Güter verschont. Ferner hatten die Japaner einen wichtigen Vorteil gegenüber den Chinesen. Im Gegensatz zu diesen, die sich immer als alleinige Vertreter der Zivilisation betrachtet hatten, begriffen die Japaner sofort, welche Lehre sie aus der politischen und wirtschaftlichen Erfahrung des Westens zu ziehen hatten. Da sie aufgrund ihrer Orientierung an China daran gewöhnt waren, Kenntnisse aus dem Ausland zu übernehmen, war ihnen schnell klar, dass der beste Weg, dem Westen Widerstand zu leisten, darin bestand, ihr Land und die Wirtschaft dem westlichen Vorbild entsprechend umzugestalten.

Neue Mode
Die westliche Kleidermode hat in Japan bisweilen zu einer gewissen Verwirrung der Geschlechter geführt. Die hier gezeigte Japanerin hat möglicherweise einmal etwas von ihrer Zeitgenossin George Sand gehört.

Die Führer des neuen Japan waren alle von derselben Feindseligkeit gegenüber den Tokugawa, von derselben Verehrung für den Kaiser und von demselben Willen beseelt, die „Barbaren" *(joi)* hinauszuwerfen. Einige von ihnen hatten sich an Schlachten gegen westliche Mächte beteiligt, aber schon vor ihrer Machtergreifung 1868 hatten sie die Sinnlosigkeit dieser Vorgehensweise begriffen. 1863 hatte eine britische Flotille Kagoshima, die Hauptstadt von Satsuma, als Vergeltung für die Ermordung eines Engländers bombardiert. Im folgenden Jahr beschossen ausländische Kriegsschiffe Shimonoseki wegen des Angriffs von Choshu auf westliche Handelsschiffe. Die jungen Adligen von Satsuma und Choshu mussten ohnmächtig erkennen, wie schutzlos sie gegenüber der Flottenmacht des Westens waren. Ihnen wurde klar, dass sie umdenken mussten: Sie wandten sich von der engstirnigen Isolierungspolitik ab und machten sich unverzüglich daran, die Technik der Kriegführung zu studieren, die den Westen so stark gemacht hatte.

Das Geschlecht der Tokugawa

Das Triptychon von 1875 ist eine Darstellung der 15 Shogune aus dem Clan der Tokugawa, die Japan 1603–1867 regierten. In der Mitte ist Tsunayoshi (1646–1709), der fünfte Shogun, zu erkennen. Er trug den Spitznamen „Hunde-Shogun", weil er aus Mitleid mit allen Lebewesen gigantische Hundezwinger in den Stadtvierteln von Edo errichten ließ.

Satsuma ließ eine eigene, nach modernen Grundsätzen erbaute kleine Flotte vom Stapel. In Satsuma begannen derweil jene jungen Offiziere ihre Laufbahn, die sie als Kommandeure der kaiserlich-japanischen Marine des 20. Jh. beenden sollten. In ähnlicher Weise gab Choshu sein System einer kleinen Kriegerkaste auf und begann, aus der Bauernschaft und den Samurai ein modernes Heer zu rekrutieren, das gemäß europäischer Kriegswissenschaft ausgebildet wurde. Der Erfolg wurde sichtbar, als Edo 1866 Truppen entsandte, um Choshu wegen seiner Umtriebe gegen die Tokugawa zu maßregeln. Die Samurai, die als Offiziere die neuen Einheiten anführten und zur Keimzelle des Generalstabs des kaiserlich-japanischen Heers wurden, hatten ihre Einstellung bereits geändert. Die Männer des Choshu-Clans leiteten die militärische und soziale Revolution ein, die die letzten Reste der feudalen Ordnung in Japan beseitigen sollte.

Die Führer der Meiji-Zeit hatten die höchsten Ämter inne und machten sich zuerst an die Aufgabe, das Militär zu Land und zur See auf westliches Niveau zu heben. Sie waren ganz besessen von der Idee, ein Japan zu schaffen, das auch in der modernen Welt mitreden konnte. Da sie der Tradition und der Erziehung nach Krieger waren, dachten sie zunächst aus dem Blickwinkel einer Militärmacht, erkannten aber bald die wirtschaftlichen, sozialen und geistigen Aspekte als Voraussetzungen für militärische Stärke. Diese Einstellung kommt in folgendem volkstümlichem Leitmotiv zum Ausdruck: „*Fukoku kyohei*", „Ein reiches Land und eine starke Armee".

Die zweite Aufgabe der Reformer bestand darin, die Verwaltung und die Grundlagen der nationalen Einheit zu erneuern. Die Institutionen des Shogunats waren zusammengebrochen, und die alten Feudalbezirke stellten ein Hindernis für die Modernisierung des Landes dar. Die Führer des Meiji-Japan richteten ihr Hauptquartier in Edo ein, das schon lange die politische Hauptstadt des Archipels gewesen war. Die neue Regierung schreckte trotz der Unterstützung, die ihr die Vertreter der militärischen Schicht gewährt hatten, nicht davor zurück, sich große Teile der Güter des Shoguns anzueignen. Außerdem zwang sie die reichen Kaufleute dazu, ihr einen Kredit zu geben, was die Daimyos und Sho-

gune zuvor ebenfalls mehrfach getan hatten.

Zur Stützung der kaiserlichen Restauration wurden die Funktionen und Ämter des 8. Jh. wieder eingeführt. Zu jener Zeit hatte der kaiserliche Hof selbst die Herrschaft ausgeübt. Nun wurden die meisten Titel nur noch ehrenhalber verliehen. Ferner versuchte die Regierung, mit den Institutionen des Westens zu experimentieren. Eine Versammlung von Delegierten der Feudalgüter wurde einberufen, aber sie spielte keine bedeutsame Rolle. Der Versuch, eine Gewaltenteilung nach amerikanischem Vorbild einzuführen, hatte weitaus mehr Verwirrung als Effizienzsteigerung zur Folge. Vorläufer von Ministerien erhielten den Auftrag, spezielle Aufgabenfelder zu betreuen. Aber die alte japanische Tradition, Entscheidungen im Kollektiv zu fällen, gewann rasch wieder die Oberhand. Alle wichtigen Entscheidungen wurden letztlich von informellen Gruppen getroffen, die sich aus den ranghöchsten Schichten der Gesellschaft rekrutierten. Die höchsten Ämter wurden von Adligen ausgesuchter Höfe, beispielsweise von Iwakura, bekleidet, während die meisten Samurai aus den Clans der Satsuma, Choshu und ihrer Verbündeten sich wegen ihrer bescheidenen Herkunft mit zweitrangigen Ämtern begnügen mussten. Als Berater, Staatssekretäre und Ministerialdirektoren konnten sie auf die politischen Weichenstellungen von großer nationaler Bedeutung keinen entscheidenden Einfluss nehmen.

Die Unterdrückung zahlreicher Feudalherren des alten Regimes und die Abschaffung des alten Feudalsystems schienen die unerlässliche Voraussetzung für die politische, wirtschaftliche und vor allem militärische Modernisierung des Archipels zu sein. Im März 1896, kaum ein Jahr nach der Machtübernahme, begannen die jungen Samurai das feudale System, unter dem sie groß geworden waren und dem sie ihre führende Rolle in der Gesellschaft verdankten, zu beseitigen. Sie überredeten die Daimyos von Satsuma, Choshu, Tosa und Hizen, ihre Lehnsgüter dem Kaiser zu übergeben; die übrigen Daimyos fühlten sich moralisch gezwungen, es ihnen gleichzutun. So wurde die Zerteilung Japans in feudale Fürstentümer mit einem kühnen Streich aufgehoben. Tatsächlich wurden die Daimyos allerdings für eine Übergangszeit zu Statthaltern ihrer alten Lehnsgüter mit einem Zehntel ihrer früheren Einkünfte ernannt. Zwei Jahre später, 1871, wurden die Fürstentümer gänzlich abgeschafft; das Land wurde politisch neu in Präfekturen *(ken)* eingeteilt, die der direkten Kontrolle Tokios unterstanden. Das war das Ende der Daimyos als Feudalherren.

Die Daimyos zu entmachten war weitaus leichter als die Vorrechte der Samurai zu beschneiden. Die Samurai stellten etwa sechs Prozent der Gesamtbevölkerung und bildeten eine mächtige Klasse von Würdenträgern, die nach und nach die militärische Macht, die politische Herrschaft und den intellektuellen Einfluss monopolisiert hatte. In ihrer Gesamtheit besaß diese Klasse ein bedeutendes Vermögen, dessen Verbleib innerhalb der Klasse durch das Erbschaftssystem gesichert war. Dies gilt auch, wenn man berücksichtigt, dass zahlreiche einzelne Samurai sich mit dürftigen Einkünften zufrieden geben mussten.

Der Choshu-Clan hatte bereits den Weg gewiesen, wie man den Samurai den Status des Kriegeradels nehmen konnte. Anfang 1873 fühlte sich die Regierung sogar stark genug, die allgemeine Wehrpflicht einzuführen. Diese Reform war noch mutiger als die vorangegangenen. Unter der Führung tüchtiger junger Offiziere, wie Yamagata aus Choshu, wurde aus der Bauernschaft ein Heer rekrutiert. Gleichzeitig befreite die Regierung wirtschaftliche Unternehmungen von einigen sozialen Zwängen. 1871 wurde die Gleichheit aller Bürger vor dem Gesetz verkündet, auch der *eta (burakumin)*, den japanischen Parias, die noch etwa zwei Prozent der Bevölkerung ausmachten. Von 1876 an mussten die Samurai auf das Tragen des Säbels verzichten, was bis dahin das Kennzeichen ihres privilegierten Status gewesen war.

Mit der Herabstufung zu einfachen Staatsbürgern verloren die Samurai auch ihre wirtschaftlichen Privilegien. 1869 reduzierte die Regierung ihre Pensionen deutlich. 1876 folgten weitere finanzielle Rückstufungen. Doch selbst nach diesen Reformen stellten die Pensionen der Samurai und der Daimyos eine große Last für den Staatssäckel dar. Mit einer radikalen und endgültigen Beseitigung des alten Feudaladels hätte der Staat mit Sicherheit viel Geld sparen können. Andererseits bewahrte das „angenehme Schicksal" der alten privilegierten Adelsklassen die japanische Gesellschaft vor größeren Unruhen

KIMONO

(S. 124) Der Kimono gehört zu den schönsten Erzeugnissen des japanischen Handwerks. Die kostbarsten Kimonos sind aus Seide und reich verziert. Man trägt sie noch heute bei offiziellen Festen, etwa beim Tempelbesuch im Neuen Jahr, oder bei privaten Anlässen wie z. B. einer Hochzeit.

GESELLSCHAFTLICHE DISKRIMINIERUNG

Die noch heute herrschende Diskriminierung der Parias in Japan ist ein Tabuthema, über das sich die Japaner nicht gern äußern. Trotz der Demokratisierung und der offiziellen Abschaffung dieser Bevölkerungsgruppe 1871 gibt es nach wie vor 3 Mio. Japaner, die sich äußerlich nicht von den anderen unterscheiden. Dennoch wird jeder Kontakt mit diesen Menschen vermieden. Sie leben in Gettos und arbeiten als Gerber oder Müllmann, in Berufen, die bei ihren Landsleuten schlecht angesehen sind. Im Allgemeinen wollen die Japaner *burakumin* weder beschäftigen noch sich mit ihnen verheiraten, weil sie als schmutzig, gewalttätig, einfältig und schlecht erzogen gelten. Das Phänomen der Diskriminierung der als unrein betrachteten Japaner scheint mindestens bis in die Antike zurückzureichen. Damals gab es eine Bevölkerungsschicht am Rand der Gesellschaft, etwa Grabwächter, Sklaven oder Lederarbeiter, die wegen ihrer Tätigkeit oder ihres niedrigen gesellschaftlichen Ranges als minderwertig galten. Auch im Mittelalter verachtete man Berufe, die mit Blut und Tod zu tun hatten. Dies galt auch für Volksgruppen wie Bettler, Gaukler und Prostituierte. Ab der Tokugawa-Zeit erfolgte eine systematische Diskriminierung. Man unterschied offiziell zwei Gruppen von Parias. Die *eta* (die Beschmutzten) übten Berufe aus, die neben der Schlachtung von Tieren und der Lederbearbeitung auch mit der Bewachung und Hinrichtung von Gefangenen zu tun hatten. Die *hinin* (Nicht-Menschen) waren Vagabunden oder Komödianten. Die heutigen *burakumin* sind Nachkommen der Parias aus der Edo-Zeit. Das Phänomen der gesellschaftlichen Ausgrenzung erklärt sich zum Teil dadurch, dass in Japan die shintoistische Ablehnung der Unreinheit und das buddhistische Gebot der Achtung vor dem Leben nebeneinander existieren.

DIE LETZTEN TAGE DER SAMURAI
Dieses Foto wurde um 1875 aufgenommen, zu einer Zeit, als die Samurai alle ihre Privilegien verloren. Der Samurai, der sich hier ablichten ließ, wusste vielleicht noch nicht, dass er bereits ein Opfer der modernen Zeit geworden war.

wie etwa solchen, unter denen Frankreich nach dem Sturz des Ancien Régime zu leiden hatte.

Dank ihrer politischen Erfahrung und ihres hohen Bildungsniveaus konnten sich die Samurai bestimmte Machtpositionen innerhalb des neuen Regimes sichern. Ein großer Teil von ihnen trat in das Offizierskorps von Heer und Flotte ein oder ging zur Polizei, was ein hohes Ansehen mit sich brachte. Einige Samurai wurden reiche Geschäftsleute, während andere ihren Einfluss in den Bildungseinrichtungen und im intellektuellen Leben des Landes geltend machten. Zahlreiche Samurai aber waren unfähig, sich an die neuen Bedingungen anzupassen, und stiegen gesellschaftlich in die Schichten des einfachen Volks ab. In dem Zeitraum von ein bis zwei Generationen verschwand die Kluft zwischen den Samurai und den Nichtadligen vollständig.

Die Enteignung privilegierter Schichten durch die Regierung stieß bei vereinzelten Gruppen aber auch auf Widerstand. Die unversöhnlichen Konservativen unter den Samurai forderten unter Gewaltandrohung die Macht der neuen Regierung heraus. Es ist bezeichnend, dass die Unruhe hauptsächlich von den alten Feudalgütern des Südens ausging, aus denen die neue Elite hervorgegangen war. In diesen Regionen konnte man die neue Machtposition der Reformer nur schwer akzeptieren, an deren bescheidene Herkunft man sich erinnerte. Die größte und letzte Samurai-Erhebung ereignete sich 1877 in Satsuma selbst, wo sich 40 000 unzufriedene Konservative um Saigo sammelten, der eine erbitterte Feindschaft gegen die Regierung hegte, die er vier Jahre zuvor verlassen hatte. In einer blutigen Schlacht wurden die Aufständischen vom neuen Bauernheer vernichtend geschlagen. Die Niederlage besiegelte den Untergang des japanischen Ancien Régime.

Wirtschaftlicher Aufschwung und technische Nachahmung

In kaum zehn Jahren hatten sich die Meiji-Reformer von dem veralteten System befreit. Eine neue Ordnung war allerdings noch nicht errichtet. Die neue Elite sah sich erst am Anfang des Prozesses, der die wirtschaftliche Entwicklung des Landes vorantreiben sollte.

Im Gegensatz zu Ländern, die Mitte des 20. Jh. mit der Modernisierung begannen, erhielt Japan keine finanzielle oder technologische Unterstützung aus dem Ausland. Die Japaner, die den westlichen Imperialismus und seinen Unterwerfungsdrang fürchteten, lehnten ausländische Kredite in den 1870er-Jahren mit Recht ab. Der Westen, der dem Reich der aufgehenden Sonne misstrauisch gegenüberstand, bewilligte Kredite nur mit außerordentlich hohen Zinsen. Die einzige Möglichkeit für die Japaner, sich mit den neuesten Errungenschaften der Wissenschaft vertraut zu machen, bestand darin, Fachleute ins Land zu holen. Und da der Archipel für Ausländer wenig attraktiv war, konnten die europäischen und amerikanischen Experten nur durch besonders hohe Gehälter angelockt werden. Das bedeutete, dass Japan seinen wirtschaftlichen Aufschwung finanzieren musste, indem es auf seine eigenen Ressourcen zurückgriff.

Dem Archipel spielte jedoch ein Zufall in die Hände. Während der 1860er-Jahre grassierte in Europa eine Krankheit des Seidenspinners, die zu einer gesteigerten Nachfrage nach Seide und Kokons aus Japan führte. Die Seideproduzenten im japanischen Bergland nahmen die Herausforderung an. Ihre Leistungen führten dazu, dass die Handelsbilanzen mit dem Westen sogar Überschüsse aufwiesen. In den 1870er-Jahren verschwand die Epidemie aus Europa, und damit ging auch die Nachfrage wieder zurück. So mussten sich die japanischen Seideproduzenten eine neue Marktlücke suchen. Sie begannen mit der Mechanisierung der Seidenzwirnerei, um Fäden von größerer Regelmäßigkeit und höherer Qualität als andere asiatische Länder zu produzieren. Auf diese Weise erkämpfte sich Japan die beherrschende Stellung auf dem westlichen Seidenmarkt. Bis zur Mitte des 20. Jh. war Seide das wichtigste Exportgut Japans. Die 1870er-Jahre zeigten insgesamt jedoch eine Verschlechterung der japanischen Handelsbilanz. 1866 hatten die europäischen Länder dem Shogun einen Handelszoll von fünf Prozent aufgezwungen. Die darauf folgende Importflut drohte die traditionelle Wirtschaft des Landes zu ruinieren. Eine Industrialisierung schien daher unvermeidbar. Einige Führer des Landes hofften, dass die modernen Fabriken die Samurai beschäftigen würden, da deren Finanzlage immer ernster wurde.

SILBERNER YEN
Dieses Silberstück ist eine der ersten Münzprägungen der Meiji-Regierung. Die Aufschrift lautet: „Großes Japan. Drittes Jahr der Meiji-Zeit (1870), ein Yen.“

Schon vor der Restauration hatten der Shogun und einige Daimyos mit dem Aufbau einer Rüstungsindustrie begonnen. Es entstanden Munitionsfabriken und Schiffswerften. Auch die ersten Fabriken zur Baumwollverarbeitung wurden in Betrieb genommen. Die neue Regierung führte vereinzelte Versuche mit neuen Techniken durch, koordinierte und erweiterte sie. Sie ließ Testfabriken errichten, um mit der Seidenzwirnerei, der Fadenherstellung, dem Nähen und anderen spezialisierteren Techniken zu experimentieren. Mit Ausnahme der Seidenzwirnerei erwiesen sich die Bemühungen jedoch rasch als unfruchtbar.

Die größten Erfolge konnte die Regierung bei der Schaffung einer modernen ökonomischen Infrastruktur verzeichnen. 1871 experimentierte das Land mit einem neuen Währungssystem. Die Grundeinheit, der Yen, behielt ein halbes Jahrhundert lang unverändert den Wert von einem halben amerikanischen Dollar. Von der Hauptstadt aus entwickelte sich ein modernes Bankwesen. Die Reformer trieben auch die Entwicklung der

Infrastruktur voran. Sie legten das Fundament für ein Postwesen nach europäischem Vorbild, schufen ein Telegrafennetz, das sich über den ganzen Archipel erstreckte, und erneuerten die bestehenden Hafenanlagen. 1872 weihte die Regierung eine Eisenbahnlinie zwischen Tokio und seinem Hafen, Yokohama, ein. Damit war der Grundstein für ein Eisenbahnnetz gelegt, das sich zu den modernsten der Welt entwickeln sollte.

1873 wurde das alte Steuersystem abgeschafft, das die Abgaben noch proportional zu den Ernteeinnahmen forderte. Stattdessen wurde nun eine Grundsteuer eingeführt, die in bar und unabhängig vom Ernteergebnis zu zahlen war. Der Kleinbesitz der Landbauern, der während der Tokugawa-Zeit entstanden war, wurde offiziell anerkannt und rechtlich verankert. Von den späten 1870er-Jahren an verringerte die Inflation die Last der neuen Steuern immer mehr und ermöglichte es der Landbevölkerung, ihre technische Ausstattung zu vergrößern. Außerdem wurde die landwirtschaftliche Produktion während der Folgejahrzehnte durch die Verbesserung des Verkehrswesens, die Beseitigung der letzten Hemmnisse, die die Verbreitung neuer Techniken und die Ausweitung der Anbaufläche behinderten, konstant gesteigert.

BLUMENSCHALE
In der Meiji-Zeit wurden Ziergegenstände in den Westen exportiert oder auf Ausstellungen präsentiert. Sie dienten als Anregung, hier Christopher Dressler zur Schaffung einer Blumenschale aus Porzellan.

Die gesamte japanische Wirtschaft schien vom Geist der Modernisierung und Expansion ergriffen. Von 1870 an machten sich jedoch finanzielle Probleme bemerkbar. Die Regierung musste die Schulden des Shogunats tilgen und große Geldsummen an den Westen bezahlen. Die Strukturreformen und die militärische Erneuerung belasteten den Staatshaushalt schwer. Die meisten Industrieanlagen wurden durch ein chronisches Defizit finanziert. Darüber hinaus mussten die ausländischen Fachleute bezahlt, die Umgestaltung von Hokkaido finanziert, das alte Regime liquidiert, die Daimyos und Samurai entschädigt und die Truppen bezahlt werden, die den Satsuma-Aufstand niederschlagen sollten. All diese Ausgaben trugen zur Schwächung des Staatshaushalts bei. Sie führten zu einer gefährlichen Inflation und zur Abwertung der neuen Papierwährung.

Das Finanzwesen verlangte tief greifende Maßnahmen, die von dem Ex-Samurai Matsukata eingeleitet wurden. 1881 übernahm er das Finanzministerium und schlug einen strengen Sparkurs ein. Er kürzte die Staatsausgaben drastisch und verkaufte die meisten Testfabriken, die bislang Staatseigentum gewesen waren, an Privatpersonen. Nur die Rüstungsindustrie blieb in den Händen der Regierung. Mithilfe der Reformen war die finanzielle Erneuerung um 1890 abgeschlossen.

Ein weiteres Ergebnis der Finanzreformen war die Konzentration der entstehenden Industrie auf wenige Investoren. Die staatlichen Unternehmen wurden weit unter dem Wert des Kapitals verkauft, das in sie investiert worden war. Die Regierung musste das Defizit berücksichtigen, das die Unternehmen erwirtschafteten, und darauf achten, die wenigen potenziellen Käufer nicht abzuschrecken.

Diese hatten somit das große Glück, unter äußerst günstigen Bedingungen investieren zu können, was es ihnen ermöglichte, viele der an sie abgetretenen Fabriken zu sanieren und rentabel zu betreiben. Dank einer flexibleren und intelligenteren Führung florierten die meisten an den Privatsektor verkauften Unternehmen prächtig. Um 1885 erlebte die Produktion von Baumwollgarn einen Boom, der auf die anderen Industriezweige übergriff. Um die Jahrhundertwende befand sich Japan unaufhaltsam auf dem Weg zur Industrialisierung. Allerdings konzentrierte sich die wirtschaftliche Aktivität infolge der „Entstaatlichung" unter Matsukata in den Händen einer kleinen Zahl von Geschäftsleuten, die in Japan unter dem Namen *Zaibatsu* bekannt wurden.

TOKIO–YOKOHAMA
1872 eröffnete der Meiji-Kaiser persönlich die erste, 29 km lange japanische Eisenbahnlinie zwischen Tokio und dem neuen Hafen von Yokohama.

Die Unternehmerschaft der Meiji-Zeit teilte sich in vier Gruppen auf. Eine Minderheit stammte aus den großen Kaufmannsfamilien der Tokugawa-Zeit. Diese Handelsdynastien blieben der vorindustriellen Wirtschaft und den traditionellen Handelspraktiken in einem viel zu großen Maß verhaftet, als dass sie sich an die Bedingungen des neuen Zeitalters hätten anpassen können. Die Familie Mitsui, deren Anfänge ins 17. Jh. zurückreichen, zählt zu den wenigen, die ihren Reichtum bewahren konnten. Die zweite Gruppe

JAPAN UND DIE INSEL HOKKAIDO

Bis zum 19. Jh. tauchte Hokkaido auf den meisten Landkarten Japans nicht auf, denn das Gebiet galt als Ausland. In der Tat unterschied sich die Insel, deren Name damals Ezo war, beträchtlich von den anderen. Das Klima war feuchter, Sommerhitze kannte man nicht, es gab keinen Reisanbau. Ihre Bewohner, die Ainu, hatten kaum Ähnlichkeit mit den Japanern von den anderen Inseln des Archipels. Man nannte sie „die Behaarten", sie hatten eine eigene Sprache und eigene Gebräuche, etwa den Bärenkult. Zu Beginn der Tokugawa-Zeit unterstand nur der äußerste Süden der Insel, der zum Lehen des Clans der Matsumae gehörte, dem japanischen Staat. Bald aber wurden begehrliche Blicke auf Hokkaido geworfen, denn man stellte fest, dass die Ainu interessante Erzeugnisse zu verkaufen hatten: getrockneten Lachs, Algen, Heringsspezialitäten, Taschen. Im 17. Jh. waren es die Matsumae, ein Jahrhundert später Kaufleute aus Zentraljapan, die den Ainu ungünstige Tauschbedingungen aufzwangen. Außerdem drangen die Japaner zum Falkenfang gewaltsam in die Jagdgebiete dieses Volkes ein. Diese erste Kolonisierung führte 1669 zu einem großen Aufstand der Ainu. Die Einmischung der Japaner verstärkte sich, als sich die Zentralregierung im ausgehenden 18. Jh. bewusst wurde, dass die Nachbarschaft der Russen zur Bedrohung werden konnte. Um die Insel Ezo besser kennen zu lernen und damit auch besser kontrollieren zu können, entsandten die Behörden ab 1785 mehrere Erkundungsexpeditionen dorthin. Diese Missionen endeten 1807 mit der direkten Übernahme der Insel durch die Regierung in Edo. Vollendet wurde die Unterwerfung und kulturelle Angleichung der Ainu ab 1869, als die neuen Machthaber eine Kommission zur Erschließung Hokkaidos einrichteten. Seitdem wird dort Reis angebaut.

DAS SUMPFLAND VON KUSHIRO
In diesem Sumpfland im Osten der Insel Hokkaido finden sich zwischen Mai und November die Mandschurenkraniche ein. Wie andere Naturgebiete Japans ist auch dieses Gelände heute ein Nationalpark.

von Unternehmern ging aus der ländlichen Kaufmannsschicht hervor, die am Ende der Tokugawa-Zeit entstanden war. Shibusawa beispielsweise stammte aus einer wohlhabenden Bauernfamilie, die in der Nähe von Edo ansässig war. In den letzten Jahren des Shogunats erhielt er den Titel eines Samurai und wurde unter der Restauration zu einem Magnaten der Baumwollindustrie und des Bankwesens. Die dritte Gruppe umfasste Männer von undurchsichtiger Herkunft, die genügend Talent besaßen, um in einer Zeit raschen Wandels ihr Glück zu machen.

Die meisten Unternehmer der Meiji-Zeit jedoch waren Ex-Samurai. Ihre gute Ausbildung und ihre Verbindungen zu den neuen Führern des Landes ermöglichten ihnen einen erfolgreichen Einstieg in das immer kräftiger pulsierende Wirtschaftsleben. Ein Beispiel hierfür ist Iwasaki aus dem Tosa-Clan, der seine Karriere im Schiffbau begann und das Unternehmen Mitsubishi gründete, das sich gleich nach Mitsui zum zweiten japanischen Trust entwickelte.

Die politischen Führer waren sich darüber im Klaren, dass ihre Reformen auf schwachen Füßen standen, solange sich ihre Landsleute mangels hinreichender Ausbildung noch nicht die westlichen Technologien und Ideen angeeignet hatten. Einige von ihnen, beispielsweise Ito aus dem Choshu-Clan, hatten schon vor dem Fall des Shogunats einen Teil ihrer Ausbildung in Europa absolviert. Während der letzten Jahre der Tokugawa-Zeit wurden Beobachter und Gelehrte nach Europa entsandt, um auf Kosten der Regierung oder eines Daimyo die ausländische Wissenschaft und Technik zu studieren. Die neue Regierung betrieb diese Vorgehensweise systematisch weiter.

Die bewusste Hinwendung zur westlichen Schule beschrieb eine unübersehbare Wiederholung dessen, was die Japaner bereits ein Jahrtausend zuvor getan hatten: Sie griffen auf die Tradition der Orientierung am Ausland zurück, die durch die Anziehungskraft der chinesischen Kultur begründet worden war.

Nun aber nahm die Nachahmung ein bedeutend größeres Ausmaß und einen systematischen Charakter an. Die Gelehrten wurden gemäß ihrer Ausbildung und ihrer Spezialisierung sorgfältig ausgewählt. Ebenso bedacht wurden auch die Länder ausgesucht, in die sie geschickt wurden. In England studierten sie das Schiffswesen, in Deutschland Militär und Medizin, in Frankreich die Lokalverwaltung und das Rechtswesen, in den Vereinigten Staaten die Handelsmethoden. Die Welt war für sie eine große Schule – aber sie selbst bestimmten ihren ehrgeizigen Lehrplan.

Die Regierung trug ihren Teil dazu bei, indem sie zahllose Fachleute und Lehrer aus dem Ausland anwarb. Um die hervorragendsten Spezialisten an sich zu binden, zögerte sie nicht, verlockend hohe Löhne anzubieten. Seit der neuen Öffnung des Landes lehrten Hunderte von Missionaren, die in erster Linie aus den Vereinigten Staaten stammten, kostenlos die englische Sprache und andere Fächer. Obgleich das Einreiseverbot für Christen offiziell erst 1873 aufgehoben wurde, hatten protestantische Missionare schon ab 1859 Schu-

MONET UND DIE JAPANISCHE KUNST
Ab 1871 legte sich Monet eine Sammlung japanischer Holzschnitte zu. Von Japan inspiriert, malte er 1876 das Bild Camille im japanischen Kleid *– seine erste Frau in einem üppigen Kimono.*

len gegründet, deren Zahl sich nun rasch erhöhte. Sie boten eine kostenlose Ausbildung, was den Bemühungen der Regierung entgegenkam. Nach und nach wurden die ausländischen Experten und Lehrer, die wegen der hohen Gehälter ins Land gekommen waren, durch ihre japanischen Schüler oder durch Rückkehrer aus dem Ausland ersetzt. Bereits um die Jahrhundertwende stellten die Ausländer nur noch eine kleine Minderheit. Sie waren kaum noch in öffentlichen Institutionen zu finden, sondern lehrten hauptsächlich Fremdsprachen.

1871 schuf die Regierung ein Bildungsministerium und führte die allgemeine Schulpflicht ein. In den folgenden Jahren wurden Tausende von Schulen gebaut und Zehntausende neuer Lehrer ausgebildet. Zu Beginn des 20. Jh. konnten alle japanischen Kinder die Schule besuchen; das Bildungssystem hatte sich etabliert. Dem Aufbau nach war es mit einer Pyramide vergleichbar: Die Basis wurde von sechs obligatorischen Grundschuljahren gebildet, dann folgten fünf Jahre Mittelschule, danach drei Jahre weiterführende Ausbildung, und die Spitze bildete eine universitäre Ausbildung von drei Jahren. Im Jahr 1877 wurde die Universität Tokio durch die Zusammenlegung bereits existierender Institutionen gegründet. Es folgten weitere kaiserliche und später auch zahlreiche private Universitäten.

Das Ausbildungssystem wurde allgemein als ein Instrument des Staatsdienstes betrachtet. Es sollte unterwürfige Staatsbürger hervorbringen, die über eine hohe professionelle Kompetenz verfügten, wie sie ein moderner Staat braucht. Das japanische Bildungssystem war für die Erfüllung genau definierter Bedürfnisse konzipiert. Es sollte zum einen die notwendige Masse qualifizierter Arbeitskräfte liefern und zum anderen eine große Zahl von motivierten Technikern und Führungskräften mit Universitätsabschluss ausbilden. Die Bildungspolitik veränderte die japanische Gesellschaftsstruktur nachhaltig. Innerhalb von nicht einmal zwei Generationen wich die alte gesellschaftliche Klasseneinteilung, die auf dem individuellen Prestige und der Statuserblichkeit beruhte, einer Struktur, die in erster Linie auf dem Ausbildungsniveau beruhte.

DIE FRANZÖSISCH-JAPANISCHEN BEZIEHUNGEN

Schon lange vor der Aufnahme diplomatischer Beziehungen zwischen Frankreich und Japan im Jahr 1858 hatte es Begegnungen von Staatsangehörigen beider Länder gegeben. Zum ersten Kontakt kam es 1585, als eine Delegation japanischer Katholiken in Rom die Vertreter des Königs von Frankreich trafen. 1615 machten katholische Japaner Zwischenstation in Saint Tropez. Nach diesem viel versprechenden Auftakt wurde jedoch Père Guillaume Courtet, der erste Franzose, der japanischen Boden betrat, kurz nach seiner Landung 1637 hingerichtet, weil er nach der Absperrung Japans eintraf. Ab 1858 entwickelten sich die französisch-japanischen Beziehungen hervorragend, vor allem auf wissenschaftlichem Gebiet. In der Meiji-Zeit (1868–1912) leisteten die Franzosen den Japanern auf den Gebieten des Schiffsbaus und der Seidenindustrie entscheidende Hilfe. Die japanische Regierung sicherte sich die Unterstützung französischer Experten, darunter François Léonce Verny (Schiffswerften von Nagasaki und Yokosuka), Paul Brunat (Seidenspinnerei in Tomioka) und Gustave Boissonade. 1924 trug Paul Claudel mit der Einrichtung eines französisch-japanischen Hauses in Tokio zur Festigung der kulturellen Beziehungen zwischen beiden Ländern bei.

Allerdings barg dieses Bildungssystem, das vollständig in den Händen des Staates lag, auch einige Nachteile. Denn die Grenze zwischen Ausbildung und Indoktrination verlief oft fließend. Anstatt sie zum Denken zu erziehen, lehrte die Schule die Jugendlichen, was sie zu denken hatten. Das mechanische Auswendiglernen, das nach wie vor zur Erlernung des Schriftsystems erforderlich war, trug darüber hinaus zur Entwicklung eines passiven Geistes bei. Japan gebührt der traurige Titel, das erste Land der Welt zu sein, das totalitäre Techniken zur geistigen Konditionierung einsetzte und die Schule in ein Instrument der Macht verwandelte.

PORTRÄTGALERIE
Der Schöpfer dieses Holzschnitts von 1879 stellte alle großen Staatsoberhäupter seiner Zeit dar. Mittelpunkt der dreiteiligen Darstellung sind der Kaiser und die Kaiserin von Frankreich, Napoleon III. und seine Frau (stehend).

Die Meiji-Verfassung

Nach der Niederschlagung des Satsuma-Aufstands 1877 blieb das neue Regime politisch stabil. Die Reformen Matsukatas zu Beginn der 1880er-Jahre verschafften ihm eine solidere wirtschaftliche Basis. Nun schien der Moment gekommen, die provisorischen Institutionen abzuschaffen, die das Land seit 1868 geführt hatten.

Doch schon die Idee, eine Verfassung aufzustellen, um dem politischen Leben des Landes einen Rahmen zu geben, war eine westliche Konzeption, die den japanischen Traditionen völlig fremd war. Dennoch stieß sie in Japan auf Zustimmung, denn man betrachtete die parlamentarischen Institutionen als ein Privileg und als entscheidenden Bestandteil der fortgeschrittenen Länder. Man war überzeugt, dass die Aufstellung einer verfassungsmäßigen Regierung und parlamentarischer Institutionen den Westen beeindrucken würde, weil dadurch die Fortschritte des Landes in Richtung Demokratie deutlich würden. Die Japaner hofften, auf diese Weise schneller eine diplomatische Gleichstellung mit dem Westen sowie die Aufhebung der Exterritorialität und der Zollvorschriften zu erlangen, die ihnen einseitig auferlegt worden waren. 1872 reiste Iwakura in die Vereinigten Staaten und nach Europa, wo er sich ein Bild von der Funktionsweise westlicher Regierungen machte und die Revision der aufgezwungenen Verträge forderte. In den 1880er-Jahren entstand in der japanischen Elite eine mächtige Bewegung, die sich für die Aufhebung der Verträge einsetzte. Vorher aber musste Japan sich den Respekt des Westens sichern.

1868 leistete der Kaiser den „Eid der fünf Artikel“, der die Einberufung beschlussfähiger Versammlungen versprach. Mehrmals misslang die Einberufung einer Nationalversammlung. Nachdem die neuen Führer des Landes sich mit der Funktionsweise der repräsentativen Demokratie vertraut gemacht hatten, ließen sie 1879 die ersten Wahlen zu den Generalständen und ein Jahr später die ersten Lokalwahlen abhalten.

1874 trat Itagaki, ein alter Samurai aus dem Tosa-Clan und führendes Mitglied der Regierung, zurück, um eine Oppositionspartei zu gründen. Die Bewegung trat für eine

DER KAISER MEIJI IM KREIS SEINER FAMILIE
Mutsuhito, besser bekannt unter seinem posthum verwendeten Namen Meiji, ist das Symbol der Modernisierung Japans ab der zweiten Hälfte des 19. Jh. Durch sein Einverständnis, sich mit westlicher Haartracht und Kleidung darstellen zu lassen, drückte er seinen Entschluss aus, sein Land in die moderne Zeit zu führen.

repräsentative Regierung ein. Zu Beginn war sie ein Auffangbecken für unzufriedene Samurai, ähnlich wie die Bewegung, aus der der Satsuma-Aufstand hervorgegangen war. Mit der Zeit traten jedoch immer mehr wohlhabende Bauern und Teile der städtischen Kaufmannsschichten der Bewegung bei. Ende der 1870er-Jahre war die „Partei für die Freiheit und die Rechte des Volkes" *(Jiyu-minken-undo)* zu einer einflussreichen Kraft geworden. Sie erhielt die Unterstützung von Intellektuellen wie etwa Fukuzawa, eines Ex-Samurai, der das liberale Denken und westliche Werte in Japan eingeführt hatte. Der Nachwelt ist er auch als Gründer der Universität Keio bekannt.

1879 rief der Kaiser alle Berater zu sich, um ihre Meinungen und Vorschläge zu einer künftigen verfassungsmäßigen Regierung einzuholen. Einer von ihnen, Okuma aus dem Hizen-Clan, verfasste 1881 eine Abhandlung, in der er die sofortige Übernahme des parlamentarischen Systems Großbritanniens forderte. Seinen Vorschlag ergänzte er mit heftigen Angriffen auf ein anderes Regierungsmitglied, das in Hokkaido zum eigenen Vorteil Staatsgüter verkauft haben sollte. Diese Schrift verursachte einen Skandal und eine politische Krise; bei der darauf folgenden Umbildung der Regierung wurde Okuma nicht mehr befragt. Er bildete wie Itagaki eine zweite Oppositionspartei und eiferte auch Fukuzawa nach, indem er die große Privatuniversität Waseda gründete. Um die Lage zu beruhigen, verkündete die Regierung ein Programm, das innerhalb von sieben Jahren in den Aufbau einer konstitutionellen Regierung münden sollte. Außerdem sagte sie zu, bis 1890 eine Nationalversammlung einzuberufen, die letztlich jedoch eher dem konservativen Vorbild Preußens als dem demokratischen Modell Großbritanniens entsprach.

Mit der endgültigen Ausarbeitung einer Verfassung wurde eine neue Generation von Oligarchen betraut, die für die Ablösung der Gründer des Meiji-Regimes sorgten. Die großen Namen der frühen Restauration, wie Saigo und Okubo aus dem Satsuma-Clan oder Kido aus dem Choshu-Clan, verschwanden um 1878 von der politischen Bühne; Iwakura, der berühmte Hofadlige, starb 1883. Ihr Ausscheiden aus der Politik überließ Männern wie Ito und Yamagata aus dem Choshu-Clan und Matsukata aus dem Satsuma-Clan die Macht. Sie bildeten eine homogene Gruppe, die das politische Leben Japans mehrere Jahrzehnte lang beherrschte; man bezeichnete sie als *genro,* den „Rat der Älteren Staatsmänner". Ito wurde mit der Ausarbeitung der neuen Verfassung beauftragt. Zu Beginn seiner Arbeit reiste er in die traditionalistischen Länder Europas. Besonders interessiert war er an Deutschland und Österreich, um sich einen Einblick in deren aktuelle Verfassungstheorien zu verschaffen. Nach seiner Rückkehr versuchte er, die neu entdeckten Strukturen in das politische Leben Japans zu übertragen.

SAKEFÄSSCHEN
Die Geschichte des japanischen Sake ist uralt. Bevor man Sake bei Zechgelagen der Aristokraten am Kaiserhof reichte, wurde er in frühgeschichtlicher Zeit bei shintoistischen Ritualen verwendet. Sake trinkt man kalt oder lauwarm. Bis heute konnten ihm weder Bier noch Wein den Rang ablaufen.

1885 wurde das erste Regierungskabinett unter der Leitung Itos zusammengestellt, der nun das Amt des Premierministers innehatte. Die Oligarchen teilten die Ministerien unter sich auf. Im selben Jahr wurde ein neues Corps von Beamten an der Universität von Tokio ausgebildet. In den 1890er-Jahren begann die Zahl der Diplomierten bereits den Bedarf des Landes zu übersteigen. Auf der Basis eines Systems strenger, aber gleicher Prüfungen wurde ein Auswahlverfahren geschaffen. Des Weiteren wurde das gesamte Rechtswesen des Landes revidiert. Die Oligarchen hofften, durch die Annäherung des japanischen Rechts an das westliche Recht die ausländischen Mächte davon zu überzeugen, das Privileg der Exterritorialität aufzuheben. Die Bemühungen um die Erneuerung des Rechts nahmen mehrere Jahre in Anspruch. Zunächst orientierten sie sich am französischen, später eher am deutschen Rechtswesen. Die japanischen Gesetze wurden schließlich 1899 veröffentlicht.

Eine große Sorge der Verfassungsgründer bestand darin, die Vorrechte des Kaisers – und damit ihre eigene Macht – gegenüber den beschlussfähigen Versammlungen wahren zu können. Diese hielten sie für weniger gut informiert und für die Regierungsarbeit weniger geeignet als den Souverän. Das Jahrzehnt zwischen 1870 und 1880 war von einem Anstieg westlicher Einflüsse gekennzeichnet: Alles, was aus dem Westen kam – Ideen wie Modeerscheinungen –, stand hoch im Kurs und wurde blind übernommen. Ende der 1880er-Jahre wendete sich jedoch das Blatt. Es war der erste einer ganzen Reihe von Meinungsumschwüngen der Japaner gegenüber dem Westen. Der Meinungsumschwung war einerseits für die Verkündung des kaiserlichen Erlasses zur Erziehung (1890), der typisch konfuzianisch geprägt war, und andererseits für die zahlreichen konservativen Akzente der Verfassung Japans von 1889 verantwortlich.

Die Oligarchen erhielten sämtliche Aufgaben des kaiserlichen Hofs aufrecht und gründeten 1888 einen dem Kaiser zur Seite gestellten Geheimen Staatsrat. 1884 wurde ein neuer Adelsstand geschaffen, der im zukünftigen Oberhaus sitzen sollte und als Gegengewicht zum Unterhaus gedacht war. Der Hofadel und die Ex-Daimyos wurden in fünf Adelsränge eingeteilt – welchem Rang jeder Einzelne angehörte, richtete sich nach der Größe seiner ehemaligen Güter und seiner Loyalität gegenüber dem Meiji-Regime. Die politischen Führer, meist ehemalige Samurai, sorgten für ihren eigenen Aufstieg in der neuen Hierarchie; manche gingen sogar so weit, sich den Titel eines Prinzen zu verleihen.

LACKSTUHL
Dieser um 1880 von den Brüdern Herter gefertigte Stuhl belegt die Freude an „japanischem Design". Mit dem Entwurf von Möbeln für amerikanische Familien erwarb die Familie Herter hohes Ansehen.

Die Verfassung, die am 11. Februar 1889 in Kraft trat, wurde als großzügiges Geschenk des Kaisers an sein Volk dargestellt. Sie erläuterte sehr ausführlich die Vorrechte des Kaisers, einer „heiligen und unverletzlichen" Person, die als Ursprung aller Macht angesehen wurde. Die Rechte und Pflichten der Untertanen wurden genauestens definiert, allerdings immer mit der zugefügten Beschränkung: „innerhalb der Grenzen der Legalität". Die große Neuerung, die durch die Verfassung eingeführt wurde, war das Repräsentantenhaus, dessen Mitglieder vollzählig gewählt wurden. Allerdings wurde nur Männern, die mindestens 15,5 Yen direkte Steuern bezahlten, das Wahlrecht eingeräumt. Diese Bedingung reduzierte die Wählerschaft auf 450 000 Männer, etwa sechs Prozent der männlichen Erwachsenen. Das entsprach ungefähr der Zahl der ehemaligen Samurai. Viele der Wähler waren jedoch nichtadliger Herkunft, vor allem reiche Bauern auf dem Land. Das Oberhaus hatte die Funktion, das Repräsentantenhaus zu ergänzen. Beide Häuser zusammen bildeten den Reichstag, dessen Rolle hauptsächlich in der Absegnung des Haushalts und der Steuern bestand.

Die Meiji-Verfassung erinnert an die Anfänge der westlichen Demokratie. Sie ähnelt jedoch eher den Institutionen, die 1889 in den rückständigsten europäischen Ländern existierten, als jenen in den fortschrittlicheren Ländern Frankreich, England und Vereinigte Staaten.

Besonders bemerkenswert ist die Tatsache, dass die Oligarchen sich bereit erklärten, einen Teil der politischen Macht an die Repräsentanten abzugeben, die vom Volk gewählt wurden. Allerdings – und zweifellos nicht ohne Hintergedanken – war der Text der Verfassung hinreichend mehrdeutig formuliert worden, um sicherzugehen, dass sich das Regime auch in Zukunft in den herkömmlichen Bahnen bewegte. Alles beruhte auf der Überzeugung, die Orientierung der japanischen Institutionen an den westlichen werde für die politische Stabilität des Archipels, die Unterstützung der Regierung durch das Volk und eine friedliche Plattform für die Opposition sorgen.

Die Modernisierung des politischen Lebens in Japan spielte eine Rolle bei der Unterzeichnung des Vertrags vom 16. Juli 1894, in dem Großbritannien auf sein Recht der Exterritorialität verzichtete, noch bevor Japan seine militärische Macht im chinesisch-japanischen Krieg unter Beweis gestellt hatte. Der Vertrag trat 1899 in Kraft, gleichzeitig mit den neuen japanischen Gesetzen. Die anderen Länder sollten Großbritanniens Beispiel bald folgen. 1911 hatte Japan seine Zollfreiheit vollständig wiedererlangt und die ungleichen Verträge rückgängig gemacht, die ihm aufgrund der militärischen Überlegenheit Europas und der Vereinigten Staaten auferlegt worden waren. Japan war nun das einzige Land der östlichen Welt, das die diplomatische Gleichheit mit dem Westen erreicht hatte.

KAPITEL 9

Demokratisierung und Imperialismus

Nachdem 1889 die Verfassung in Kraft getreten war, zeigten die Japaner weiterhin ein lebhaftes Interesse an Wissenschaft, Technik und westlichen Werten. Die Veränderungen in Wirtschaft und Gesellschaft beruhten um die Jahrhundertwende jedoch eher auf einer Weiterentwicklung der neuen Institutionen als auf der Orientierung an ausländischen Vorbildern. Trotz allem gaben sie dem Land ein neues Gesicht. Japan wurde nach außen hin zu einer imperialistischen Großmacht, nach innen zu einer parlamentarischen Demokratie. Diese scheinbar widersprüchliche Entwicklung war kein Einzelfall. Auch Frankreich und England hatten gleichzeitig riesige Kolonialreiche und demokratische Institutionen geschaffen. In Japan hatte der Modernisierungsprozess allerdings später begonnen und vollzog sich mit größerer Geschwindigkeit, was im Land zu Unbeständigkeiten und Unsicherheit führte.

Koloniale Eroberungen der Vorkriegszeit

Zu Beginn der 1890er-Jahre war Japan in der Position, sein Interesse auf seine Nachbarländer zu richten und aktiv in deren Politik einzugreifen. Die Vorstellung der westlichen Länder, dass die Großmächte dazu berufen seien, die Schwächeren zum Wohl aller zu beherrschen, hatte sich durchgesetzt. Ausländische Eroberungen galten als bester Garant für die Sicherheit und das Ansehen einer Nation. Das ausgehende 19. Jh. war gekennzeichnet von einer Eroberungswut und der systematischen Zergliederung Chinas. In dieser Atmosphäre konnten Japans Führer, die über eine beträchtliche militärische Schlagkraft verfügten und sich im Lauf der Jahre schon viel von der westlichen Schule angeeignet hatten, kaum umhin, sich der internationalen Außenpolitik anzuschließen. Hinzu kam, dass Japan das benachbarte Korea als ein Gebiet betrachtete, das von größter strategischer Bedeutung für den Archipel war.

1876 setzten die Japaner gegenüber Korea die Methoden ein, die sie einst von Admiral Perry zu spüren bekamen: Sie zwangen Korea, einen Vertrag zur Öffnung seiner Häfen zu unterzeichnen, woraufhin der japanische Einfluss auf die koreanische Halbinsel ständig stieg. Die Japaner waren die Triebkraft hinter der Modernisierung Koreas. Da die Koreaner nominell die Oberherrschaft Chinas anerkannten, war ein Konflikt zwischen Japan und dem Reich der Mitte vorprogrammiert. Als im Sommer 1894 in Korea ein Aufstand ausbrach und Japan und China gleichzeitig Truppen zu seiner Niederschlagung ent-

JAPANISCHER IMPERIALISMUS
Ab der Meiji-Zeit betrieb Japan eine aggressive Politik, die der Vorstellung folgte, dass jede große Nation Kolonien besitzen müsse. Da die Japaner sehr stolz auf ihr Reich waren, begannen sie mit dem Angriff auf Asien. Hier ist ein Kampf zwischen Japanern und Chinesen dargestellt.

DER RUSSISCH-JAPANISCHE KRIEG
Der Russisch-Japanische Krieg von 1904/05 zählt zu den seltenen direkten militärischen Konfrontationen zwischen Japan und dem Westen. Dieser Krieg forderte auf russischer Seite 71 000 und auf japanischer Seite 82 000 Menschenleben.

sandten, kam es zum Krieg zwischen den beiden Staaten. Zur großen Überraschung des Westens siegten die Japaner spielend über die Chinesen. Die japanischen Armeen überrannten Korea und die Mandschurei, vernichteten die chinesische Flotte und besetzten den Hafen Wei-Hai-Wei auf der Halbinsel Shantung. Der Vertrag von Shimonoseki beendete am 17. April 1895 den Chinesisch-Japanischen Krieg. China musste Formosa, die Pescadores-Inseln und die Halbinsel Liaotung im Süden der Mandschurei an Japan abtreten. Außerdem mussten die Chinesen eine beträchtliche Kriegsentschädigung an Japan zahlen, ferner die Unabhängigkeit Koreas anerkennen und japanischen Staatsbürgern dieselben diplomatischen und wirtschaftlichen Privilegien gewähren wie den Angehörigen westlicher Staaten.

In dieser imperialistischen Hochphase verurteilten die Westmächte die japanische Angriffslust keineswegs, sondern zeigten sich vielmehr erfreut über den Erfolg ihres Schülers. Sie gaben Japan aber deutlich zu verstehen, dass der imperialistische Machtkampf schonungslos sei und sie eine Konkurrenz in ihrem eigenen Einflussbereich nicht dulden würden. Gemeinsam zwangen Russland, Frankreich und Deutschland Japan dazu, Liaotung an China zurückzugeben. Drei Jahre später eigneten sie sich selbst einen weiteren Teil des chinesischen Territoriums an, und Russland bemächtigte sich der Halbinsel von Liaotung. Auch Großbritannien beteiligte sich an der Operation, indem es Wei-Hai-Wei besetzte, das bis dahin den Japanern gehört hatte.

Japan blieb nichts anderes übrig, als gute Miene zum bösen Spiel zu machen und die Demütigung hinzunehmen, denn es war klar, dass ein Konflikt mit Russland, das immer mehr Interesse an Korea und der Mandschurei hatte, unvermeidbar wäre. Da die Japaner ein Bündnis der Westmächte fürchteten, suchten sie ihrerseits einen europäischen Verbündeten. Großbritannien zeigte sich kooperativ, weil es hoffte, sein russischer Rivale würde sich in einen asiatischen Krieg verstricken und Japan sich daran beteiligen, die Kontrolle über die Weltmeere aufrechtzuerhalten. Das englisch-japanische Bündnis wurde 1902 unterzeichnet; es war der erste militärische Pakt, der zwischen einem westlichen und einem nichtwestlichen Land auf gleichberechtigter Basis geschlossen wurde.

Damit war ein offener Konflikt mit Russland unausweichlich. Die Japaner ergriffen die Initiative und setzten dabei eine neue Taktik ein: Im Februar 1904 beschossen sie die russische Ostasienflotte, erklärten Russland aber erst hinterher den Krieg. Den Russen standen zwar weit größere Streitkräfte zur Verfügung als Japan, sie hatten aber das Problem, dass sie diese nur über eine einzige Eisenbahnlinie transportieren konnten, die mehrere tausend Kilometer lang war. Ferner wurden die russischen Kriegsbemühungen durch innenpolitische Unruhen gestört. Diese Umstände nutzten die Japaner aus. Sie schlossen die russische Flotte im Hafen von Liaotung ein und schlugen sie nach einer Reihe blutiger Angriffe. Dann rückte das japanische Heer in die Mandschurei vor. Um den Vormarsch aufzuhalten, entsandte Russland seine europäische Flotte aus dem Baltikum, die die riesige Strecke entlang der Küsten Afrikas nach Ostasien zurücklegen musste. Als sie die Meerenge zwischen Korea und Japan erreichte, wurde sie von japanischen Schiffen vernichtet. Die russischen Streitkräfte waren nun stark geschwächt, aber auch Japan war so erschöpft, dass es die Vermittlung des amerikanischen Präsidenten Theodore Roosevelt akzeptierte, der von der Tapferkeit der japanischen Soldaten tief beeindruckt war. Ein Vertrag, der am 5. September 1905 in Portsmouth, New Hampshire (USA), unterzeichnet wurde, beendete den Russisch-Japanischen Krieg. Danach musste Russland die japanischen Interessen in Korea anerkennen und Liaotung sowie die Eisenbahnlinie in der südlichen Mandschurei an Japan abtreten. Darüber hinaus erhielt Japan gegen eine Entschädigung die Südhälfte der Insel Sachalin nördlich von Hokkaido. Japan war nun Verbündeter Großbritanniens, hatte Russland besiegt und besaß ein rasch expandierendes Kolonialreich. Damit war es in den Kreis der Großmächte eingetreten.

NETSUKE AUS ELFENBEIN
Eine netsuke *ist ein Knopf, mit dem man die Kordel eines Tabakbeutels oder eines Medizindöschens, das man bei sich tragen wollte, im Gürtel des Kimono befestigte. Im Westen wurden diese Gürtelknöpfe ab dem 19. Jh. gesammelt. Die hier gezeigte* netsuke *stellt einen shintoistischen Priester dar.*

Nachdem Japan von der russischen und chinesischen Konkurrenz befreit war, konnte es sich 1910 an die heimliche Annexion der koreanischen Halbinsel machen, ohne dass die westlichen Länder protestierten. Wie in Formosa wurde ein umfassendes Programm zur wirtschaftlichen Ausbeutung entworfen. Japan ließ Eisenbahnlinien, Schulen, Fabriken und eine moderne Infrastruktur errichten. Die Bewohner Koreas und Formosas wurden der doppelten Kontrolle durch eine gnadenlose Kolonialverwaltung und eine allgegenwärtige Polizei unterworfen, die für ihre Brutalität bekannt war. In Korea, wo die Japaner die traditionelle, mehr als tausendjährige bürokratische Herrschaft nach chinesischem Vorbild beseitigt hatten, erwies sich die Kolonialherrschaft als besonders gewalttätig. Das erzeugte bei den Bewohnern ein tiefes Hassgefühl.

Der Erste Weltkrieg bot Japan erneut Gelegenheit, seine Besitztümer ohne allzu große Risiken und Anstrengungen auszudehnen. Als Verbündete Großbritanniens erklärte die japanische Regierung Deutschland den Krieg. Die Japaner interessierten sich nicht besonders für den Konflikt in Europa, sondern stürzten sich auf die östlichen Kolonien

Deutschlands. Sie besetzten Tsingtao an der chinesischen Küste und weitere deutsche Kolonien in Shantung. Ferner nahmen sie einige Inseln im nördlichen Pazifik ein – die Marianen-, die Karolinen- und die Marshall-Inseln –, die ihnen der Versailler Vertrag später in Form eines Mandats zusprach. Schließlich nutzten sie die allgemein auf Europa konzentrierte Aufmerksamkeit, um sich weitere Gebiete in China zu sichern. 1915 präsentierten sie China eine Liste mit 21 Forderungen. Die Chinesen weigerten sich, die weitreichendsten dieser Forderungen zu erfüllen, die zur Folge gehabt hätten, dass China auf den Status eines japanischen Protektorats herabgesunken wäre. Sie mussten jedoch dem Archipel beträchtliche wirtschaftliche Vorrechte in der Mandschurei, Shantung und Fujian, das an der Küste gegenüber Formosa lag, zugestehen.

Nur fünfzig Jahre nach der Meiji-Restauration ging Japan aus dem Ersten Weltkrieg gestärkt hervor und konnte sich als schärfster Konkurrent Großbritanniens im Kampf um die Herrschaft über China präsentieren. Auf der Konferenz von Versailles reihte sich Japans Delegation in die fünf großen Siegermächte ein und konnte sich rühmen, eine weltweit geachtete Nation zu repräsentieren. Die Führer der Meiji-Regierung, die es sich 1868 zur Aufgabe gemacht hatten, ihr Land in eine Militärmacht zu verwandeln, die es mit dem Westen aufnehmen konnte, hatten ihr Ziel innerhalb von weniger als zwei Generationen erreicht. Die neuere Geschichte kennt nur wenige Beispiele eines derart steilen politischen Aufstiegs.

Wirtschaftliche Eroberungen der Nachkriegszeit

Die militärische Größe Japans war untrennbar verwoben mit den wirtschaftlichen Fortschritten des Landes. Ende der 1880er-Jahre überschritten die neuen Bereiche der japanischen Industrie die Grenze zur Rentabilität; die beiden Kriege gegen China und Russland kurbelten die japanische Wirtschaft zusätzlich an. Der Erste Weltkrieg verursachte für die Japaner keine weiteren Kosten, sondern bot ihnen vielmehr die Möglichkeit, die asiatischen Märkte zu erobern, die durch den Krieg von der europäischen Versorgung abgeschnitten waren. Die japanischen Geschäftsleute ergriffen diese unerwartete Gelegenheit, um sich auf Märkten festzusetzen, die bislang das Monopol des Westens gewesen waren.

YOKOHAMA – EIN BELIEBTES MOTIV
Als Inbegriff der modernen Stadt wurde Yokohama von japanischen Fotografen und Holzschneidern des 19. Jh. aus allen Blickwinkeln dargestellt.

In jener Zeit konnte Japan zahlreiche Erfolge in der Leichtindustrie verzeichnen. An vielen der kleinen Flüsse, die in Richtung der japanischen Küste verlaufen, wurden Wasserkraftwerke errichtet. Fließendes Wasser und die Versorgung mit Gas waren nun Standard in allen Städten; die Straßenbahnlinien wurden immer weiter ausgebaut. In allen Bereichen erreichte Japan den Status eines modernen Landes.

Die Verbindung von westlicher Technik und niedrig bezahlten östlichen Arbeitskräften ermöglichte es den Japanern, ihre Produkte zu günstigen Preisen anzubieten. Zwar wurden auch in den anderen asiatischen Ländern niedrige Löhne gezahlt, aber es fehlten dort die technischen Kenntnisse. Europa und Amerika hingegen verfügten über eine fortgeschrittene Technologie und über größere natürliche Ressourcen als Japan, doch die Löhne trieben die Produktionskosten in die Höhe. Da Japan für einen wenig attraktiven Binnenmarkt und die nicht gerade kaufkräftige Bevölkerung Asiens produzierte, spezialisierte es sich auf billige Konsumgüter von mittelmäßiger Qualität. Gegen Ende des 19. Jh. war die Hälfte der industriellen Arbeitskräfte in der Textilindustrie beschäftigt, die zugleich den Großteil der Exportgüter lieferte. Auch die Schwerindustrie erlebte vor allem zu Rüstungszwecken einen Aufschwung, insbesondere die Stahlherstellung und der Schiffbau. Doch es sollte noch bis in die 1930er-Jahre dauern, bis die japanische Schwerindustrie mit der des Westens konkurrieren konnte. Und erst nach dem Zweiten Weltkrieg waren Präzisionsmechanik und Leichtindustrie konkurrenzfähig.

Neben der Tatsache, dass sie in großer Zahl zur Verfügung standen, hatten die japanischen Arbeitskräfte den Vorteil, hoch qualifiziert zu sein. Im Gegensatz zur Bevölkerung anderer asiatischer Länder war das japanische Volk seit langem an die Lohnarbeit gewöhnt und hatte vom traditionellen Handwerk her ein hohes Ausbildungsniveau. Die Fortschritte im Bereich der Medizin und im Ausbau der Infrastruktur hatten eine Verdoppelung der Bevölkerungszahl innerhalb eines halben Jahrhunderts nach der Meiji-Restauration zur Folge. Der Archipel hatte nun etwa 60 Millionen Einwohner. Das Land, das schon in der Tokugawa-Zeit überbevölkert war, lieferte eine scheinbar unerschöpfliche Quelle an billigen Arbeitskräften. Da die neuen Industriezweige ein kaum ausreichendes Wachstumsniveau hatten, um den ständigen Zustrom von Arbeitern zu absorbieren, blieben die städtischen Löhne geradezu verschwindend niedrig. Die Mädchen vom Land stellten nach der Beendigung ihrer Schulzeit bis zur Hochzeit im Alter von etwa 20 Jahren den Großteil der Arbeitskräfte in der Textilindustrie. Sie wohnten in Schlafsälen, arbeiteten für geringe Löhne und erwiesen sich als gefügig und fleißig. Die ledigen jungen Männer, die sich in der Stadt eine Anstellung suchen mussten, bildeten im Lauf der Zeit eine gut in das Stadtleben integrierte Arbeiterklasse. Aber sie brachen die Brücken zum bäuerlichen Milieu ihrer Herkunft nie vollständig ab.

Die Erfolge der japanischen Industrie brachten für das Leben des einfachen Volks keine unmittelbare Verbesserung; das rasche Bevölkerungswachstum und die Landflucht verhinderten jede grundlegende Änderung der Lebensbedingungen. Sicher profitierten alle Bevölkerungsschichten von den niedrigen Preisen der Fabrikprodukte und der hohen Qualität der Konsumgüter. Baumwollstoffe, Schuhe mit Kreppsohle, Gummistiefel und Fahrräder waren für alle erschwinglich. Auch der Dienstleistungssektor entwickelte sich. Die Systeme der Ausbildung, medizinischen Versorgung und Stromversorgung wurden verbessert, das Eisenbahnnetz wurde ausgebaut. In den grundlegenden Bereichen der Ernährung und des Wohnens waren jedoch kaum Verbesserungen zu verzeichnen.

EMIGRATION NACH BRASILIEN

Mehr als 1 Mio. Südamerikaner sind heute japanischer Abstammung. Die meisten leben in Brasilien. Hintergrund dieser starken japanischen Präsenz auf brasilianischem Boden ist die Auswanderung der Japaner in der ersten Hälfte des 20. Jh. Im Juni 1908 trafen die ersten japanischen Emigranten in Santos ein, 781 Personen. Kurz vor dem Zweiten Weltkrieg zählte man 190000 Einwanderer aus Japan. Für Japan bedeutete die Auswanderung eine Lösung des Problems der Überbevölkerung, denn die Einwohnerzahl war zwischen 1880 und 1914 um 13 Mio. gestiegen. Brasilien brachte der Zustrom der Ausländer dringend benötigte Arbeitskräfte für die Landwirtschaft, insbesondere die Kaffeeplantagen. Bis 1945 bewahrten die Japaner in Brasilien ein ausgeprägtes Nationalbewusstsein, doch die Heirat mit alteingesessenen Brasilianern führte später zu einer stärkeren Integration. Seit etwa 1980 findet eine Rückkehr von Brasilianern japanischer Herkunft nach Japan statt, die dort Arbeit suchen. Die brasilianische Gemeinde ist nach den Koreanern und Chinesen die drittgrößte Gemeinschaft von Ausländern in Japan. Angesichts des Arbeitskräftemangels begrüßen die japanischen Behörden die Ankunft dieser Emigranten „japanischen Blutes".

EINKAUF BEIM SEIDENHÄNDLER
Dieses Foto vom Anfang des 20. Jh. stellt das Geschäft eines Seidenhändlers dar. Zu dieser Zeit wurde die Seidenherstellung in Japan bereits in industriellem Maßstab betrieben. Die erste Seidenspinnerei hatte der Franzose Paul Brunat 1872 in Tomioka gegründet.

Zum Teil liefern auch die politischen Ziele der Regierung die Erklärung dafür, weshalb sich die Bevölkerung um den Profit aus dem Wirtschaftswachstum betrogen fühlte, denn die Führer Japans folgten der Maxime: „Ein reiches Land und eine starke Armee." Für sie hatten die Entwicklung der industriellen Infrastruktur und der Aufbau eines schlagkräftigen Heeres absolute Priorität.

Ferner begünstigte die Konzentration der wirtschaftlichen Macht in den Händen weniger Familien die Herstellung von Maschinen gegenüber der von Konsumgütern. Sowohl die bescheidenen Konsumgewohnheiten, die das Leben der konfuzianisch geprägten Japaner bestimmten, als auch die ökonomischen Rückschläge der Tokugawa-Zeit trugen dazu bei, dass sich die japanische Bevölkerung mit einem einfachen Lebensstil begnügte. Sogar die Mitglieder der *zaibatsu,* der großen Finanzcliquen, lebten trotz ihres Reichtums ausgesprochen sparsam. Anstatt Luxusgegenstände zu kaufen, Konten bei den westlichen Banken zu eröffnen und Villen im Ausland zu erwerben, investierten sie ihre Profite systematisch in aufstrebende Unternehmen.

Die starke Konzentration der wirtschaftlichen Macht in Japan hatte zwei Hauptursachen: Sie resultierte zum einen aus Matsukatas Privatisierung der Staatsbetriebe in den 1880er-Jahren, zum anderen beruhte sie auf der finanziellen Hilfe und Förderung, die das

Regime den Unternehmen zukommen ließ, die am meisten zur notwendigen Verbesserung der Infrastruktur des Landes beitragen konnten. Die Führer der *zaibatsu* standen in enger Verbindung mit der politischen Elite, entweder aufgrund gemeinsamer Herkunft oder durch Familienbande. So konnte beispielsweise Iwasaki mithilfe von Subventionen und Regierungsaufträgen den Mitsubishi-Trust gründen, der die für den Angriff auf Formosa (1874) und die Niederschlagung des Satsuma-Aufstands (1877) benötigten Schiffe lieferte. In moralischer Hinsicht hätte die enge Verbindung zwischen Regierung und Geschäftswelt bedenklich erscheinen können, doch letztlich war es gerade diese Verbindung, die das einzigartig rasche Wirtschaftswachstum vorantrieb. Außerdem hatte sie zur Folge, dass gegenseitiges Vertrauen und Zusammenhalt zwischen Politik und Wirtschaft entstand. Während in den Vereinigten Staaten das Verhältnis zwischen Staat und Privatsektor von gegenseitigem Misstrauen und Feindseligkeit geprägt war, akzeptierten die japanischen Geschäftsleute bereitwillig Direktiven und Kontrollen von ihrer Regierung, die schon unter den Tokugawa sehr ausgeprägt waren. Die staatliche Intervention zeichnete sich durch ein modernes Denken aus, das die wirtschaftliche Zusammenarbeit und Firmenzusammenschlüsse stark befürwortete. Auf dieser Basis fusionierten 1885 die Schiffswerften von Mitsui und Mitsubishi, um besser mit dem westlichen Schiffbau konkurrieren zu können. 1890 bildeten die Baumwollspinnereien unter der Führung Shibusawas ein mächtiges Kartell, das einen beträchtlichen Teil des weltweiten Baumwollmarkts kontrollierte.

Durch die systematische staatliche Intervention drohte die japanische Wirtschaft zu einem „subventionierten" Sektor zu werden, der auf sich selbst gestellt nicht lebensfähig war. Glücklicherweise wurde diese Gefahr jedoch gebannt. Die beiden größten japanischen Gesellschaften, Mitsui und Mitsubishi, sind die perfekten Prototypen eines *zaibatsu*, des für die japanische Wirtschaft so typischen Konglomerats. Normalerweise war ein *zaibatsu* eine Holding-Gesellschaft, die vollständig im Besitz einer Familie war, deren Namen die Gruppe trug. Die Gesellschaft kontrollierte durch finanzielle Beteiligung die wichtigsten Unternehmen der Gruppe, die wiederum Anteile der weniger wichtigen Firmen und Filialen besaßen. Diese Struktur erinnert an das Shogunat der Tokugawa mit seiner Hierarchie, die aus Feudalherren und Abhängigen bestand.

Im Gegensatz zu den großen Industrieimperien des Westens beschränkten sich die *zaibatsu* nicht auf einen einzigen Wirtschaftsbereich, sondern umfassten alle Zweige der modernen Wirtschaft. Ihr Kern bestand meist aus mächtigen Banken, um die sich Minengesellschaften, Industrieunternehmen, Schiffswerften und Handelsgesellschaften gruppierten. Dieses Fundament lieferte ihnen die finanziellen Ressourcen, um die aufstrebenden Bereiche weiter auszubauen und ihre Machtposition in der Wirtschaftswelt des Landes zu verstärken. Die gegenseitige Rivalität verschärfte sich von Tag zu Tag, und die wirtschaftlichen und politischen Auseinandersetzungen zwischen Mitsui und Mitsubishi wurden sprichwörtlich.

JAPANISCHE INSPIRATION
Dieses Werk von Pierre Bonnard ist ein deutliches Beispiel für die Aufgeschlossenheit der Künstler gegenüber japanischer Kunst.

Erziehung und Geistesleben

Siegeszug der Presse
Zeitungen und Zeitschriften erlebten in Japan ab etwa 1870 einen Aufschwung. Von dieser Zeit an spielte die Presse im intellektuellen, literarischen und politischen Leben des Landes eine nicht zu unterschätzende Rolle.

Die Fortschritte, die nach 1889 im politischen und kulturellen Bereich erzielt wurden, waren ebenso bedeutsam wie die wirtschaftlichen Erfolge. Um die Jahrhundertwende begannen die Reformen der Meiji-Führer im sozialen Bereich und im Erziehungswesen Früchte zu tragen. Das Bildungsbürgertum wuchs, und die Zahl der Studenten nahm ständig zu. Die Unternehmerschicht vergrößerte sich im gleichen Maß wie die Angestelltenschaft. Die jungen Generationen, die die Tokugawa-Zeit nicht mehr erlebt hatten, wurden in einem neuen System ausgebildet, ohne die feudalen Einflüsse des alten Regimes. Fukuzawa führte in Japan den englischen Utilitarismus, den Sozialdarwinismus und die Philosophie Rousseaus ein; um die Jahrhundertwende gelangten sozialistische Doktrinen nach Japan. Durch die antiwestliche Reaktion in den 1880er-Jahren kamen jedoch verschiedene ultranationalistische Strömungen auf. Diese hingen stark mit dem militärischen Expansionismus zusammen und verbreiteten das Bild eines Japan, das dazu bestimmt war, Asien vor der Unterwerfung durch den Westen zu schützen. Gleichzeitig erschienen immer mehr Zeitungen und Zeitschriften, deren Verbreitungsgebiet mit der Alphabetisierung und der wachsenden Lesebegeisterung der Japaner immer größer wurde.

Die kulturelle Blütezeit machte sich in Japan auch in der nationalen Literatur bemerkbar. In den ersten Jahrzehnten der Meiji-Zeit hatten sich die literarischen Aktivitäten vor allem auf die Übersetzung westlicher Werke konzentriert. Zur Jahrhundertwende begründete Natsume Soseki mit einigen anderen Schriftstellern einen neuen Romanstil, der sich gleichzeitig auf die abendländische Literatur und das literarische Erbe der Tokugawa-Zeit stützte. Ihre Romane zählen zu den großen Werken der zeitgenössischen Weltliteratur. Charakteristisch für diese Romane sind die ständigen Verweise auf die persönlichen Erfahrungen des Autors und die genaue Analyse zwischenmenschlicher Beziehungen. Die meisten Romane beschreiben klar und einfühlsam das Entfremdungsgefühl des Einzelnen, das die psychologische Spannung der Japaner widerspiegelt, die zwischen den Normen des alten Regimes und den westlichen Werten der neuen Zeit hin- und hergerissen waren.

JAPAN UND DER WESTEN IN DER LITERATUR

Die Angleichung Japans an den Westen ab dem 19. Jh. war für den Romanschriftsteller Junichiro Tanizaki (1886–1965) ein spannendes Thema. 1925 veröffentlichte er *Eine unersättliche Liebe*. Der Roman beschreibt ein japanisches Ehepaar, das von den neuen Sitten aus dem Ausland fasziniert ist. Joji Kawai ist ein vorbildlicher Angestellter, ein „feiner Kerl“, wie er sich selbst definiert, bevor er dem Leser die Geschichte seines Ehelebens erzählt. Seine junge Frau heißt Naomi. Zu Beginn ist sie eine unterwürfige Dienerin, die Joji zu seiner Ehefrau erziehen will. Mit der bewegten Liebesgeschichte dieser beiden Menschen beschreibt Tanizaki, wie weit das Vorbild des Westens die japanische Mittelschicht in den 20er-Jahren beherrschte. Naomi ist ein typisches *moga*, ein modernes Mädchen, begierig auf Kleidung und städtische Vergnügungen. Joji wiederum, der eine gewisse Ähnlichkeit zwischen Naomi und einer amerikanischen Schauspielerin zu erkennen glaubt, verfällt dem körperlichen Zauber dieser japanischen Lolita. In ihrem alltäglichen Leben gehen Joji und Naomi ihren gemeinsamen Interessen nach: Kino, Erlernen von Englisch, europäische Küche und Walzer zu den Klängen des Grammophons. Doch trotz der Anziehungskraft der westlichen Zivilisation haben sie in Gegenwart von Ausländern eine recht unsichere Einstellung. So gesteht Joji, dass ihn der „erstaunlich liebliche Duft“ der Komtesse Chlemskaia, seiner Tanzlehrerin, in seinen Bann schlage, mit anderen Worten, er schätzt an der Europäerin den Geruch ihrer Achselhöhlen. Naomi wiederum, die bei ihren Landsleuten eine kecke Haltung an den Tag legt, zeigt sich Ausländern gegenüber erstaunlich schüchtern. Tatsächlich bemühen sich weder sie noch Joji um echte Kontakte zu Menschen der westlichen Welt, die sie als Wesen einer anderen Art betrachten.

Neue Probleme, neue Sitten

Nach der rasend schnellen Expansion infolge des Ersten Weltkriegs erwies es sich für die Japaner als äußerst schwierig, zur Friedenswirtschaft zurückzukehren. Im August 1918 rief die rasch voranschreitende Inflation überall im Land Proteste gegen den hohen Reispreis hervor. Die öffentliche Ordnung war tief greifend gestört. Im Bereich des Außenhandels bedeutete die dominante Rückkehr der Europäer auf die asiatischen Märkte eine ernsthafte Konkurrenz, gegen die viele japanische Unternehmen, die während des Krieges in kürzester Zeit aufgebaut worden waren, nicht bestehen konnten. Es begann eine lange Zeit der Deflation. Mehrere aufeinander folgende Minister bemühten sich darum, ihrer Herr zu werden – jedoch ohne Erfolg. Mangelnde Erfahrung auf diesem Gebiet führte dazu, dass die inländische Produktion während der 20 Jahre nach Kriegsende immer weiter sank. In den 1920er-Jahren spitzte sich die Lage dramatisch zu. Zwischen 1925 und 1931 stiegen der Preis von Reis (dem Hauptnahrungsmittel) und Seide (dem Hauptausfuhrgut) um über 50 Prozent. 1927 waren mehrere Banken zahlungsunfähig. Die Weltwirtschaftskrise, die 1929 in den Vereinigten Staaten begann, verschlimmerte die Situation auf dem Archipel noch mehr, da seine Wirtschaft stark vom Außenhandel abhängig war. 1930 und 1931 versuchte die Regierung, zum Goldstandard zurückzukehren, was jedoch nicht zur Lösung der zahlreichen Probleme führte.

DIE JAPANISCHE BRÜCKE
In dieser aus 25 Bildern bestehenden Serie von 1900 geht Claude Monet ebenso vor wie die großen japanischen Künstler. Er malt friedlich anmutende Naturszenen, die er je nach Tageszeit und Wetter farblich variiert. In Giverny ließ der Künstler über den Teich seines prächtigen Gartens sogar eine japanische Brücke bauen.

Darüber hinaus sah sich Japan wirtschaftlichen Schwierigkeiten gegenüber, die man später als „duale Industriestruktur" bezeichnete – die Rede ist von dem Gegensatz zwischen produktiver, moderner Industrie und traditionellen Unternehmen, die weniger rentabel waren (z. B. Handwerk, Landwirtschaft und einige Dienstleistungen). Auf dem Land, wo immer noch die Hälfte der Gesamtbevölkerung wohnte, ging man weiterhin den traditionellen Beschäftigungen nach, die von der städtischen Entwicklung kaum beeinträchtigt wurden. 1868 waren etwa 30 Prozent der Ländereien verpachtet. Nachdem 1873 eine in Geld zu entrichtende Fixsteuer eingeführt wurde, stieg die landwirtschaftliche Produktion stark an. Die Steuersumme erhöhte sich im Zeitraum von 1873 bis 1908 um 45 Prozent. Diese Entwicklungen riefen bei der Landbevölkerung Protestbewegungen hervor. Um den sozialen Frieden zu erhalten, musste sich die Regierung bemühen, dem Anstieg der Steuern entgegenzuwirken. Die wirtschaftliche Lage der 1920er-Jahre verschärfte die Situation der landwirtschaftlichen Pächter zusätzlich. Auch unter den städtischen Arbeitern, die aus den ländlichen Regionen stammten, wurden immer größere Proteste laut. 1912 wurde die erste Arbeitergewerkschaft von militanten Christen gegründet. Ab 1918 nahmen Arbeitskämpfe, Streiks und Organisationen in der Arbeiterschaft ständig zu. Allein im Jahr 1919 beteiligten sich mehr als 300 000 Arbeiter an Auseinandersetzungen.

ERDBEBEN IN TOKIO
Dieses Foto zeigt das ganze Ausmaß der Schäden, die das schreckliche Erdbeben 1923 anrichtete. Nach der Katastrophe wurde Tokio wie schon in der Vergangenheit wieder aufgebaut – leider relativ planlos.

DAS GROSSE ERDBEBEN VON TOKIO

Am 1. September 1923 um 11.58 Uhr erschütterte ein fürchterliches Erdbeben die Stadt Tokio und die benachbarten Präfekturen. Der ersten Erschütterung, die eine Stärke von 8,2 auf der Richter-Skala erreichte, folgte 24 Stunden später ein zweites großes Beben. Katastrophale Ausmaße erhielt das Beben durch Brände, die an zwei aufeinander folgenden Tagen in der Stadt wüteten. Als sich das Erdbeben ereignete, waren die Japaner nämlich gerade im Begriff, auf ihren Holzkohleöfen die Mittagsmahlzeit für die Familie zu bereiten, und auf der Ebene von Kanto wehte ein starker Wind. Diesem verhängnisvollen Zusammenwirken mehrerer Faktoren hielten die Holz- und Zementbauten nicht stand. 63 % aller Häuser der Metropole standen in Flammen, in Yokohama waren es 75 %. Die Zahl der Todesopfer war erschreckend. Offiziell gab es unter den 5 Mio. Einwohnern Tokios und Yokohamas 156 000 Tote; 1,5 Mio. Überlebende versuchten zu fliehen. Plünderer und Verbrecher nutzten das Chaos. Die Koreaner wurden zu Unrecht beschuldigt, den Brand gelegt zu haben. 4000 von ihnen wurden von japanischen „Patrioten" umgebracht. Seit 1923 ist es in Tokio zu keiner weiteren Katastrophe dieser Art gekommen, doch die Einwohner sind täglich darauf gefasst, dass ein neues Beben über sie hereinbricht.

TISCH MIT LOTUSMOTIV
Dieser Jugendstiltisch von John Scott Bradstreet ist nach einer japanischen Technik, dem so genannten jin-di-sugi, *angefertigt. Hierbei wird das Holz mehrere Jahre lang in die Erde eingegraben, bis es zu faulen beginnt. Dann wird es ausgegraben und bearbeitet, wobei man die Fehlstellen im Holz künstlerisch nutzt.*

Die politischen und militärischen Umwälzungen in Europa beeinflussten auch die Bereiche des gesellschaftlichen und geistigen Lebens. Das Ende des Ersten Weltkriegs bedeutete einen Triumph der Demokratien über die autoritären Staaten. Da nur die demokratisch regierten Länder eine Zukunft zu haben schienen, übernahm Japan das Parteiensystem und das allgemeine Wahlrecht für Männer. Die Durchsetzung freierer Sitten aus dem Westen und der unmittelbare Übergang von der „überhitzten“ Kriegswirtschaft zur Rezession der 1920er-Jahre führte im städtischen Japan zu einer Veränderung der individuellen Verhaltensweisen und zu einer Lockerung gesellschaftlicher Zwänge. Das gewaltige Erdbeben und die darauf folgenden Brände in der Kanto-Ebene am 1. September 1923 beschleunigten diesen gesellschaftlichen Wandel. Durch die Katastrophe wurde die Hälfte von Tokio und der größte Teil Yokohamas zerstört. Etwa 150 000 Menschen kamen dabei ums Leben, die städtische Landschaft veränderte sich grundlegend, und so legte dieses schreckliche Ereignis die Basis für das Entstehen einer neuen Gesellschaft, die ihren Blick in Richtung Zukunft wandte.

Von nun an sah das neue Geschäftsviertel von Tokio mit seinen riesigen Bauten aus Stahl und Beton eher aus wie eine europäische oder amerikanische Metropole und weniger wie eine asiatische Großstadt. Das um den Hauptbahnhof gelegene Viertel Marunuchi wurde zum Symbol des modernen Japan und zum Stolz des gesamten Archipels. Verwaltungsgebäude mit gewagten Stahlkonstruktionen, mächtige Bauwerke aus Beton, riesige Stadien, Kinos und große Bahnhöfe wurden zu festen Bestandteilen der städtischen Landschaft Japans.

Die zwischenmenschlichen Beziehungen zeichneten sich weiterhin durch starke Familienbande, die Autorität des Vaters und männliche Dominanz aus. In den Städten schloss sich die junge Generation jedoch dem weltweiten Aufbegehren der Jugend an und zeigte ihren Unwillen gegenüber vielen Bräuchen, die durch lange Tradition heilig gewor-

Avantgardistisches Bauwerk in Tokio
Dieses Bauwerk im Ueno-Park in Tokio wurde zu Ehren der Krönung des Kaisers Hirohito im Jahr 1928 errichtet. Sein avantgardistischer Stil zeigt den Einfluss moderner architektonischer Strömungen. Die Errichtung eines solchen Bauwerks wäre ohne die Einführung von Eisenbeton durch den Amerikaner Antonin Raymond nicht möglich gewesen.

den waren. Die Studenten übernahmen gesellschaftliche Ideen aus dem Westen, die weniger repressiv waren als die japanischen, und immer mehr junge Leute entschlossen sich zur Liebesheirat, auch ohne die Zustimmung der Eltern. Die westlichen Vorstellungen sprachen vor allem Männer aus der Mittelschicht an. Wie ihre Frauen übten sie immer häufiger Bürotätigkeiten aus und begannen auch, ihre Frauen als gleichberechtigt anzusehen. Nach und nach konnte sich die japanische Frau von ihrer traditionellen Rolle befreien, die einst ausschließlich auf Haushaltstätigkeiten beschränkt war.

Die westliche Massenkultur begann sich in der japanischen Gesellschaft auszubreiten. Wie in den Vereinigten Staaten wurde die weltoffene junge Frau – in Japan als *moga* bezeichnet (nach dem englischen Ausdruck *modern girl*) – zum Inbegriff der 1920er-Jahre. Filme, die entweder aus den USA kamen oder in Hollywood-Manier in Japan gedreht wurden, kamen groß in Mode. Zu den weiteren Formen populärer Unterhaltung zählten der amerikanische Jazz und europäische Tänze. Tanzschulen schossen aus dem Boden, und Revuen konkurrierten mit dem Kino um die Gunst des Publikums. Es wurden überall chinesische und westliche Restaurants eröffnet; Bars und Nachtclubs entstanden in großer Zahl.

Die Japaner begeisterten sich auch für westliche Sportarten. Neben Baseball und Tennis, die schon lange beliebt waren, fand nun auch die Leichtathletik großen Anklang. In den 1930er-Jahren schnitten Japaner bei den Olympischen Spielen gut ab und stellte im Schwimmen einige Weltrekorde auf. In den oberen Gesellschaftsschichten kam Golf in Mode, während in den Mittelschichten Skifahren beliebt wurde. Baseball blieb jedoch der Nationalsport.

Tausende von Büchern wurden jährlich in Japan gedruckt; die wichtigsten Werke der Weltliteratur erschienen auch als günstige Ausgaben und waren deshalb für jeden erschwinglich. Die großen Tageszeitungen von Tokio und Osaka erreichten Auflagenhöhen von mehreren Millionen. Immer mehr Jugendliche aus allen Gesellschaftsschichten besuchten die Universität und immer mehr Frauen kamen in den Genuss einer Bildung, von der sie bisher nur träumen konnten. Die große Vorliebe für westliche Musik machte sich in der Gründung zahlreicher Sinfonieorchester bemerkbar sowie in der riesigen Zahl von Musikbegeisterten, die jedesmal in die Konzertsäle strömten, wenn ein Künstler aus dem Ausland spielte. Da die Städter immer mehr den Geschmack und bestimmte Verhaltensweisen aus der westlichen Welt übernahmen, wurde die Kluft, die sie von der Landbevölkerung trennte, immer größer.

STRANDANZUG
Diese Japanerin aus den wilden 20er-Jahren des vorigen Jahrhunderts trägt einen Strandanzug in westlichem Stil. Ihr typisch japanischer Sonnenschirm war – im Westen – der letzte Schrei.

Die Russische Revolution verstärkte das Interesse der Japaner an marxistischen Ideen. Die japanische Linke verfügte bereits über eine ausgearbeitete Doktrin und eine kämpferische Tradition. 1901 hatten Christen und Universitätsangehörige die sozialistische Partei gegründet, die bald darauf verboten wurde. 1911 wurde ein be-

DIE KOLONISIERUNG KOREAS

Die Annexion Koreas durch die Japaner 1910 war der natürliche Abschluss einer zunehmend imperialistischen Politik. 1876 hatten die Japaner einen Zwischenfall zur „Öffnung" der koreanischen Halbinsel genutzt, so wie die Amerikaner die japanischen Inseln 1854 „geöffnet" hatten. Nun hatte Japan das Zugangsrecht zu einigen koreanischen Häfen, und die japanischen Staatsbürger galten als exterritorial. Seit dieser Zeit schwelte ein Konflikt zwischen Japan und China, das mindestens seit dem 16. Jh. Kontrolle über die Halbinsel ausgeübt hatte – an der im Übrigen auch die Russen Interesse hatten. Der Sieg der Japaner über China im Krieg von 1894/95 brachte Korea die „Unabhängigkeit", d.h. Korea wurde von der chinesischen Oberhoheit und dem Einfluss der Russen befreit, musste sich aber dem Joch der Japaner beugen. Der Russisch-Japanische Krieg ermöglichte den Japanern die Einrichtung einer Militärbasis auf der Halbinsel. 1904 wurde Korea japanisches Protektorat, und 1910 verkündete ein Dekret die Annexion Koreas. Anschließend wurde die Halbinsel japanisiert. Oberster Herrscher war der Kaiser von Japan. Das Land nahm den japanischen Namen Chosen an, Japaner besetzten alle wichtigen Regierungsämter, Justiz und Polizei waren japanisch, Japanisch wurde Amtssprache. Natürlich wurde die koreanische Halbinsel auch weitgehend von Japan ausgebeutet. Man baute Straßen für die japanische Armee, japanische Kaufleute bekamen Sonderrechte, die Bauern mussten für die Besatzer arbeiten. Angesichts der wirtschaftlichen Probleme in ihrem Land entschieden sich zahlreiche Koreaner zwischen 1920 und 1930 zur Auswanderung nach Japan. Im Zweiten Weltkrieg deportierten die Japaner 1,5 Mio. Koreaner und zwangen sie zur Arbeit in Fabriken und Bergwerken, wo Arbeitskräfte gebraucht wurden.

Liegender Akt
In den 20er-Jahren gingen japanische Maler zum Studium nach Paris. Sie interessierten sich für Anatomie, Perspektive, Clair-obscur-Drucke. Sie entdeckten die Schule von Paris und Maurice Vlaminck. Es war die Zeit des Fauvismus mit seiner Explosion reiner Farben. Nach seiner Rückkehr nach Japan gründete Kanji Maeda (von ihm stammt der hier gezeigte Akt) mit anderen Künstlern den Künstlerbund 1930, der später großen Einfluss auf die moderne japanische Malerei ausübte.

kannter Anarchist zum Tod verurteilt, weil er angeblich ein Attentat gegen den Kaiser geplant hatte. Nach dem Ersten Weltkrieg wuchs der Zulauf zu den linken Gruppierungen. Die großen Universitäten von Tokio (Waseda) und Kyoto wurden für mehrere Jahrzehnte zu wahren Brutstätten für die Ausbildung von Führern der linken Bewegungen. 1922 wurde eine kommunistische Partei gegründet, der es trotz unaufhörlicher polizeilicher Repressalien gelang, die Gewerkschaftsbewegung nachhaltig zu untermauern. Die Reformen von 1925 gestanden den Arbeitern und Bauern das Wahlrecht zu und leiteten die Gründung gesetzlich anerkannter linker Parteien ein. Wie überall auf der Welt tendierten diese dazu, sich ihren ideologischen Positionen entsprechend aufzuspalten, und konnten jeweils nur eine Hand voll Intellektueller versammeln. Die große Mehrheit der Landarbeiter und der städtischen Arbeiterschaft blieb politisch passiv. Dennoch gelang es den „proletarischen“ Parteien, in den Wahlen von 1928 – den ersten mit dem allgemeinen Wahlrecht für Männer – acht Sitze zu erringen.

Um sich gegen „gefährliches Gedankengut“ zu schützen, entwickelte die japanische Führungsschicht den bezeichnenden Vorschlag, vom Parlament ein „Friedensbewahrungsgesetz“ verabschieden zu lassen. Schon der öffentlich ausgesprochene Gedanke an die Veränderung des politischen Systems oder der Abschaffung des Privateigentums sollte strafbar sein. Es ist eine Ironie der Geschichte, dass das repressive Gesetz 1925 verabschiedet wurde – im selben Jahr, in dem das allgemeine Wahlrecht für Männer in Kraft trat.

Versöhnliche Außenpolitik

Wie in den letzten Jahren des Tokugawa-Shogunats, zeigten sich tief gehende Differenzen in der Außenpolitik. Dem Land standen zwei gegensätzliche Möglichkeiten offen: entweder die militärische Macht zu stärken und die kolonialen Besitztümer zu erweitern – was sich bis zum Ersten Weltkrieg als erfolgreich erwiesen hatte – oder sich um ein freundschaftliches Verhältnis zu den anderen Ländern zu bemühen. Nach Kriegsende schlugen viele westliche Länder den zweiten Weg ein. Die japanische Wirtschaft war weiterhin stark vom Außenhandel abhängig. Um das große Importvolumen von Rohstoffen finanzieren zu können, mussten sich die Japaner unbedingt auf ausländischen Märkten festsetzen. Auch bei dieser Entscheidung gab es nur zwei Möglichkeiten – die koloniale Eroberung oder die freundschaftliche internationale Kooperation, die nun von den meisten Ländern gesucht wurde.

Letztlich war es die chinesische Frage, die die Orientierung der japanischen Außenpolitik bestimmte. In den 1920er-Jahren war Japan weltweit in der günstigsten Position, um einen Nutzen aus der Schwäche Chinas zu ziehen. China wurde immer verwundbarer. Gleichzeitig erwachte aber das Nationalbewusstsein der Chinesen, und sie begannen, ausländische Produkte zu boykottieren, die in ihren Augen den Imperialismus der Großmächte belegten. Eine japanische Invasion schien ausgeschlossen, denn sie hätte doppelt so viel gekostet wie der Verlust des chinesischen Marktes. Außerdem wäre sie riskant gewesen, zumal das riesige Reich regelmäßig von Ausbrüchen des Fremdenhasses heimgesucht wurde. Mitte der 1920er-Jahre stellten die Nationalisten um Chiang Kai-shek die Einheit Chinas wieder her. Gleichzeitig bedrohte die chinesische Regierung die japanischen Interessen in der Region, indem sie in der Mandschurei Eisenbahnlinien bauen ließ.

Die japanische Regierung verfolgte in der Nachkriegszeit einen Kurs, der die kommerzielle Expansion der Ausdehnung mit militärischen Mitteln vorzog. Mit Unterstützung der öffentlichen Meinung setzten die politischen und wirtschaftlichen Führungskräfte in der Armee und in der Verwaltung die Vorstellung von einer friedlichen Eroberung durch.

Auf der Konferenz von Washington im Winter 1921/22 unterzeichneten Japan und China einen Vertrag, in dem sich Japan der amerikanischen Definition der „Politik der offenen Tür" anschloss. Dadurch wurde allen Ländern auf dem chinesischen Markt die gleichen Bedingungen zugesprochen. Ferner gestanden die Japaner China die „territoriale Integrität" zu. Vor allem aber akzeptierten sie, dass sich die Größe ihrer eigenen Kreuzerflotte auf drei Fünftel des Umfangs der amerikanischen und britischen Flotte beschränkte. Großbritannien und die Vereinigten Staaten versprachen im Gegenzug, den Status quo in der gesamten Region zwischen Pearl Harbor und Singapur zu sichern. Der Flottenvertrag von Washington untermauerte die Zurückhaltung Japans gegenüber den angelsächsischen Ländern, sicherte zugleich aber auch seine herausragende Position im Pazifik.

JIANG JIESHI
Dieses Foto zeigt Jiang Jieshi oder Chiang Kai-shek (1887–1975) im Jahr 1926. Als erbitterter Feind der Kommunisten und Bewunderer faschistischer Regime führte er nur begrenzt Krieg gegen Japan. Mao Tse-tung zwang ihn 1949 ins Exil. Er war das erste Staatsoberhaupt Taiwans.

Meisterwerke japanischer Kunst

Haniwa-Krieger
Diese Figur aus dem 5. Jh. steht auf einem zylindrischen Tonsockel und zeigt die damals übliche Männertracht. Über der weiten, an den Knien gebundenen Hose trug man eine gegürtete Tunika und Handschuhe mit Lederriemen. Das Haar ist zu Zöpfen geflochen und um den Hals liegt eine Perlenkette. Nur der an der Taille hängende Dolch lässt erkennen, dass es sich um einen Krieger handelt. Die Tonfigur war dazu bestimmt, ein Grab zu bewachen.

Tonkrug
Dieser Krug aus der mittleren Jomon-Kultur (2500–1000 v. Chr.) ist mit einem Muster aus schwungvollen, in kurze Spiralen übergehenden Rillen verziert. Die vier züngelnden Flammen am oberen Rand sind ein typisches Merkmal dieser Art von Keramik und verleihen dem Krug ein skulpturartiges Aussehen. Optisch beruhigt wird das üppige Dekor durch unverzierte Flächen am Hals des Kruges.

Weibliche Figur
Die breitbeinig stehende weibliche Figur (dogu) stammt aus der späten Jomon-Kultur (1000 bis 300 v. Chr.). Das Haar ist zu einem Kranz geformt. Die mandelförmigen Augen weisen eine waagrecht eingeritzte Mittellinie auf, die der Gestalt einen eigenartigen Blick verleiht. Das Dekor aus konzentrischen Kreislinien betont die Hüften. Wie bei anderen Figuren aus dieser Periode weiß man nichts über die genaue Funktion dieses Gegenstands.

Bosatsu Miroku

Der in Meditation versunkene Bodhishattwa wartet auf die Stunde, in der er die Welt erretten kann. Mit der Hand streift er zart die Wange, der andere Arm ruht elegant auf seinem Bein. Das eng anliegende Gewand fällt in anmutigen Falten. Die Statue aus Rotkiefernholz (7. Jh.) entstand möglicherweise in Korea, vielleicht wurde sie auch in Japan von einem koreanischen Bildhauer gearbeitet.

Buddha-Trias von Shaka

Diese von Tori 623 geschaffene Skulptur von Shaka, dem historischen Buddha, zeigt die typische erhobene rechte Hand mit nach außen gekehrter Handfläche. Die Geste symbolisiert den Schutz, den er den Gläubigen gewährt, und das Mitleid, das sein Herz bewegt. Sein Gewand ähnelt den Gewändern der Könige von China im 6. Jh. und erinnert daran, dass die ersten japanischen Buddhastatuen stark chinesisch geprägt waren. Der Faltenwurf des einfachen Gewandes erinnert an die Felsenbilder in Nordchina.

Mandala

Mandalas sind Malereien, die bei rituellen Zeremonien eingesetzt werden. Ihre Darstellungsweise ist über alle Zeiten unverändert geblieben. Dieses Mandala stammt aus dem 18. Jh., ist aber die genaue Kopie eines Werks aus dem 9. Jh. Sein Aufbau beruht auf zwei Grundformen, dem Kreis und dem Viereck, in denen alle Gottheiten des esoterischen Buddhismus untergebracht sind.

Fudo Myo-o

Diese Furcht einflößende Statue aus dem Jahr 839 mit gebleckten Zähnen, aufgerissenen Augen und stolzer Haltung wird in den Schulen des esoterischen Buddhismus verehrt. Das Schwert dient dazu, die in die Augen springenden Fehler der Menschen zu vernichten, das Seil in der anderen Hand soll alle zurückhalten, die eine Bekehrung verweigern. Fudo Myo-o hat die Macht, verschiedene Wünsche der Menschen zu erfüllen, und wird häufig angerufen.

ASHURA
Die sechsarmige Ashura mit den drei Gesichtern steht zwischen den Göttern und den Menschen. Ihre wichtigste Aufgabe ist der Schutz des Buddhismus. Diese Statue aus dem Jahr 734 ist aus lackgetränkten Stoffstreifen aufgebaut, die zuvor übereinander gelegt wurden. Diese sehr zeitaufwändige, aber flexible Technik ermöglicht die Anfertigung von Figuren mit raumgreifenden Gesten. Den letzten Schliff gibt ein Maler, der die Farben der Juwelen und Stoffe hervorhebt.

TAFEL MIT INTARSIEN
Diese Tafel gehört zu einer Reihe von rituellen Gegenständen und Möbeln, die zwei Kaiserinnen dem Kloster Todaiji schenkten. Die seit der Mitte des 8. Jh. sorgsam gehüteten Exemplare bezeugen die Vollkommenheit, die auf dem Gebiet der Einlegearbeiten erzielt wurde. Perlmuttintarsien bilden einen Dekorstreifen mit einem Blumenmuster und werden von zwei Mondmotiven betont.

GIGAKU-MASKE
Diese Maske (8. Jh.) stellt den mythischen Vogel Garura dar, den Feuerspeier und Schlangenverschlinger. Bei den Maskentänzen zu Ehren Buddhas trugen die Tänzer eine solche Maske. Sie ist aus Holz geschnitzt und farbig bemalt, hat einen stark vorspringenden Schnabel und menschliche Augen und Ohren.

Fluss mit Bambus
Dieses Detail aus einer Bildrolle des Genji-Romans (12. Jh.) zeigt zwei Mädchen, die sich beim Go-Spiel gegenübersitzen. Währenddessen stellen die Damen der Gesellschaft draußen auf der Galerie ihre prachtvollen Roben zur Schau. Die Frauen des Adels trugen ein Dutzend Gewänder übereinander, sodass subtile Farbkompositionen entstanden, die man an den Ärmelenden bewundern konnte. Ein blühender Kirschbaum in der Bildmitte ist ein Tribut an die Schönheit dieser Frauen.

Amida
Diese Statue weist alle typischen Merkmale eines Buddhas auf, den ausladenden Schädel als Sitz der Weisheit, die verlängerten Ohrläppchen, den Leuchtpunkt zwischen den Augenbrauen, die drei Schönheitsfalten, die wie ein Kollier um den Hals liegen. Er sitzt auf einem Thron aus Lotusblüten und ist in Meditation versunken. Dieses Werk aus dem 11. Jh. mit seinen vollkommenen Proportionen diente japanischen Bildhauern zwei Jahrhunderte lang als Vorbild.

Satirische Tierbilder
Dieses Bild aus dem 12. Jh. zeigt Tiere, die sich als Menschen aufführen. Der Affe rechts ist mit Rüstung und Helm aus großen Blättern bekleidet. Sein Artgenosse hält Glyzinienranken als Opfergabe in der Hand und trägt die Kopfbedeckung eines Würdenträgers am Hof. Ein als Frosch dargestellter Diener hält schützend ein Seerosenblatt als Sonnenschirm über ihn.

NIO
Dieser Wächterkönig ist eine der zwei athletischen Gestalten, die zum Schutz gegen den Übergriff übel gesinnter Geister am Eingang buddhistischer Klöster aufgestellt werden. In diesem Werk aus dem 13. Jh., einer Figur in Lebensgröße, scheint der muskulöse und von geschwollenen Adern durchzogene Oberkörper Riesenkräfte zu entfalten. Glasstücke mit Farbplättchen verleihen seinem Blick eine ungewöhnliche Lebendigkeit.

KANNE
Diese Kanne aus lackiertem Holz (13.–14. Jh.) wurde für heißes Wasser oder Sake verwendet. Der Kontrast zwischen der schwarzen, im Lauf der Zeit zum Vorschein gekommenen unteren Lackschicht und dem Rot der Außenschicht trägt zur Schönheit des Gefäßes bei.

NATURBELASSENER KRUG

Die japanischen Töpfer spielten gern mit den Effekten des verwendeten Materials, bei dem hier gezeigten Krug aus dem 15./16. Jh. mit der rauen rötlichen, naturbelassenen Oberfläche und der glatten, grünlich-gelben Glasur. Die unregelmäßigen Tropfspuren entstanden beim Brennvorgang. Man schätzte sie als Zeichen der Macht der Natur über die Gegenstände aus Menschenhand.

NO-BÜHNE

Diese traditionsgemäß im Freien errichtete Bühne des No-Theaters besteht aus einer großen Bühnenfläche und einer Galerie, über die der Auftritt der Schauspieler erfolgte. Die Musikanten saßen vor dem Bühnenbild an der hinteren Wand. Die Pfeiler dienten den Schauspielern als Orientierungspunkte, weil ihnen die Masken die Sicht versperrten.

Garten von Ryoanji
Die Trockengärten ähneln gewaltigen, dreidimensionalen Tuschezeichnungen. Mit sparsamsten Mitteln suggerieren sie eine Landschaft. Der sorgsam geharkte Kies symbolisiert Wellen, während die naturbelassenen Steine Inseln darstellen. Am berühmtesten ist der Garten von Ryoanji. Von einer Terrasse blickt man auf die von einer Mauer umgebene, abgeschlossene Fläche, die keinesfalls betreten werden darf. Der Wechsel von leeren und gefüllten Flächen und die regelmäßigen, in den Kies geharkten Rillen sollen zur Meditation anregen.

Landschaft in Tusche
(1495) Sesshu, der große Meister der einfarbigen Malerei, spritzte einfach Tusche auf ein Blatt Papier und verfeinerte anschließend die Formen mit dem Pinsel. Vor einigen Häusern, von denen nur die Dächer zu sehen sind, erhebt sich hier ein bewachsener Felsen. Im Hintergrund verschwimmen angedeutete, hohe Berge im Nebel. Rechts unten erkennt man ein flüchtig skizziertes Fischerboot.

Porträt eines Kriegers
(13./14. Jh.) Dieses Bildnis stellt den Bruder des ersten Shoguns der Muromachi-Zeit oder Yoritomo Minamoto dar, den Begründer des Shogunats von Kamakura. Als Zeichen seiner Würde und edlen Abstammung hält der Krieger eine längliche Elfenbeintafel in der Hand. Von seinem Schwert ist nur der Griff zu sehen.

Ankunft der Portugiesen in Japan
Auf diesem Wandschirm promenieren hochgewachsene Menschen mit vorspringenden Nasen und Pluderhosen mit ihrem Gefolge durch einen japanischen Hafen. Es sind Jesuiten, die soeben gelandet sind. Unterstrichen wird der exotische Charakter durch die Anwesenheit schwarzer Dienstboten. Entsprechend einer traditionellen Technik ist das Bild durch goldene Wolken in mehrere Bereiche unterteilt.

Bergfried der Himeji-Burg
Die Himeji-Burg, auch „Burg des Weißen Reihers" genannt, ist die imposanteste, noch heute erhaltene Festung. Der Bergfried aus dem 17. Jh., an dem sich Wellengiebel nach chinesischer Art und Giebeldreiecke abwechseln, weist eine elegante Form auf, doch die schmalen Fensteröffnungen und die Pechnasen erinnern an seine eigentliche Funktion als Festung.

Viereckige Schale
Mit großer Ausdruckskraft hat der Maler einen Baum, wahrscheinlich einen Ahorn, gemalt, der sich deutlich von dem weißen Untergrund abhebt. Der Eindruck von Frische, den diese Keramik erweckt, und die große Schlichtheit der Komposition sind typische Kennzeichen einer bestimmten Geschmacksrichtung der Momoyama-Zeit.

Kiefernwald
Geisterhaft stehen die Kiefern in dichtem Nebel. Ein flüchtig skizzierter Berg im Hintergrund rechts erinnert an einen frühen Wintermorgen. Der Maler dieses Werkes, Tohaku Hasegawa (1539 bis 1610), hat hier die Möglichkeiten der Tusche voll ausgeschöpft. Neben einem blassen, stark verdünnten Grauton steht undurchdringliches Schwarz.

Schreibpult mit Herbstpflanzen
Thema dieses Pultes aus lackiertem Holz (Ende 16. Jh.) sind Herbstpflanzen, ein Motiv, das auch Gegenstand der japanischen Dichtkunst ist. Hohe, vom Wind gebeugte Pflanzen neigen sich über Chrysanthemenblüten. Geschaffen wurden diese Motive mit Goldpulver, das auf den noch feuchten Lackuntergrund aufgebracht wurde. Gleichmäßig gemahlene Edelmetallplättchen erhöhen den Glanz.

KUNSTVOLL BEMALTE SCHALE

Diese Schale gehört zu einer Sammlung extrem dünnwandiger Porzellanteile, die im 18. Jh. für den Lehnsherrn von Nabeshima gefertigt wurden. Das Dekor besteht aus Reisigbündeln und zarten Blüten. Diese Motive zeigen, dass man auch in einfachen Gegenständen wie Reisigbündeln Anmut und Schönheit findet – Eigenschaften, deren Symbol die Kirschblüten sind.

WANDSCHIRM MIT IRIS

Hinter der Schlichtheit dieses Wandschirms steckt die Anspielung auf ein berühmtes Gedicht aus dem 9. Jh., in dem ein Reisender, in den Anblick der Iris versunken, seiner geliebten Frau gedenkt. Der Maler Korin Ogata (1658–1716) ist einer der originellsten Künstler der Edo-Zeit. Hier demonstriert er seinen Gefallen an kontrastierenden Farbfeldern, indem er mit Malachitgrün und Azuritblau arbeitete, Farben, die sich leuchtend von dem Hintergrund aus Blattgold abheben.

Frau beim Schminken

Utamaro Kitagawa (1753–1806) stellte gern junge Frauen dar, deren Reize und Sinnlichkeit er in alltäglichsten Gesten wiederzugeben versuchte. Dieser Holzschnitt (um 1795/96) zeigt eine junge Frau am Frisiertisch, die sich den Hals pudert. Besondere Sorgfalt hat der Künstler auf das schwarze Haar verwendet, das in markantem Kontrast zur makellosen Blässe der Haut steht.

Weihrauchkästchen

Dieses Miniaturkästchen von knapp 10 cm Höhe (18. Jh.) gehörte der Königin Marie-Antoinette. Neben Nachtigallen und einem Pflaumenzweig sind Nelken, Chrysanthemen, Ahornblätter und Schmetterlinge dargestellt. Die Motive sind in Gold- und Silberlack mit Intarsien aus Gold und Silber, Perlmutt und Korallen ausgeführt.

Gewitter über dem Fuji

Dieses Bild gehört zu einer Serie von 36 Holzschnitten (1825–31) des Künstlers Katsushika Hokusai (1760–1849), die den Berg Fuji zum Thema haben. Hier braut sich ein Unwetter über dem Berg zusammen, das zeigen die geballten Wolken und ein Blitz mit schroffer, bedrohlicher Linienführung. Der niedrig gewählte Standpunkt des Betrachters, der monumentale Berg und die vom Blitz gezeichneten Dreiecke betonen die geometrische Form.

Kapitel 10

Militarismus und Krieg

Der Erste Weltkrieg war auch für Japan nicht folgenlos geblieben. In den 1920er-Jahren lenkte es seinen außenpolitischen Kurs kurzfristig in Richtung des westlichen Staatenbunds und läutete innenpolitisch eine Ära des Liberalismus ein („Taisho-Demokratie"). Doch schon in den 1930er-Jahren begann eine neue Periode der Expansion und innerer Instabilität. Nur wenige Jahre nachdem in Italien Mussolinis Faschisten den Sieg errungen hatten und nahezu zeitgleich mit der nationalsozialistischen Machtübernahme in Deutschland ergriffen die japanischen Militärs endgültig die Macht. Wie in Italien und Deutschland hatte auch in Japan der Totalitarismus die junge, verletzliche Demokratie zerstört.

Japanische Befindlichkeiten am Vorabend der Militärdiktatur

PROPAGANDA
Dieses Plakat mit antijapanischer Propaganda stammt aus den Vereinigten Staaten und entstand während der militaristischen Zeit Japans.

Antidemokratische und militaristische Tendenzen waren in Japan nichts Neues. Vielmehr reichen sie weit in die Zeit des Shogunats zurück, in der das militärische Ideal des Gehorsams keinen Raum für Individualismus oder Selbstbestimmung ließ. Selbst die Modernisierung nach 1868 war daher teilweise als Antwort auf die militärische Vorherrschaft des Westens konzipiert und von Generalstab und Admiralität angeregt worden. Ohne Zweifel hatte der Erste Weltkrieg zwar eine Liberalisierung des Staates und eine pazifistischere Orientierung der Außenpolitik mit sich gebracht. Doch blieben in der japanischen Gesellschaft autoritäre und totalitäre Ideen in den Köpfen der Menschen. Das jahrhundertelang geforderte konfuzianische Ideal eines harmonischen Kollektivs fern von Interessengegensätzen hatte mehr Fürsprecher als der Individualismus, der Pluralismus und der Parlamentarismus westlicher Demokratien. Etliche politische und militärische Führer blieben den Kategorien hierarchisch aufgebauter Eliteherrschaften verhaftet, in denen das Militär jenseits aller Kritik stand. Stattdessen erfüllten imperialistische Ansprüche und die Eroberungen Japans die nationalistische Mehrheit der Bürger mit Stolz.

Wie auch andere industrialisierte Staaten war Japan in den 1920er-Jahren gesellschaftlich tief gespalten. Der „Dualismus" von Industrie und Handwerk führte zu ökonomischen Konflikten. Die verschiedenen Lebensweisen von Stadt und Land brachten unterschiedliche Mentalitäten mit sich, die im Verbund mit Unterschieden im Bildungsniveau starke soziale Differenzen begründeten. Gingen liberale Bestrebungen vor allem aus den gebildeten Schichten des Stadtbürgertums hervor, so schien das Land, auf dem die Grundschule der einzige Motor der Veränderung war, mehr und mehr nach einem anderen Rhythmus zu leben.

Die Landbevölkerung, die immer noch die Mehrheit der japanischen Einwohner stellte, betrachtete die Transformation der Städte mit Verwunderung und Missbilligung. Die rasch anwachsenden konservativen Gruppierungen prangerten amerikanische Le-

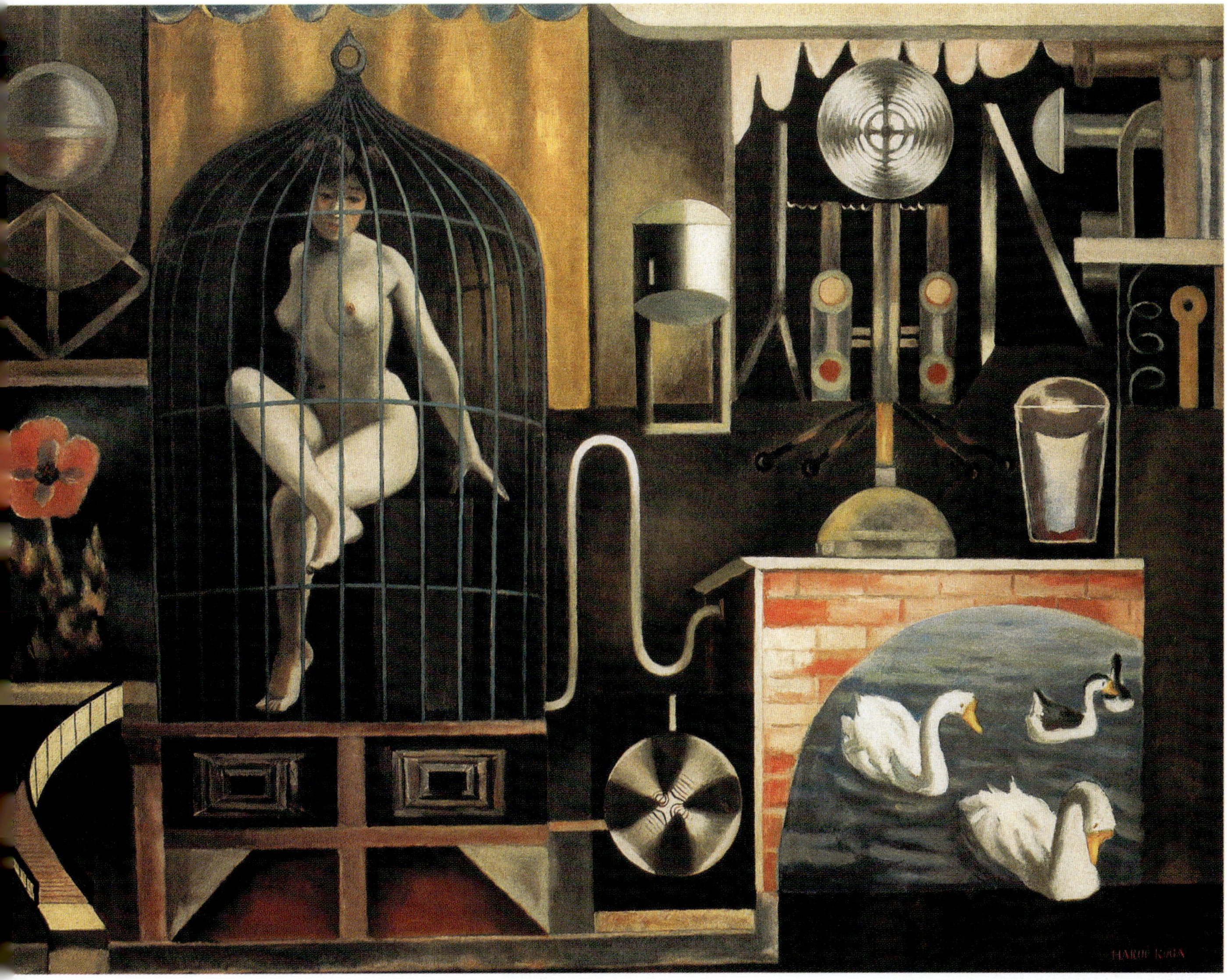

Japanischer Surrealismus
Der Surrealismus hatte in Japan großen Erfolg. Einige Künstler standen in Kontakt zu europäischen Künstlergruppen, und die Manifeste André Bretons wurden übersetzt. Ein Vertreter dieser Kunstströmung war der Dichter und Maler Harue Koga, dessen Werk Der Vogelkäfig *(1929) hier abgebildet ist.*

bensweisen und als deren Speerspitze die exzentrischen *mogas* an oder attackierten die liberalen und progressiven Ideen, die sie als Hirngespinste weniger dekadenter Intellektueller betrachteten. Zahlreich traten Offiziere, kleine Grundbesitzer, Beamte und Angehörige der Mittelschicht auf, die eine wie auch immer geartete Umgestaltung der alten Machtverhältnisse strikt ablehnten. Bei den meisten Reformgegnern handelte es sich um Personen, die nach der Meiji-Restauration in einem neuen Erziehungssystem ausgebildet worden waren. Von nationalistischen und militaristischen Gedanken durchdrungen, war für sie die japanische Selbstisolation früherer Jahrhunderte selbstverständliches politisches Programm. Die autoritäre Regierung und die expansionistische Politik der Meiji-Führung galt ihnen als Verwirklichung ihrer politischen Ziele, während sie den Liberalismus der Nachkriegszeit als gierige Verteidigung kaufmännischer und egoistischer Interessen betrachteten. Die Verringerung des Verteidigungshaushalts und die Eindämmung kolonialer Expansion war für sie gleichbedeutend mit Landesverrat. Der Imperialismus wurde so zur Klammer zwischen dem Meiji-Regime und der breiten Mittelschicht.

Schon für die ersten Jahre der Restauration lassen sich Vorläufer des so genannten „Ultranationalismus" aufspüren. Denn der Protest gegen die Regierung, den die Samurai in abgelegenen Gebieten organisierten, und der Adligen-Aufstand der 1870er-Jahre waren bereits spontane Äußerungen einer sich formierenden Strömung, aus der später die „Partei für die Freiheit und die Rechte des Volks" *(Jiyu-minken-undo)* hervorging. Dabei besaßen die Ultranationalisten, die nur kurze Zeit mit den Liberalen eine Interessenkoalition bildeten, stets auch eine imperialistische Stoßrichtung. Nahezu alle revolutionären Bewegungen anderer asiatischer Länder, die gegen die westliche Herrschaft eintraten, wurden unterstützt, sodass schließlich die japanische Expansion selbst zur Speerspitze der asiatischen Gegenwehr gegen den europäischen Feind erklärt wurde.

INTERNIERUNGSLAGER *Dieses kleine Mädchen mit dem verstörten Gesichtsausdruck gehört zu den 112 000 Personen japanischer Herkunft, die 1942 in amerikanischen Lagern, weit von der Pazifikküste entfernt, interniert wurden, obwohl sie oft schon seit mehreren Generationen in den Vereinigten Staaten ansässig waren. Das Foto zeigt das Mädchen bei seiner Abreise aus Los Angeles.*

Zunächst konzentrierte sich die ultranationalistische Bewegung besonders auf die westlichen Provinzen Japans, die auch aufgrund ihrer Nähe zum Kontinent den Angelegenheiten anderer asiatischer Länder mehr Aufmerksamkeit widmeten. 1881 wurde in Fukuoka, im Norden von Kyushu, die sehr patriotische Gesellschaft *Genyosha* gegründet, die 1901 in *Kokuryukai* umbenannt wurde. Dass die innerjapanischen Verhältnisse auch im Westen wahrgenommen wurden, belegt übrigens die phantasievolle Übersetzung des Namens mit „Gesellschaft des schwarzen Drachens". Tatsächlich aber bezog sich der Name auf das chinesische Wort für den Fluss Amur, der in der nördlichen Mandschurei nach Ansicht der Nationalisten die eigentliche Grenze Japans bildete.

Als die imperialistischen Interessengruppen nach dem Ersten Weltkrieg einen wachsenden Einfluss auf die japanische Politik nahmen, waren vielerorts schon erste Organisationsstrukturen im Entstehen. Hohe konservative Beamte gründeten weitere „patriotische Gesellschaften", die vor allem auf die intellektuelle Elite zielten. Gleichzeitig verstärkten Aktivisten die Propaganda, mit der sie im Volk Stimmung zu machen hofften. Führer der ultranationalistischen Bewegung versuchten, die autoritären und bäuerlichen Traditionen der Vergangenheit wiederzubeleben. Wie für die Vorkämpfer der Restauration war auch für sie die heilige Autorität des Kaisers unverletzlich.

Doch weit mehr noch war die ultranationalistische Bewegung offensiv gegen den Westen gerichtet. Alle Gruppierungen waren in der Ansicht vereint, dass ihr Land trotz des erreichten Status einer Großmacht vom Westen noch nicht gleichberechtigt behandelt wurde. Und tatsächlich begegneten die japanischen Ultranationalisten durchaus Ressentiments seitens der Europäer und Amerikaner, für die es kaum vorstellbar war, dass eine Nation Asiens mit ihnen auf gleicher Augenhöhe in der Staatenwelt auftreten könnte. So hatte 1919 die japanische Delegation während der Aushandlung der Pariser Vorortverträge vergeblich gefordert, dass eine Klausel zur Sicherung der „rassischen Gleichheit der Nationen" in den Vertrag aufgenommen werde. Der Antrag scheiterte am Widerstand der Vereinigten Staaten und Großbritanniens, wandte er sich doch gegen Gesetze der USA, Kanadas und Australiens, mit denen die asiatische Einwanderung beschränkt werden sollte.

Die Furcht vor dem „Gespenst der gelben Gefahr“ hatte bereits seit Jahren in der westlichen Welt um sich gegriffen und sich mit rassistischen Verleumdungen vermengt. Die Eskalation vor allem der japanisch-amerikanischen Feindseligkeiten tat ein Übriges, um den Pazifik als unüberbrückbare Grenze zwischen der japanischen und der westlichen Zivilisation erscheinen zu lassen. Mehr und mehr sahen sich japanische Auswanderer in ihrer neuen Heimat Schikanen gegenüber: Land wurde ihnen verweigert, ihre Kinder in den Schulen von den amerikanischen Kindern getrennt oder die US-Staatsbürgerschaft für Asiaten per Gesetz verweigert. Derart legitimiert erreichte der Rassismus gegenüber Asiaten in den Vereinigten Staaten seinen Höhepunkt zu Beginn des Zweiten Weltkriegs. Selbst Japaner, die in den USA geboren waren und sich dem amerikanischen Staat gegenüber eindeutig loyal verhielten, wurden systematisch enteignet oder in Internierungslager gebracht.

Obwohl die ultranationalistische Bewegung auf Basis der Diskriminierungen genug Argumente für ihre Sache sammeln konnte, blieb sie doch auf bestimmte Kreise beschränkt. Nie erreichten die japanischen Ultranationalisten eine mit italienischen Faschisten und deutschen Nationalsozialisten vergleichbare Ressonanz in der breiten Masse. Dennoch kanalisierten und förderten die Aktivisten Stimmungen, die sich bis dahin nur in diffuser Weise ausgedrückt hatten. Die Erfahrungen, die Menschen während der Wirtschaftskrise und den Unruhe stiftenden gesellschaftlichen und moralischen Umwälzungen machten, gipfelten in antiliberalen Reaktionen. Die Entfremdung der Intellektuellen, die oft elenden Lebensbedingungen der städtischen Arbeiter, die Verarmung der Handwerker und Kleinunternehmer, die der Konkurrenz durch Großunternehmen nicht gewachsen waren, und die hoffnungslose Lage vieler Bauern nach dem Preisverfall landwirtschaftlicher Produkte waren die Bausteine eines Protestpotenzials, das bis Ende der 1920er-Jahre deutlich anwuchs. Verschiedene gesellschaftliche Gruppen verurteilten die wirtschaftliche

ORIENT UND OKZIDENT
Der Maler Tsuguharu Fujita ließ sich 1913 in Paris nieder, wo er die Werke von Picasso und Rousseau entdeckte. In diesem Gemälde (1929) von der Ankunft der ersten „Westler“ in Nagasaki bemüht er sich um eine Synthese zwischen orientalischem und westlichem Ideal.

Macht von Monopolen und ihren Einfluss auf die politischen Parteien. Die Enttäuschung breitete sich unter all denjenigen aus, die die Zukunftsträume der Meiji-Zeit geteilt hatten. Auf wohlklingende Versprechen folgte die harte Wirklichkeit, die durch gierige Kapitalisten, korrupte Politiker und eine orientierungslose, extravagante Jugend gekennzeichnet war. Viele Japaner beäugten westliche Ideale wie den Industriekapitalismus, den Parlamentarismus oder die städtische Kultur ohnehin mit Argwohn. Wie die Menschen vieler anderer Länder suchten auch die Japaner in diesem geistigen Umfeld nach Zuflucht in der nostalgischen Verklärung der Vergangenheit.

KRIEGSSTIMMUNG
Dieses im Petit Journal *1928 veröffentlichte Bild zeigt eine Gasangriffsübung in Osaka und verdeutlicht den Schrecken des Krieges.*

Es war fast schon zwangsläufig, dass sich die politische und soziale Reaktion auf das Militär stützte. Diesem war es besonders in Person des Feldmarschalls und Politikers Aritomo Yamagata gelungen, unter den verschiedenen Regierungen die Unabhängigkeit zu bewahren und damit ein Faktor der Stabilität zu werden. Die Offiziere verfügten über einen beträchtlichen Handlungsspielraum. In den Köpfen der Menschen war die Armee mit den großen Leistungen der Meiji-Zeit verbunden. Ihr haftete das Ansehen alter aristokratischer Traditionen an. Ranghöchste Militärs wurden von der hierarchischen Gesellschaft als Diener des Staates in eine fast schon sakrosankte Position emporgehoben. Man hielt die Würdenträger der Armee für ehrlicher, entschlossener und – in ihrer eigenen Sprache – für „ernster" als Kapitalisten und Politiker, die zu sehr mit ihren eigenen egoistischen Interessen beschäftigt waren. Die Militärs erkannten sich natürlich nur zu gern in diesem schmeichelhaften Bild wieder.

Die Zentren der Reaktion lagen auf dem Land. Hier fanden die Militärs die stillschweigende und mehrheitliche Unterstützung der Bevölkerung, die abseits des Fortschritts der letzten Jahrzehnte gestanden und den traditionellen Verhaltensweisen die Treue gehalten hatte. Viele Facetten des Landlebens hatten ihre Ursprünge in der Meiji- oder gar Tokugawa-Zeit. Schule und Erziehung hatten die Landbewohner zu überzeugten Anhängern eines Nationalismus gemacht, von dem die Feudalherren der Tokugawa-Zeit beseelt waren. Selbst das über drei Jahrhunderte gültige Verbot, nach dem es der Landbevölkerung untersagt war, Waffen zu tragen, konnte nicht verhindern, dass sich Militarismus und Nationalismus fern von den Städten zu einer explosiven Mischung verbanden. Die Wehrpflichtigen, die nach dem Untergang der Tokugawa größtenteils vom Land stammten, sahen sich schon bald als Nachfolger historischer Krieger. Als solche hatten sie das Ideal eines ruhmreichen Todes im Dienst des Kaisers zu verinnerlichen.

Die Offiziere bildeten zweifellos keine Gruppe von Aristokraten, die weit vom einfachen Volk entfernt waren. Sie stammten nicht mehr ausschließlich aus der alten Klasse der Samurai. Spätestens seit Beginn der 1920er-Jahre rekrutierten sich die Offiziere wie überhaupt die meisten Mitglieder der japanischen Elite aus dem neuen Bildungssystem. Wenn auch Technik und Ausstattung das Heer und die Marine mit der Zeit zu den modernsten Institutionen Japans machten, blieben Admiralität und Generalstab einer Denkweise verhaftet, die sie weit mehr in die Nähe der Bauernschaft als der restlichen Elite rückte. Sie standen den Politikern, den Geschäftsleuten und dem Stadtleben distanziert gegenüber und betrachteten die Landbevölkerung als Reservoir von Soldaten, das für die militärische Macht des Landes unerlässlich war. Sie nahmen sich der Bauern an, die von der wirtschaftlichen Rezession Ende der 1920er-Jahre hart getroffen waren. Gemeinsame Hoffnungen, Interessen und politische Einstellungen waren also die Elemente, aus denen die Bindungen zwischen Landbevölkerung und Militär entstanden waren.

Die militaristische und ultranationalistische Reaktion, die sich in den 1930er-Jahren in Japan durchsetzte, transportierte eine bewusst vergangenheitsbezogene Ideologie. Anstatt nach rationalen und neuen Lösungen für die Probleme der Industriegesellschaft zu suchen, sehnten die Nationalisten eine einfache, hierarchische und harmonische Agrargesellschaft herbei. Viele Japaner vermissten die individuelle Sicherheit, die der Liberalismus scheinbar gefährdete, die sie aber mit einer von Traditionen beherrschten Gesellschaft verbanden. Sie träumten von der Harmonie einer kommunitären Gesellschaft, die sich anders als ihr pluralistisches Gegenstück auf einen Konsens stützte, der nicht erst auf den Wettbewerb der Interessen angewiesen war.

Gewiss kann dieses Wertesystem allein den Aufstieg des Militarismus nicht erklären. Vielmehr griffen zahlreiche Faktoren ineinander, bis die Armee endgültig an die Schalthebel der Macht gelangen konnte. Bis 1925 war Japans Einwohnerzahl auf 60 Millionen angestiegen. Die zunehmende Übervölkerung löste eine Kettenreaktion aus, die Japan immer stärker in die Abhängigkeit von anderen Ländern geraten ließ. Der größte Teil der Nahrungsmittel und der Rohstoffe musste importiert werden. Andererseits blieb der eigene Export weit hinter den Erwartungen zurück, der Protektionismus lebte infolge der Weltwirtschaftskrise wieder auf. Das soziale Konfliktpotenzial, das in dieser Entwicklung lag, wurde durch die Abschottungspolitik der USA, Kanadas und Australiens verschärft. Während Abwanderungswellen die Krise daher nicht abmildern konnten, ließen die drängenden wirtschaftlichen und außenpolitischen Probleme am Ende der 1920er-Jahre das Militär als die einzige Institution erscheinen, die der Bevölkerung Perspektiven aufzeigen konnte.

KAISER HIROHITO
Die Regierungszeit von Hirohito, hier im Krönungsgewand dargestellt, war die längste in der Geschichte Japans (1926–89). Vor der Thronbesteigung stellte Hirohito sein Mandat unter das Motto „leuchtender Friede" (showa), *doch der Militarismus und der Pazifische Krieg machten diesen Optimismus zunichte.*

Die schrittweise Annexion der Mandschurei

Erstmals machte sich das zugunsten des Militärs veränderte politische Klima im Juni 1928 in aller Deutlichkeit bemerkbar, als Unteroffiziere der Kwantung-Armee – der japanischen Streitkräfte in der Mandschurei – einen Zug und mit diesem den Gouverneur der Mandschurei, Zhang Zuolin, in die Luft sprengten. Zwar identifizierte sich der Gouverneur mit den japanischen Interessen, doch galt er bei den jungen, in China stationierten Offizieren als inkompetent und wenig kooperativ. Der Schwere der Tat angemessen konnte Kaiser Hirohito, der erst Ende 1926 den Thron bestiegen hatte, nicht umhin, das Attentat zu verurteilen. Unverzüglich rief er seinen Premierminister, General Tanaka, zu sich, um die Schuldigen bestrafen zu lassen. Doch die Militärs weigerten sich, Tanakas Anweisungen Folge zu leisten. Indem sie sich auf die Verfassung beriefen, die formell allein dem Kaiser die Befugnis gab, Angehörige des Militärs zu bestrafen, warfen sie Tanaka trotz der Anweisung Hirohitos vor, sich in Angelegenheiten einzumischen, die seinen Kompetenzbereich überschritten.

Genauer betrachtet ist das Ereignis mehr eine Zäsur als nur eine Anekdote. Das erste Mal in neuerer Zeit griff der Kaiser persönlich in die Politik ein – wenngleich er dabei eine herbe Niederlage hinnehmen musste. Die Armee trotzte einer Zivilregierung, deren Oberhaupt selbst ein Angehöriger der Armee war. Verantwortliche für eine außenpolitische Krise beachtlicher Reichweite wurden von höchster Stelle gedeckt. Jahrhundertealte militärische Traditionen Japans, denen zufolge Angehörige der Armee vor Ort anonym und geheim operieren sollten, hatten offensichtlich weiter Bestand. Mehr noch aber deckte die Mandschurei-Affäre eine tief greifende Veränderung der kollektiven Reaktionen der Armee und der gesamten Nation auf.

Diese mentalen Befindlichkeiten kamen erneut auf der Londoner Konferenz von 1930 zum Ausdruck, auf der das Washingtoner Flottenabkommen von 1922 vervollständigt werden sollte. Endgültig akzeptierte die japanische Regierung für schwere Kreuzer die Quote 10 : 10 : 6, nach der für je zehn Kreuzer der USA und Großbritanniens sechs Kreuzer für Japan ausgehandelt wurden. Ferner war sie bereit, die Tonnage ihrer leichten Kreuzer auf 70 Prozent des amerikanischen und britischen Niveaus zu begrenzen. Die Admiralität, die gehofft hatte, diese Quote auch für die schweren Kreuzer durchzusetzen, begann nach Bekanntgabe der Zahlen eine aggressive Kampagne gegen den Vertrag von London. Sie erhielt dabei die Unterstützung der Seiyukai-Partei, die keine Gelegenheit ausließ, die Minseito-Regierung anzugreifen. Wenngleich das Kabinett schließlich die Oberhand behielt, handelte es sich um einen Pyrrhus-Sieg: Die Stimmung im Volk hatte sich zu Ungunsten der Regierung gedreht, während die Admirale sich zunehmend und starrköpfig von der Regierung emanzipierten.

HALLO, MANDSCHUKUO? *Ministerpräsident Okada (Vordergrund rechts) und zwei seiner Minister eröffnen feierlich eine Telefonverbindung zwischen Japan und dem Staat Mandschukuo, der ab Anfang der 1930er-Jahre ein japanischer Vasallenstaat war.*

Die entscheidende Wende ereignete sich 1931, als sich in der Mandschurei ein zweiter Zwischenfall ereignete, der weit schwerwiegender als der von 1928 war. In der Nacht des 18. September 1931 verübten japanische Offiziere im Süden der Mandschurei einen Sabotageakt auf ein Teilstück der Eisenbahnlinie, für den sie allerdings China verantwortlich machten. Somit war für sie der Vorwand gegeben, um mit der Eroberung der gesamten Mandschurei zu beginnen. Kaiser und Zivilregierung versuchten vergeblich, die Angelegenheit unter Kontrolle zu bringen, doch mussten sie dabei wohl innerhalb der gesamten Armee und des Generalstabs in Tokio gegen Gegner ankämpfen. Ohne die stillschweigende Zustimmung des Generalstabs wäre der Anschlag kaum möglich gewesen.

Die Marine, die ebenfalls auf einen Einsatz brannte, inszenierte Ende Januar 1932 ihrerseits einen Zwischenfall in Shanghai. Die Marineinfanteristen, die die Landung vorbereiten sollten, gerieten jedoch rasch in die Defensive. Zu ihrer Rettung mussten drei

Divisionen entsandt werden. In nur wenigen Wochen bemächtigte sich das japanische Militär der Mandschurei, die es am 18. Februar zum von China unabhängigen Staat Mandschukuo erklärte. Japan war zum neuen Machthaber im Stammland der letzten chinesischen Kaiserdynastie geworden, wo Pu Yi, der letzte chinesische Kaiser, fortan als Handlanger Japans, seit dem 1. März 1934 als von Japan kontrollierter Kaiser, regierte.

Die internationale Reaktion war eindeutig und prompt. Schon im Januar 1932 weigerten sich die USA, die japanischen Eroberungen anzuerkennen. Wenig später entsandte der Völkerbund eine Untersuchungskommission in die Mandschurei, die in ihrem im September 1932 vorgelegten Bericht die japanische Intervention verurteilte. Als die Vollversammlung in Genf den Bericht im März 1933 annahm, trat Japan aus dem Völkerbund aus und bereitete damit zugleich dessen Niedergang vor. Völlig unbeeindruckt von der einstimmigen Verurteilung durch das Ausland, provozierte die japanische Armee 1933 und 1934 weitere Zwischenfälle, die eine Ausdehnung der Einflusssphäre auf den Osten der Inneren Mongolei – den Jehol – und einen Teil Nordchinas in der Gegend von Peking begründeten.

Der mandschurische Zwischenfall rief in Japan eine regelrechte Kriegsbegeisterung hervor. Die Bevölkerung wurde von einem nationalistischen Wahn erfasst. Die Leichtigkeit, mit der das Militär ein Gebiet erobert hatte, das deutlich größer als das japanische Stammterritorium war und das immerhin rund 30 Millionen Einwohner bewohnten,

CHANGDOKKUNG-PALAST
Dieser im frühen 15. Jh. in Seoul (Korea) errichtete Prachtbau ist ein Meisterwerk fernöstlicher Palastarchitektur. Eine Augenweide ist der hintere Garten (Foto) mit Pavillons und Hallen, Lotusteichen, Felsen, Steinbrücken, Treppen und Springbrunnen. Das Flair erinnert an japanische Gärten.

berauschte die Mehrheit der Japaner. Nun endlich konnte die Armee mit einer breiten Unterstützung in der Bevölkerung auf dem Kontinent die lang erhoffte Expansionspolitik verfolgen. Und auch in der Innenpolitik beschleunigte die „Mandschu-Affäre" den Machtverlust von Kaiser und Regierung, die schon längst die Kontrolle über das Militär verloren hatten. Widerwillig musste die Zivilregierung eine Politik decken und verteidigen, derer sie selbst nicht mehr Herr war.

General Tojo
Dieses Foto zeigt General Tojo bei seinem Prozess, der zwischen 1946 und 1948 stattfand. Er wurde wegen seiner Kriegsverbrechen zum Tod verurteilt und hingerichtet.

Die Machtübernahme des Militärs

Lange konnte die Dynamik, die innerhalb des Militärs herrschte, nicht mehr gezügelt werden. Einzelne Fraktionen drängten an die Macht, in der Armee gärte es unter der Oberfläche, bis sich schließlich am 26. Februar 1936 die Ereignisse überschlugen. Eine Gruppe junger, extremistischer Offiziere und mit ihr die erste Division von Tokio hatten den Plan gefasst, all diejenigen Politiker zu ermorden, die den Zielen des Militärs offen ablehnend gegenüberstanden. Nur wenige ihrer potenziellen Opfer entkamen. Innerhalb weniger Stunden ermordeten sie den Finanzminister, zwei frühere Premierminister – Takahashi und Admiral Saito – und weitere einflussreiche Politiker und Militärs; Admiral Okada entkam seinen Attentätern nur knapp.

Nie zuvor hatte die Armee eine derartige Bedrohung für das politische System dargestellt. Das militärische Oberkommando erkannte, dass Rebellion und Ungehorsam um jeden Preis ein Ende gesetzt werden musste. Die Urheber des gescheiterten Staatsstreichs wurden erbarmungslos bestraft. Gemäßigte Reformpolitiker, die fortan als „Fraktion der Kontrolle" *(toseiha)* agierten, übernahmen die Reorganisation der Militärführung und stellten die Disziplin in der Armee wieder her. Gewaltsame Auseinandersetzungen zwischen den Fraktionen und Ungehorsam junger Offiziere wurden zu einer Ausnahmeerscheinung. Allerdings war das Militär auch weniger zu direktem Handeln gezwungen, weil es die Zivilregierung kontrollierte und ihr die Außenpolitik diktierte.

Nach dem Zwischenfall vom 26. Februar trat Hirota an Okadas Stelle als Präsident des Staatsrats. Er war zuvor Außenminister gewesen und von ultranationalistischer Ge-

GENERAL HIDEKI TOJO

Das Schicksal von General Hideki Tojo (1884 bis 1948) steht für die Geschichte des Militarismus in Japan (1930–40). Die Karriere Tojos hatte ihn zum Amt des Ministerpräsidenten geführt (1941–44). Auch hatte er alle Stationen der Militärkarriere absolviert und war Befehlshaber der Infanterie, Oberst und General. 1935–38 hatte er in der Mandschurei die Aufgabe, die von Japan eroberten Stützpunkte zu festigen. Sein imperialistisches Weltbild machte ihn zu einem Partisanen im Krieg gegen China, und er drängte auf den Abschluss des Dreimächtepakts zwischen Japan, Deutschland und Italien vom 27. September 1940. Er war es auch, der den Befehl zum Angriff auf Pearl Harbor am 7. Dezember 1941 gab. Entsprechend dem Ehrenkodex besiegter japanischer Krieger versuchte er nach der Niederlage vergeblich, Selbstmord zu begehen. Der internationalen Justiz konnte er sich nicht entziehen. Am Ende des Prozesses von Tokio gegen die japanischen Kriegsverbrecher wurde er am 23. Dezember 1948 erhängt. Er gehörte zu den sieben zum Tod Verurteilten der 28 aus militärischen und politischen Gründen Angeklagten dieses bedeutenden Prozesses, der fernöstlichen Version der Nürnberger Prozesse (1945/46). Bei der Vernehmung entlastete er den Kaiser, indem er jede Verantwortung für die Kriegführung übernahm.

sinnung. Sein Kabinett hatte nur vier zivile Mitglieder, war vom Militär beherrscht und weit reaktionärer ausgerichtet als das vorangegangene.

Im Februar 1937 musste Hirota General Hayashi weichen, in dessen Kabinett nun überhaupt kein Zivilist mehr vertreten war. Die demokratischen Parteien waren weitgehend entmachtet, auch wenn sie bei Wahlen weiterhin Erfolge erzielten. Fünf Monate nach dem Zwischenfall in der Mandschurei erhielten sie 447 von den 466 Sitzen im Unterhaus. Einige Tage nach den Morden des 26. Februar errangen sie 379 Sitze und im April des folgenden Jahres kamen sie immerhin noch auf 354. Eine neue Partei – die gemäßigte sozialistische Partei *(shakai taishuto)* –, die die militärische Expansion befürwortete, errang 1936 18 Sitze, ein Jahr später 37. Trotz ihrer Wahlerfolge, ihrer Mehrheit im Reichstag und ihrer mutigen Maßnahmen spielten die demokratischen Kräfte jedoch keine Rolle mehr. Denn emotional unterstützten die Wähler die Außenpolitik der Armee und die Kabinette der „nationalen Einheit" als notwendige Antworten auf die Krise, sodass General Tojo endgültig die Vorherrschaft des Militärs gegenüber der Zivilregierung sichern konnte: Im Oktober verband er die Funktionen des Obersten Befehlshabers und des Präsidenten des Staatsrats in seiner Person.

MOBILISIERUNG DER STREITKRÄFTE
Dieses 1942 entstandene amerikanische Plakat ruft die Arbeiter zur Unterstützung ihres Vaterlandes auf. Als Karikatur dargestellt werden Hitler, Mussolini und Tojo, also die Staatsoberhäupter der drei militaristischen Mächte, von denen damals die Bedrohung ausging.

Der Aufstieg des Totalitarismus

Die Machtergreifung des Militärs war der erste Schritt zur Errichtung eines totalitären Regimes. Wie auch in Hitlers Deutschland und Mussolinis Italien zeigte sich der umfassende Herrschaftsanspruch des Regimes besonders in der Beschränkung individueller Freiheiten und der freien Meinungsäußerung. Tendenzen hierzu hatten sich bereits 1925 gezeigt, als das Friedensbewahrungsgesetz Vorschläge zur Veränderung des politischen Systems und zur Abschaffung des Privateigentums unter Strafe gestellt hatte. Nach 1931 folgten zahlreiche ähnliche Gesetze. Ihre erbarmungslose Anwendung wurde durch die „Spezialpolizei" (auch „Meinungsüberwachung" genannt) und in den Kolonien durch die Militärpolizei gewährleistet. Linke, Arbeiter und Studenten wurden zu Hunderten inhaftiert und gezwungen, sich von ihren „schädlichen Ideen" loszusagen. Professoren wurden aufgrund systemfeindlicher Lehrinhalte entlassen, wobei man auch vor prominenten Opfern nicht zurückschreckte. So wurde beispielsweise 1935 Minobe Tatsukichi, dessen „Theorie der Organe" den Kaiser lediglich als oberstes Staatsorgan, nicht aber als

Verkörperung des Staates betrachtete, wegen Majestätsbeleidigung angeklagt. Seine Schriften, die in den 1920er-Jahren bei den gebildeten Schichten hoch im Kurs gestanden hatten, wurden verboten; er verlor seinen Lehrstuhl und seine Mitgliedschaft im Oberhaus und büßte an Ansehen ein. Und schließlich beließen es die Regimeanhänger nicht bei einer offiziellen Verfolgung der Regimegegner. Ultranationalistische Fanatiker betrieben eine regelrechte „Hexenjagd" auf reformorientierte Gruppen und bedienten sich systematischer Einschüchterung und Diffamierung, sodass nur wenige Mutige dem starken sozialen Druck standhielten und offen ihre Meinung vertraten.

Ein weiteres untrügliches Zeichen für die Etablierung eines totalitären Regimes sind Art und Ausmaß der staatlichen Propaganda. Schon seit längerem hatte man sich in Japan ihrer bedient, um die Modernisierung des Landes in Gang zu bringen. Nun aber verfügte die neue Regierung über Methoden der Meinungsbildung, die sie vor allem in der Schule und den Massenmedien systematischer als in den Jahrzehnten zuvor einsetzte, um die offizielle Ideologie zu verbreiten. Allerdings hatte der japanische Totalitarismus kein Gegenstück zu Hitlers *Mein Kampf*, obgleich mehrere Versuche in diese Richtung unternommen wurden. Ein moralischer und politischer Leitfaden mit dem Titel *Kokutai no hongi (Die Grundlagen der nationalen Staatsform Japans)* diente zum Beispiel als Schulbuch und Kommentar zum kaiserlichen Erziehungserlass. In ihm fand sich eine bunte Mischung verschiedenster, oft veralteter Themen und Begriffe. Die Schüler lernten darin mythologische Erzählungen kennen, die die Überlegenheit Japans und die Kontinuität der Dynastie begründen sollten. Lobpreisungen des „kaiserlichen Willens", die Erinnerung an die konfuzianischen Tugenden, das Lob strikter Ergebenheit gegenüber den Eltern und Verweise auf den ritterlichen Ehrenkodex des Mittelalters machten das *Kokutai no hongi* zu einem offensiven Pamphlet gegen die fortschrittliche Zivilisation des Westens. Ziel der Agitation war der europäische Individualismus, auf den alle „westlichen Laster" – sei es die Demokratie, sei es der Kommunismus – zurückgeführt wurden. Konkrete Verhaltensregeln, die den scheinbar verderblichen Lebensformen entgegengewirkt hätten, suchte der Leser freilich vergebens.

Das *Kokutai no hongi* ist ein Kind seiner Zeit. So appellierte es eher an die Emotionen als an die Vernunft. Traditionelle Tugenden wurden zu unantastbaren Idealen hochstilisiert, während dem kaiserlichen Willen ein religiös motivierter Kult unterlegt wurde. Hierzu bediente sich das Werk wenig konkreter Begriffe oder schmückte sich mit Aphorismen, die oft unterschiedlich gedeutet werden konnten: Der berühmte, aus der chinesischen Philosophie stammende Spruch *hakko ichiu* (die ganze Welt unter demselben Dach) mochte demnach gutwillig als Aufruf zur Errichtung einer brüderlichen und friedlichen panasiatischen Gesellschaft verstanden

DIE IDEOLOGIE DES *KOKUTAI*

Der Begriff *kokutai* ist einer der emotionsgeladenen ideologischen Begriffe, die nur schwer zu definieren sind. Die wörtliche Übersetzung lautet „nationale Struktur". Manche bevorzugen den Ausdruck „Nationalwesen". Der Begriff umfasst in der Tat alles, was sich auf die spezifisch japanische Kultur bezieht, die als einzigartig, heilig und überlegen gilt. *Kokutai* ist seit dem 19. Jh. einer der Lieblingsbegriffe japanischer Nationalisten. Er geht auf eine politische Auffassung zurück, die dem kaiserlichen Haus, das seit seiner Gründung durch die Göttin Amaterasu ununterbrochen bestehen soll, einen bedeutenden Platz einräumt. Diese Auffassung verleiht den Bindungen zwischen Kaiser und Untertanen einen vorgeblich familiären Charakter – der Kaiser wird als Vater und die Untertanen werden als Kinder gesehen. Die Ursprünge der Ideologie des *kokutai* gehen angeblich auf die nationalen Studien der Gelehrten der Tokugawa-Zeit zurück. Angesichts des als zu stark empfundenen Einflusses der chinesischen Kultur wollten sie die Eigenständigkeit Japans betonen. In Wahrheit sind es jedoch die Theoretiker der Philosophie der Mito-Schule, die im 19. Jh. erstmals den Begriff des *kokutai* prägten – einen Begriff, der im Übrigen aus dem Chinesischen stammt.

WELTREICH JAPAN *Im Zweiten Weltkrieg herrschten die Japaner über ein großes Gebiet, das sie als „groß-ostasiatische Wohlstandssphäre" bezeichneten. Japan stand erstmals in seiner Geschichte an der Spitze eines wirklichen Weltreichs.*

werden, aber eben auch als Begründung der japanischen Herrschaft über die Welt. Während konstruktive Elemente im *Kokutai no hongi* nur schwer zu erkennen sind, ist es durch zahlreiche Negationen charakterisiert: Ablehnung des rohen Kapitalismus, der politischen Korruption, des Individualismus, des Internationalismus und einer aus japanischer Sicht stereotypen westlichen Welt, die Furcht und Verachtung verdiente.

Ende der 1930er-Jahre rief also alles, was aus dem Westen kam, Ablehnung und Misstrauen hervor. Europäer oder Amerikaner wurden in den Straßen der großen Städte nicht selten von Kindern als Spione (mit dem englischen Begriff *spy)* tituliert. Und auch sonst blieb die Weltsicht nicht ohne Einfluss auf Sitten und Umgangsformen. Vermeintlich „Unjapanisches" wurde auf den Index gesetzt, wenngleich nicht immer Konsens darüber bestand, was denn nun verwerflich sein solle.

Einige Beispiele verdeutlichen jedoch, dass trotz allen Patriotismus und Nationalismus auch pragmatische Argumente galten: So wurden westliche Tanzformen grundsätzlich als unmoralisch verworfen. Niemand dachte jedoch daran, die westliche Rüstungstechnologie abzulehnen. Baseball blieb populär, Golf hingegen galt zunehmend als Luxussport, dem seine westliche Herkunft zu deutlich anhaftete. Ohne Erfolg versuchte man, alle englischen Wörter aus der schriftlichen und mündlichen Sprache zu verbannen. Die bis dahin zweisprachigen Eisenbahnschilder wurden durch einsprachig japanisch beschriftete Schilder ersetzt. Die japanischen Frauen mussten widersprüchlichen Anforderungen genügen. Zum einen sollten sie das Haus verlassen, um die für den Krieg notwendigen Arbeitskräfte zu stellen, zum anderen sollten sie der überkommenen japanischen

Tradition gemäß unterwürfige Ehefrauen und hingebungsvolle Mütter sein. Die Entwicklung hin zu einem japanischen Totalitarismus ist für den heutigen Betrachter folglich in mehreren Facetten zu erkennen. Doch beschritt Japan den Weg zu einem vollständig ausgeprägten totalitären Staat bis ans Ende, wie Deutschland, Italien oder die kommunistische Sowjetunion es taten? Diese Frage ist nicht ohne Weiteres zu beantworten. Unterschiede zu den europäischen Pendants sind jedoch vorhanden.

Denn anders als in den Regimen Hitlers, Mussolinis oder Stalins etablierte sich in Japan keine totalitäre Massenpartei, die eine allumfassende und exklusive Ideologie durchzusetzen versuchte. Die Berufung auf die Vergangenheit, die Wiederbelebung der alten Kaisermystik und die Lobpreisung der Tugenden aus der Tokugawa-Zeit mochten vielleicht als Doktrinen empfunden werden. Jedoch dachte wohl niemand ernsthaft daran, die alte Gesellschaft wieder auferstehen zu lassen oder die Institutionen der Meiji-Zeit wieder einzuführen. Auch fehlte die Mobilisierung der Massen. Mochten auch einige Menschen der Meinung sein, dass die starke gesellschaftliche Solidarität früherer Zeiten wieder auferstanden sei, so wirkte die neue Einheit, die der japanischen Gesellschaft durch eine Militärdiktatur aufgezwungen wurde, doch künstlich. Die Gesellschaft war damit der Marine und dem Heer unterworfen. Das Militär bevormundete die machtlose Zivilregierung, die noch der Illusion anhing, unabhängig zu sein, und die Wünsche des Kaisers geflissentlich überhörte.

Die in Japan eigentümliche Kombination aus Tradition und Modernität lässt letztlich die japanische Entwicklung trotz vorhandener Ähnlichkeiten mit der Deutschlands und Italiens in einem anderen Licht erscheinen. In Japan, das kaum der Feudalzeit entwachsen war, gab es keine antidiktatorischen Kräfte, die den Niedergang der Demokratie ernsthaft aufzuhalten versuchten. Der Regierungswechsel geschah ohne Gewalt und Revolution, einen deutlichen Bruch mit der Vergangenheit oder groß angelegte Säuberungsaktionen sucht man vergebens. Stattdessen entwickelte sich der japanische Totalitarismus evolutionär. Vielleicht erscheint er deswegen – wenngleich er ebenso wie Hitlers oder Mussolinis Regime mit faschistischem, nationalistischem und rassistischem Gedankengut behaftet war – weniger radikal.

JAPANISCHE KRIEGFÜHRUNG IN ASIEN

Noch heute gibt es in Asien schmerzhafte Erinnerungen an die extreme Brutalität der japanischen Soldaten gegen die asiatische Bevölkerung im Pazifischen Krieg. Das Massaker der japanischen Armee in Nanking und Umgebung im Winter 1937/38 ist die traurigste Kriegstat des imperialistischen Japan. Diesem Massaker, das beim Einrücken der Japaner in die Stadt Nanking am 13. Dezember (nicht lange nach dem Beginn des japanisch-chinesischen Krieges von Juli 1937 bis August 1945) erfolgte, fielen im Wesentlichen Zivilpersonen zum Opfer. Drei Wochen lang gaben sich die japanischen Soldaten und Offiziere einer wahren Orgie des Verbrechens hin. Zunächst waren Männer die Opfer, dann vor allem Frauen und Kinder. Die japanischen Truppen ergingen sich in Folter, Mord und Vergewaltigungen. Auch von Plünderung und Brandschatzung blieb die Stadt nicht verschont.

Nach Schätzungen der Alliierten kurz nach dem Krieg belief sich die Zahl der Opfer von Gewalttaten in Nanking auf 42000, hinzu kamen 100000 Opfer aus der Umgebung, die im Lauf der nachfolgenden sechs Wochen ermordet wurden. Fast ebenso berüchtigt wie das Massaker von Nanking sind die Untaten des in China stationierten 731. Zuges der japanischen Armee. Diese Abteilung führte grausamste „wissenschaftliche Experimente" an mehreren hundert chinesischen, koreanischen und russischen Kriegsgefangenen durch. Zu den Opfern dieser Zeit hinzuzählen muss man auch die Menschen, die durch den Angriff der Japaner und die Kriegslage Zwangsarbeit leisten mussten und dabei den größten Entbehrungen ausgesetzt waren. Noch heute schüren diese Kriegstaten Unbehagen und eine gewisse Feindseligkeit zwischen den Japanern und den anderen Bewohnern der asiatischen Welt.

AUF DER GROSSEN MAUER
Diese Szene stammt aus dem zweiten japanisch-chinesischen Krieg von 1937–45. In diesem Konflikt sah sich Japan zwei chinesischen Staaten gegenüber, dem China des Kommunisten Mao Tse-tung und dem China des Nationalisten Jiang Jieshi, besser bekannt als Chiang Kai-shek.

Der zweite japanisch-chinesische Krieg

Die Außenpolitik der japanischen Militärs beruhte auf einer inneren Logik, die nur scheinbar Widersprüche in sich barg. Von einem extremen Chauvinismus durchdrungen, waren die japanischen Eroberer der sicheren Auffassung, man müsste sie überall als Befreier von der westlichen Unterdrückung begrüßen. Für sie war es kaum vorstellbar, dass nicht alle asiatischen Länder bereitwillig die japanische Hegemonialmacht und den eigenen Status von Sklaven innerhalb eines künftigen „Großasien" akzeptierten. Doch die Realität sah natürlich anders aus: In ganz Asien und vor allem in China erwachte ein Nationalbewusstsein, waren doch die Methoden, die die Japaner in Korea und der Mandschurei anwandten, kaum verführerischer als die der europäischen Eroberer. Jede Vergrößerung des japanischen Kolonialreichs stärkte die Entschlossenheit der Chinesen, Widerstand zu leisten.

Der Ausbruch eines japanisch-chinesischen Krieges, der sich bis 1941 zum ostasiatisch-pazifischen Flammenherd des Zweiten Weltkrieges ausweitete, war kaum noch zu vermeiden. Zum Auslöser des Krieges wurde schließlich ein Scharmützel zwischen chinesischen Soldaten und japanischen Truppen, die in der Nacht des 7. Juli 1937 in der Nähe von Peking ein Manöver durchführten. Im Gegensatz zu früheren Zwischenfällen handelte es sich dabei nicht um einen inszenierten Vorfall und das japanische Oberkommando von Nordchina bemühte sich, die Affäre lokal einzudämmen. Die chinesische Regierung jedoch, die sich aufgrund des Anwachsens des Nationalismus in einer stärkeren Position befand als 1931, forderte als Grundlage einer Übereinkunft eine umfassende Regelung aller Streitfragen zwischen beiden Ländern. Auch Tokio erklärte sich bereit, eine Verhandlungslösung anzustreben. Doch während man noch nach einem gemeinsamen Anknüpfungspunkt suchte, bombardierten chinesische Flugzeuge am 14. August japanische Kriegsschiffe, die in Shanghai vor Anker lagen. Heftige Bodenkämpfe entbrannten, während sich die Kampfhandlungen über den ganzen Norden Chinas ausbreiteten – eine diplomatische Lösung rückte in weite Ferne.

Um den chinesischen Widerstand zu brechen, beschloss die japanische Regierung, den Feind vernichtend zu schlagen. Während sie den Konflikt offiziell immer noch als „chinesischen Zwischenfall" herunterspielte, schritt sie zu einer nahezu vollständigen Mobilmachung. Von ihren Basen in Nordchina aus marschierte die japanische Armee in den Süden und Westen des Landes vor. Nach mehreren blutigen Schlachten erlitten die Elitetruppen um den chinesischen Oberbefehlshaber Chiang Kai-shek in der Gegend von Shanghai eine schwere Niederlage. Von Dezember 1937 an rückten die japanischen Truppen auf die Hauptstadt Nanking vor. Die Soldaten eroberten die Stadt, plünderten sie wiederholt, scheiterten aber schließlich doch am Widerstand der Chinesen. Im Herbst 1938 fielen Hankow im Landesinnern und Kanton an der Südküste, die Innere Mongolei und Nordchina wurden von japanischen Truppen überrollt. Bald waren alle Großstädte, die wichtigsten Häfen, die Eisenbahn, die Industriezentren und die am dichtesten besiedelten Gebiete Chinas in den Händen des Angreifers, während die nationalchinesische Regierung den Kampf von ihrer provisorischen Hauptstadt Chungking im Schutz der westchinesischen Berge aus neu organisierte und im Nordwesten Guerillas von der kommunistischen Stadt Yanan aus den Feind attackierten.

Um den fortwährenden Widerstand der Chinesen zu brechen, schuf Japan im März 1940 einen nordchinesischen Satellitenstaat. Die mit diesem Schritt verbundenen Hoffnungen zielten auch darauf ab, die Herrschaft über weite Teile Chinas mit einer völlig ergebenen Regierung zu sichern, die unter der Führung von Wang Jingwei in Nanking konstituiert wurde. Doch ein wachsender Teil der chinesischen Bevölkerung beteiligte sich am bewaffneten Widerstand, der ein baldiges Ende des Krieges von Tag zu Tag immer unwahrscheinlicher machte. Der chinesische Nationalismus und die chinesischen Guerillatechniken bremsten die mächtige japanische Kriegsmaschinerie, gegen die sich bald in ganz Ostasien Widerstandsbewegungen formierten. Und auch die Entwicklungen in den anderen Teilen der Welt bedrohten Japan und gaben China einen Hoffnungsschimmer. Zur See waren die Vereinigten Staaten der große potenzielle Gegner Japans, zu Land war es die Sowjetunion. Vor diesem Hintergrund ist der Anti-Komintern-Pakt zu verstehen, den Japan im November 1936 mit Deutschland schloss und der später um Italien, die japanischen Satellitenstaaten und einige europäische Länder erweitert wurde. Tatsächlich wurde die sowjetische Bedrohung für das japanische Großreich spätestens seit Sommer 1938 offensichtlich, als an der Ostgrenze Mandschukuos eine große zwölftägige Schlacht zwischen Japan und der Sowjetunion entflammte und einige Monate später auch entlang den westlichen Grenzen gekämpft wurde. Beide Konflikte endeten mit japanischen Niederlagen und erwiesen den unzureichenden technischen Entwicklungsstand der japanischen Truppen.

Der Kriegsausbruch in Europa im Sommer 1939 verschaffte Japan zunächst Auftrieb. Die Militäroperationen im Westen lenkten die Aufmerksamkeit der Weltöffentlichkeit von Ostasien ab. Schon aus dem Ersten Weltkrieg hatte Japan auf diese Weise großen wirtschaftlichen und militärischen Profit schlagen können. Die Eroberung Frankreichs durch Deutschland im September 1940 ermöglichte es Japan, im Norden Indochinas (heute Vietnam) einzumarschieren und den Eisenbahnverkehr nach Südwestchina abzuschneiden.

MALEREI UND GESCHICHTE
Die Geschichte lieferte dem zeitgenössischen Maler Seison Maeda wichtige Anregungen. In diesem Werk von 1936 stellte er Sadanobu Matsudaira dar, einen bedeutenden Reformator des Shogunats der Tokugawa an Ende des 18. Jh.

Gleichzeitig unterzeichnete Japan den Dreimächtepakt mit Deutschland und Italien. Im Juli 1941 brachte Japan die gesamte indochinesische Halbinsel unter Kontrolle, um die südlichen Häfen im Falle einer späteren Ausweitung des Konflikts als Basen nutzen zu können. Bereits im November 1938 hatte die japanische Regierung die Konzeption einer „neuen Ordnung in Ostasien" vorgestellt, die Japan, China und Mandschukuo umfassen sollte. Spätestens jetzt wurde deutlich, dass hinter der Konzeption einer „ostasiatischen Wohlstandssphäre" der Traum von der japanischen Vorherrschaft über ganz Ostasien stand. Mit der Schaffung des „Ministeriums für das östliche Großasien" 1943 schien der Traum von einer Vormachtstellung Wirklichkeit zu werden.

Die Vorteile, die Japan aus dem Krieg in Europa zunächst zog, wurden jedoch schon bald umgekehrt. Denn die Ereignisse in Europa zeigten den Vereinigten Staaten, wie ernst die internationale Lage wirklich war, sollte Deutschland die Kontrolle über Westeuropa und Japan die über Ostasien erringen. Washington hatte zunächst nur mit diplomatischen Noten und öffentlichen Anklagen gegen die japanische Aggression protestiert und sich geweigert, die Eroberungen auf dem asiatischen Kontinent anzuerkennen. Nun schien die Zeit gekommen, deutlichere Maßnahmen zu ergreifen und das Militär zu verstärken, um für neue Entwicklungen gewappnet zu sein. Im Juli 1939, am Vorabend des Kriegsausbruchs in Europa, kündigten die Vereinigten Staaten ihren Handelsvertrag mit Japan. Die Entscheidung ermöglichte es ihnen, später wirtschaftliche Vergeltungsmaßnahmen zu ergreifen. Ab Juli 1940 waren schließlich für alle Exporte von Alteisen und Treibstoffen, die das rohstoffarme Japan für seine Kriegsmaschinerie benötigte, besondere Genehmigungen notwendig. Und als Japan im Juli 1941 das südliche Indochina besetzte, verhängten die Regierungen der Vereinigten Staaten, Großbritanniens und der Niederlande ein vollständiges Embargo auf mineralische Treibstoffe.

Die Spirale der Eskalation war somit endgültig in Gang gesetzt worden. Denn Japan sah sich nun in einem Dilemma: Einerseits waren die Streitkräfte auf Treibstoffimporte angewiesen, da die Reserven allenfalls für zwei Jahre reichen konnten. Andererseits mussten weitere Aggressionen und besonders der Versuch, China endgültig zu besiegen, um so einem Nachschubmangel vorzubeugen, weitere Restriktionen und Konsequenzen seitens der Alliierten nach sich ziehen. Umso mehr musste rasch gehandelt und der entscheidende Schlag geführt werden.

Da allerdings in China der unmittelbare Erfolg weiter ausblieb, schien Japan nur zwei Alternativen zu haben. Die erste mögliche Lösung war die Beendigung des Krieges gegen China. Sie hätte aber zugleich ein großes Zugeständnis an die amerikanischen Vorstellungen von einem Truppenabzug aus dem Land der Mitte dargestellt. Gleichwohl wurde sie von der Wirtschaft und Industrie unterstützt, weil sich mit ihr die Möglichkeit eröffnete, ähnlich wie in der Folge des Ersten Weltkriegs in die durch den Krieg in Europa desorganisierten Märkte einzudringen. Auf lange Sicht lockte eine wirtschaftliche Vorherrschaft, die nicht durch Kriegskosten belastet werden würde. Gegen militärische Erwägungen konnten sich die Interessen der Wirtschaft jedoch letztlich nicht durchsetzen. Ein Truppenabzug musste einen Gesichtsverlust gegenüber der euphorisierten japanischen Öffentlichkeit darstellen, den sich das Militär auch aus innenpolitischen Gründen kaum freiwillig leisten wollte.

Die zweite Lösung musste demnach mit Nachdruck vorangetrieben werden: Sie bestand darin, nach Süden vorzurücken und die Wirtschaftsblockade der Westmächte zu durchbrechen. Auf diese Weise beabsichtigte man, sich der südostasiatischen Rohstoffvorkommen wie besonders der Erdölquellen in Niederländisch-Indien (heute Indonesien) zu bemächtigen und die Schaffung der so vehement angekündigten ostasiatischen Wohlstandssphäre voranzutreiben. Um nicht das Risiko eines Zweifrontenkriegs eingehen zu müssen, unterzeichnete die Regierung von Tokio im April 1941 einen Nichtangriffspakt mit der Sowjetunion, deren Kräfte zudem durch das nationalsozialistische Vordringen in Russland zeitweilig gebunden waren.

DIE KAMIKAZE-FLIEGER

Nach zwei Invasionsversuchen der Mongolen am Ende des 13. Jh. verwendete man den Begriff *kamikaze* zur Bezeichnung der „Götterwinde", d. h. der Taifune, die die Landung der Feinde in Japan verhindert hatten. Doch schon lange vor diesen Ereignissen hatte das Wort einen religiösen Anklang, denn es war die traditionelle Bezeichnung für die Winde vor der Küste der Halbinsel Ise. Dort befand sich das Heiligtum der Amaterasu Omikami, der mutmaßlichen Ahnin der kaiserlichen Familie. Als die Offiziere der japanischen Armee am Ende des Zweiten Weltkriegs von Freiwilligen verlangten, Japan vor den amerikanischen Truppen zu schützen, indem sie unter Einsatz ihres Lebens feindliche Schiffe zerstörten, wurde dieser Begriff zur Bezeichnung dieser Selbstmordkandidaten wieder aufgegriffen. Die Methode der Kamikaze-Piloten – oft waren es sehr junge Leute – bestand darin, sich mit einem Flugzeug, das nur die für den Flug erforderliche Treibstoffmenge mit sich führte, einem feindlichen Schiff zu nähern und sich dann im Sturzflug auf das Ziel zu stürzen. Der erste Angriff dieser Art fand im Oktober 1944 statt. Anschließend wurden mehr als 2000 Flugzeuge für solche Aktionen eingesetzt. Kamikaze-Angriffe erfolgten übrigens nicht nur mit Flugzeugen, sondern auch mit kleinen U-Booten.

Pearl Harbor
Am 7. Dezember 1941 wurde Pearl Harbor auf Hawaii überraschend von den Japanern angegriffen. Das Foto zeigt die Zerstörung der West Virginia. Bei diesem Angriff, der die Vereinigten Staaten zum Eingreifen in den Zweiten Weltkrieg veranlasste, kamen 3007 amerikanische Soldaten ums Leben.

Eine Expansion in Südostasien hatte weitere strategische Konsequenzen, denn der Krieg gegen Großbritannien, die Niederlande und die Vereinigten Staaten war nun unausweichlich. Ebenso unumgänglich war Japan so aber auch mit dem Schicksal des Hitler-Regimes verbunden. Solange der militärisch wie wirtschaftlich mächtigste gemeinsame Feind, die USA, Deutschland keine bedeutenden Niederlagen zufügen konnte, würde er es nicht wagen, Streitkräfte im Pazifik zusammenzuziehen. Deutschland war die vorderste Verteidigungslinie Japans, seine Siege für Japans Sicherheit überlebenswichtig. Die europäische Front der Alliierten war die vermeintliche Rückversicherung, die Japan die Zeit für den Sieg über China und die Errichtung seines Kolonialreichs gewähren sollte.

Von Pearl Harbor bis Hiroshima

Dass diese Rückversicherung schnell für immer verwirkt war, lag auch am Verschulden der Japaner: Am Morgen des 7. Dezember 1941 vernichteten sie innerhalb weniger Augenblicke große Teile der vor Pearl Harbor stationierten amerikanischen Pazifikflotte, ohne zuvor den USA förmlich den Krieg erklärt zu haben. Doch wenngleich der Überraschungsangriff scheinbar alle unmittelbaren Hindernisse für eine Eroberung Südostasiens und der Inseln nördlich von Australien beseitigte, erwies er sich letztlich als Pyrrhussieg und schwerer kriegspsychologischer Fehler. Denn die amerikanische Luftwaffe, die sich für den Fortgang des Krieges als überaus wichtig erweisen sollte, wurde nicht getroffen, und auch die Schäden an der amerikanischen Flotte hielten sich durchaus in Grenzen. Entscheidender aber war, dass die erlittene Demütigung das amerikanische Volk, das bis zu diesem Zeitpunkt hinsichtlich eines Kriegseintritts zutiefst gespalten gewesen war, zu einer Einheit zusammenschweißte. Von nun an gab es keine Diskussion mehr: Amerika griff mit dem klaren Ziel zu den Waffen, Japan und Deutschland vollständig zu besiegen.

Vorerst aber schien die japanische Strategie, die auf schnelle Erfolge setzte, aufzugehen. Es gelang, zwei wichtige Schiffe der britischen Flotte vor der Küste Malaysias zu versenken. Am 15. Februar 1942 nahmen die Japaner Singapur handstreichartig ein – die erste große Bastion des British Empire war damit unter asiatischer Herrschaft. Im März fiel ein großer Teil Niederländisch-Indiens unter japanische Kontrolle; die Philippinen folgten im Mai. Durch die ersten Erfolge gestärkt, eroberten die Japaner Birma. In der Zwischenzeit hatte Thailand, das einzige unabhängige Land in diesem Teil der Welt, den Japanern seine wohlwollende Neutralität zugesichert.

Als die Vereinigten Staaten in den Krieg eintraten, hatte Japan sein gesamtes wirtschaftliches Potenzial bereits nahezu ausgereizt. Der vierjährige Krieg gegen China hatte zur Mobilisierung aller verfügbaren Arbeitskräfte gezwungen. Außerdem waren zahlreiche Besatzungstruppen erforderlich, um die eroberten Länder zu kontrollieren. Die Vereinigten Staaten dagegen verfügten über eine doppelt so große Bevölkerung und waren die vielfach überlegene Wirtschaftskraft. Anfangs glich der „japanische Geist“ noch die Nachteile aus. Die japanischen Soldaten kämpften verbissen und und furchtlos, doch mit der Zeit mussten sie vor den amerikanischen Panzern, Schiffen und Flugzeugen zurückweichen. U-Boote und Flugzeuge verminten die strategisch wichtigen Häfen und bereiteten so eine entscheidende Schwächung und Desorganisation der japanischen Flotte vor. Bis Ende 1944 waren die meisten japanischen Stützpunkte voneinander isoliert und den amerikanischen Angriffen nahezu schutzlos ausgeliefert. Zudem hatten die Zerstörungen weit reichende Wirkung auf die Versorgungslage Japans, das sich zunehmend einem ernsthaften Mangel an Nachschub von Rohstoffen gegenübersah. So war die japanische Industrie, die mehrere Jahre lang auf Hochtouren gearbeitet hatte, gezwungen, ihre Produktion zu drosseln.

DAS DRAMA VON HIROSHIMA

Als die Amerikaner am Morgen des 6. August 1945 um 8.15 Uhr in Hiroshima die erste Atombombe der Geschichte abwarfen, hatten sie ihr Ziel nicht zufällig ausgewählt. In Hiroshima war eine große Garnison stationiert, es gab wichtige Militäreinrichtungen, und die Stadt lag in der Nähe des Marinestützpunkts Kure. Die Bombe mit dem zynischen Namen *Little Boy* tötete auf einen Schlag 80000 der 440000 an diesem Morgen in der Stadt anwesenden Menschen – Militärs und Zivilisten. Beträchtlich verlängert wurde die Liste der Opfer durch Menschen, die in den nachfolgenden Wochen und Jahren an Geisteskrankheiten, Krebserkrankungen und körperlichen Missbildungen litten. Anscheinend wollte Harry Truman, der damalige amerikanische Präsident, das Ende des Krieges beschleunigen. Doch trotz dieses verheerenden Schlages für Japan ging der Krieg zunächst weiter und forderte weitere Opfer. Die amerikanischen Militärs wussten, dass eine direkte Landung der Alliierten in Japan mörderisch gewesen wäre. Auch als drei Tage später eine zweite Bombe auf Nagasaki abgeworfen wurde, lehnten die japanischen Militärs eine Kapitulation ab. Kaiser Hirohito jedoch entschied sich in der Nacht vom 9. zum 10. August für den Frieden.

Die Amerikaner verfolgten eine doppelte Strategie. Die Flotte kämpfte sich ab November 1943 von einer Pazifikinsel zur nächsten vor. Nach zunächst schweren Verlusten im Tarawa-Atoll, das zu den Marshall-Inseln gehört, erreichten sie im Juni 1944 die strategisch wichtige Insel Saipan im westlichen Pazifik, im Februar und März 1945 die weiter nördlich gelegene Insel Iwo Jima. Von diesen Basen aus bombardierten amerikanische Flugzeuge systematisch die japanischen Städte. Die Attacken gipfelten im Frühjahr 1945 in zwei Großangriffen auf Tokio, die jeweils mehr als 100 000 Menschenleben forderten und den Großteil der Hauptstadt in Schutt und Asche legten. Nur wenige Städte wie beispielsweise Kyoto entgingen einer ähnlichen Zerstörung. Aber selbst hier wurden die Menschen durch die anhaltende Gefahr aus der Luft demoralisiert und die Kriegsproduktion weiter geschwächt.

Während die Luftangriffe die japanische Abwehr erschütterte, rückte die amerikanische Armee unter dem Kommando von General Douglas MacArthur westwärts vor. Die Flottengeschwader fuhren entlang der Nordküste Neuguineas und landeten im Oktober 1944 auf der Philippineninsel Leyte, wo Reste der japanischen Flotte vergebens den verzweifelten Versuch unternahmen, den Amerikanern Widerstand zu leisten. Am 23. Februar 1945 eroberten diese nach erbitterten Gefechten Manila. Von nun an war Japan mit einer Zangenbewegung des amerikanischen Angriffs konfrontiert, die sich An-

DIE ROTE SONNE
Der rote Kreis auf weißem Grund, eine Darstellung der Sonnenscheibe (hinomaru), *ist das nationale Symbol Japans. Auf diesem Foto ist es von einem Künstler in Szene gesetzt worden. Im heutigen Japan wird die Verwendung dieses Symbols bei Schulfeiern von Menschen kritisiert, die äußere Manifestationen des japanischen Nationalismus mit Misstrauen betrachten.*

fang April auf der japanischen Insel Okinawa schloss. Die Japaner, die mittlerweile ihr eigenes Territorium bedroht sahen, leisteten erbitterten Widerstand und schreckten nicht davor zurück, ihre Flugzeuge in selbstmörderischen Angriffen auf den feindlichen Schiffen zerschellen zu lassen. Die Piloten, die für den Überlebenskampf ihres Landes das Leben ließen, nannte man nach den Taifunen, die Japan 1281 vor der Mongoleninvasion bewahrt hatten, Kamikaze („göttlicher Wind"). Doch der göttliche Beistand blieb aus, sodass letztlich die militärische Überlegenheit der Vereinigten Staaten über die japanische Heldenhaftigkeit triumphierte. Die Insel Okinawa wurde im Juni 1945 unter hohen Verlusten vollständig erobert. Den Angriff bezahlten die Japaner mit dem Leben von 110 000 Soldaten und 75 000 zivilen Opfern.

Am 8. Mai 1945 kapitulierte Deutschland. Spätestens mit der Niederlage des langjährigen Verbündeten war klar, dass Japan, das nun endgültig massiven amerikanischen Angriffen ausgesetzt werden würde, den Krieg nicht gewinnen könnte. Und dennoch schien die japanische Bevölkerung, die die Folgen ständiger Niederlagen stoisch hinnahm, entschlossen, bis zum bitteren Ende zu kämpfen.

Auf der anderen Seite erkannten Berater des Kaisers schon 1944 die Aussichtslosigkeit der Situation und wirkten auf einen Waffenstillstand hin. Im Juli 1944 brachten sie General Hideki Tojo dazu, die Präsidentschaft des Staatsrats an General Kuniaki Koiso abzutreten, der seinerseits nach der amerikanischen Einnahme Okinawas durch Admiral Kantaro Suzuki abgelöst wurde. Im Juni 1944 forderte der Kaiser vom Obersten Kriegsrat, ein Ende der Kriegshandlungen herbeizuführen, und beauftragte die Regierung,

ALTE TRADITIONEN
Ein Gärtner sorgt Tag für Tag dafür, dass die vollkommene Ästhetik im Sandgarten des Silbernen Pavillons in Kyoto erhalten bleibt.

DAS HEUTIGE JAPAN

Obwohl Japan 1945 in Schutt und Asche gelegt wurde, ist das Land heute nach den Vereinigten Staaten die zweitgrößte Wirtschaftsmacht der Welt. Dieser Aufschwung, der sich in den Jahren ab 1950 vollzog, ist u. a. auf die Hilfe der Amerikaner zur Zeit des Kalten Krieges zurückzuführen. Eine große Rolle spielte hierbei auch die Mentalität der Japaner. Noch immer ist die konfuzianische Ideologie in Japan sehr präsent – eine Geisteshaltung, die Gefallen an der gesellschaftlichen Hierarchie und am Konsens findet. Diese beiden Elemente werden in Schule, Familie und Beruf noch heute sehr geschätzt. Das kollektive Streben nach sozialer Ordnung erklärt mehr oder weniger das in den Betrieben zu beobachtende Verhalten: Ergebenheit gegenüber der Autorität, Misstrauen gegenüber gewerkschaftlichem Engagement, Zurückhaltung bei Streiks. Seit etwa 1980 jedoch erleben die Bewohner der japanischen Inseln Veränderungen, die letztendlich die Existenz des traditionellen Japan gefährden könnten. Diese Neuerungen sind u. a. Arbeitslosigkeit, Eintritt der Frauen in das Berufsleben, Massentourismus ins Ausland, Probleme des täglichen Lebens, das Zusammenleben mit einer zunehmenden Zahl von Ausländern in Japan, die von den Medien transportierte individualistische Ideologie.

die Sowjetunion um eine Vermittlung zu ersuchen.

Doch der Preis für die Beendigung des Krieges war nicht zu verhandeln. Die Vereinigten Staaten veröffentlichten am 26. Juli 1945 gleichzeitig mit Großbritannien und China die Potsdamer Erklärung, in der sie eine bedingungslose Kapitulation Japans forderten und den Aggressor ferner dazu verurteilten, alle kolonialen Besitztümer abzutreten. Japan sollte so lange unter einer Besatzung leben, bis es sich als ein friedliches und vollständig entmilitarisiertes Land in der Staatengemeinschaft wieder einordnen könne.

Das Kriegsende schien damit in greifbarer Nähe. Kontrovers beurteilt wird daher die Entscheidung der Amerikaner, am 6. und 9. August 1945 Atombomben über Hiroshima und Nagasaki abzuwerfen. Nahezu 200 000 Menschen kamen bei diesem grausamen Finale des Krieges ums Leben. Unzählige wurden verletzt und litten noch Jahre danach unter den körperlichen und seelischen Folgen. Zwang der Einsatz der ersten Bombe die japanische Führung endgültig zur Aufgabe, so war die zweite Bombe durch keine taktischen Überlegungen mehr gerechtfertigt. Denn einen Tag zuvor hatte die Sowjetunion mit dem Einmarsch in die Mandschurei begonnen. Schnell konnten sich die Truppen der Roten Armee selbst davon überzeugen, dass die japanische Armee von Kwantung ihre berüchtigte Kampfkraft verloren hatte.

Aus der Serie der militärischen Niederlagen ging innenpolitisch der Kaiser gestärkt hervor. Zum ersten Mal seit dem Fall des alten Regimes trat er wieder an die Spitze der japanischen Führung und befahl die Annahme der Bedingungen, die die Alliierten gestellt hatten. Am 14. August verkündete er persönlich über den Rundfunk die Kapitulation seines Volkes, die am 2. September 1945 von japanischen Gesandten und General MacArthur an Bord des US-Schlachtschiffs *Missouri* offiziell beurkundet wurde. Am 3. Mai 1947 läutete die neue japanische Verfassung, die eine parlamentarisch-demokratische Monarchie begründete, endgültig ein neues Kapitel in der japanischen Geschichte ein.

MODERNE ZEITEN
Das heutige Japan ist ein hochmodernes Land. In Metropolen wie Tokio sind einige Geschäfte rund um die Uhr geöffnet, Züge und U-Bahnen verkehren mit einer hierzulande nicht gekannten Häufigkeit.

Register

Kursiv gedruckte Seitenzahlen verweisen auf Bildunterschriften, Illustrationen oder Übersichtskarten.

H

I

J

K

L

Bild- und Museumsnachweis

Abkürzungen: o = oben, M = Mitte, u = unten, l = links, r = rechts

Einband: BRIDGEMAN GIRAUDON/Privatsammlung; Hintergrund: C. und J. LENARS.

3 BRIDGEMAN GIRAUDON/Privatsammlung; **6/7** CORBIS/Christie's Image. **10–19** Vignetten: CORBIS. **10** l.: RMN/Musée des Arts asiatiques-Guimet, Paris; r.: RMN/P. Pleynet/Musée des Arts asiatiques-Guimet, Paris. **10/11** Hintergrund: AKG Paris/S. Held. **11** l.: RMN/R. Lambert/Musée des Arts asiatiques-Guimet, Paris; o.r.: HOA QUI/C. Boisvieux; u.r.: RMN/P. Pleynet/Musée des Arts asiatiques-Guimet, Paris. **12** l.: AKG Paris/S. Held; r.: CORBIS. **12/13** Hintergrund: ARTEPHOT/K. Ogawa. **13** o.l.: CORBIS/Burstein Collection; u.l.: AKG Paris/W. Forman/Museum of Fine Arts, Boston; r.: ARTEPHOT/K. Ogawa/Byodoin-Tempel, Kyoto. **14** o.: RMN/Arnaudet/Musée des Arts asiatiques-Guimet, Paris; u.: AKG Paris/W. Forman/Noh Theatre Collection, Kyoto. **14/15** Hintergrund: HOA QUI/J.-J. Cagnart. **15** l.: ARTEPHOT/K. Ogawa/Tôdaiji-Tempel, Nara; o.r.: HOA QUI/A. Touy; u.r.: AKG Paris/W. Forman/Museum of Fine Arts, Boston. **16** l.: RMN/H. Bréjat/Musée des Arts asiatiques-Guimet, Paris; r.: D. BUISSON. **16/17** Hintergrund: C. und J. LENARS. **17** o.l.: RMN/T. Ollivier/Musée des Arts asiatiques-Guimet, Paris; u.l.: ARTEPHOT/J. Lavaud/Musée des Arts asiatiques-Guimet, Paris; r.: BRIDGEMAN GIRAUDON/Privatsammlung. **18** l.: RMN/T. Ollivier/Musée des Arts asiatiques-Guimet, Paris; r.: EXPLORER/MARY EVANS. **18/19** Hintergrund: CORBIS/C. O'Rear. **19** o.: CORBIS/-Museum of Flight, Seattle; u.l.: RMN/T. Ollivier/Musée des Arts asiatiques-Guimet, Paris; u.r.: CORBIS. **20** RMN/Musée des Arts asiatiques-Guimet, Paris. **22** B. JEANNEL. **23** CORBIS/M. S. YAMASHITA. **24** CORBIS. **25** CORBIS/M. Freeman. **27** CORBIS. **29** ARTEPHOT/WPE. **31** ARTEPHOT/K. Ogawa/Gangoji-Tempel, Nara. **32** ARTEPHOT/WPE. **33** RMN/Arnaudet/Musée des Arts asiatiques-Guimet, Paris. **34** ARTEPHOT/K. Ogawa. **36, 37:** AKG Paris/S. Held. **39** C. und J. LENARS. **40** ARTEPHOT/K. Ogawa/Toshodaiji-Tempel, Nara. **41** o.l.: D. BUISSON; o.r.: BRIDGEMAN GIRAUDON/Leeds Museums and Art Galleries, City Museum; M.l.: BRIDGEMAN GIRAUDON/Ashmolean Museum, Oxford; M.r.: RMN/T. Ollivier/Musée des Arts asiatiques-Guimet, Paris; u.l.: RMN/Musée des Arts asiatiques-Guimet, Paris; u.r.: AKG Paris/W. Forman. **42** RMN/Arnaudet/Musée des Arts asiatiques-Guimet, Paris. **43, 44/45:** ARTEPHOT/Tokugawa Art Museum, Nagoya. **47** CORBIS/ Collection Kozanji, Kyoto. **48** BIBLIOTHÈQUE NATIONALE DE FRANCE/Cabinet des Médailles, Paris. **49** BRIDGEMAN GIRAUDON/Chester Beatty Library and Gallery of Oriental Art, Dublin. **51** RAPHO/G. Sioen/Tsurugaoka Hachimangu Museum, Kamakura. **52** CORBIS/Sakamoto Photo Research Laboratory. **53** BRIDGEMAN GIRAUDON/Privatsammlung. **54** AKG Paris/W. Forman. **55** CORBIS. **57** CORBIS/C. und J. Lenars. **58/59** AKG Paris/W. Forman/Museum of Fine Arts, Boston. **60** C. und J. LENARS. **61** HOA QUI/C. Boisvieux. **62/63** ARTEPHOT/K. Ogawa/ Rengeo-Tempel, Kyoto. **64** AKG Paris/Archives CDA/Guillemot/Sammlung Baur, Genf. **65** ARTEPHOT/J.-P. Moulin. **66** AKG Paris/W. Forman/Sammlung Kozu, Kyoto. **67** l.: AKG Paris; M.v.o.n.u.: RMN/T. Ollivier/Musée des Arts asiatiques-Guimet, Paris; AKG Paris/W. Forman/Victoria and Albert Museum, London; AKG Paris/W. Forman; CORBIS/Sakamoto Photo Research Laboratory; AKG Paris; r.: RMN/R. Lambert/Musée des Arts asiatiques-Guimet, Paris. **69** LEEMAGE. **71** CORBIS. **72** CHRISTOPHE L. **73** AKG Paris/W. Forman/Noh Theater-Sammlung, Kyoto. **74/75** HOA QUI/L. Remann. **76/77** ARTEPHOT/WPE. **79** BRIDGEMAN GIRAUDON/Ashmolean Museum, Oxford. **80** AKG Paris/J.-F. Amelot/Missions étrangères de Paris. **81** o.l.: AKG Paris/W. Forman/Young Memorial Museum, San Francisco; o.r.: AKG Paris/Pirozzi/Il Gesù, Rom; M.l.: HOA QUI/Martel; M.: ARTEPHOT/R. Roland/Museum Kobe; M.r.: BRIDGEMAN GIRAUDON/Museu do Caramulo, Portugal; u.: AKG Paris/J.-F. Amelot/Missions étrangères de Paris. **83** BRIDGEMAN GIRAUDON/Ashmolean Museum, Oxford. **84** CORBIS/R. Ergenbright/Nikko National Park. **85** B. JEANNEL. **86/87** AKG Paris/S. Held. **92** BRIDGEMAN GIRAUDON/Privatsammlung.**93** BRIDGEMAN GIRAUDON/Leeds Museums and Art Galleries, City Museum. **94** AKG Paris. **95** RMN/Musée des Arts asiatiques-Guimet, Paris. **96** RAPHO/M. Yamashita. **97** AKG Paris/J.-F. Amelot/Missions étrangères de Paris. **98** ARTEPHOT/S. Fiore/Privatsammlung. **99** EXPLORER/BNF, Paris. **100** BRIDGEMAN GIRAUDON/British Museum, London. **101** o.l.: CORBIS, o.r.: SAM/Seattle Asian Art Museum/P. Macapia; o.M.: RMN/Musée des Arts asiatiques-Guimet, Paris; u.l.: BRIDGEMAN GIRAUDON/Alinari; u.M., u.r.: D. BUISSON. **103** RMN/H. Bréjat/Musée des Arts asiatiques-Guimet, Paris. **104** BIBLIOTHÈQUE NATIONALE DE FRANCE/Cabinet des Médailles, Paris. **105** RMN/M. Bellot/Musée des Arts asiatiques-Guimet, Paris. **106** CORBIS/C. und J. Lenars. **107** RMN/H. Bréjat/Musée des Arts asiatiques-Guimet, Paris. **108** RMN/H. Lewandowski/Musée des Arts asiatiques-Guimet, Paris. **109** BRIDGEMAN GIRAUDON/Fitzwilliam Museum, University of Cambridge. **110** BIBLIOTHÈQUE INTER UNIVERSITAIRE DE MÉDECINE, Paris. **111** AKG Paris/S. Held. **112** RMN/Arnaudet/Musée des Arts asiatiques-Guimet, Paris. **113** BRIDGEMAN GIRAUDON/Galerie Janette-Ostier, Paris. **114** D. BUISSON. **115** o.l.: AKG Paris/Musée rodin, Paris; o.r.: HARLINGUE-VIOLETT; M.l.: AKG Paris; M.: BIBLIOTHÈQUE NATIONALE DE FRANCE/Cabinet des Médailles, Paris; M.r.: CORBIS/BETTMANN; u.r.: RMN/ Musée des Arts asiatiques-Guimet, Paris. **116** CORBIS. **117** AKG Paris/W. Forman/Sammlung C.-D. Wertheim. **119** ROGER-VIOLLET/US National Archives. **120** RMN/H. Lewandowski/Musée Adrien-Dubouché, Limoges. **121** COLLECTION VIOLLET. **122** ROGER-VIOLLET. **123** CORBIS. **124** BRIDGEMAN GIRAUDON/Leeds Museum and Art Galleries, City Museum. **126** AKG Paris. **127** BIBLIOTHÈQUE NATIONALE DE FRANCE/Cabinet des Médailles, Paris. **128** BRIDGEMAN GIRAUDON/The Fine Art Society, London. **129** COLLECTION VIOLLET. **130** CORBIS. **131** BRIDGEMAN GIRAUDON/Lauros/Museum of Fine Arts, Boston. **133** RMN/Arnaudet/Musée des Arts asiatiques-Guimet, Paris. **134** AKG Paris. **135** C. und J. LENARS. **136** BRIDGEMAN GIRAUDON/Museum of Fine Arts, Houston. **137** CORBIS. **138** AKG Paris. **139** BRIDGEMAN GIRAUDON/Privatsammlung. **140** D. BUISSON. **142** BRIDGEMAN GIRAUDON/Bibliothèque des Arts décoratifs, Paris. **143** BRIDGEMAN GIRAUDON/Musée d'Orsay, Paris/ADAGP, Paris 2003. **144** COLLECTION VIOLLET. **145** BRIDGEMAN GIRAUDON/Lauros/Musée d'Orsay, Paris. **146** AKG Paris. **147** BRIDGEMAN GIRAUDON/Museum of Fine Arts, Houston. **148** CORBIS/Underwood & Underwood. **149** ROGER-VIOLLET. **150** AKG Paris. **151** CORBIS. **152** o.l.: CORBIS/ Sakamoto Photo Research Laboratory; o.r.: RMN/R. Lambert/Musée des Arts asiatiques-Guimet, Paris; u.: CORBIS/ Kimbell Art Museum, Fort Worth. **153** l.: ARTEPHOT/K. Ogawa/Horyuji-Tempel, Nara; r.: ARTEPHOT/K. Ogawa/Koryuji-Tempel, Kyoto. **154** o.: AKG Paris; u.: ARTEPHOT/K. Ogawa/Toji-Tempel, Tokio. **154/155** BRIDGEMAN GIRAUDON/Treasure House, Shoso-in. **155** l.: ARTEPHOT/K. Ogawa/Kofukuji-Tempel, Nara; r.: RMT/T. Ollivier/Musée des Arts-asiatiques-Guimet, Paris. **156** o.: BRIDGEMAN GIRAUDON/Tokugawa Reimeikai Foundation, Tokio; u.l.: EXPLORER/Collection Kozanji, Kyoto; u.r.: CORBIS. **157** l.: ARTEPHOT/K. Ogawa/Kofukuji-Tempel, Nara; r.: BRIDGEMAN GIRAUDON/Privatsammlung. **158** o.: RMN/P. Leynet/Musée des Arts asiatiques-Guimet, Paris; u.: D. BUISSON. **159** o.: AKG Paris/S. Held; u.l.: BRIDGEMAN GIRAUDON/National Museum, Tokio; u.r.: AKG Paris/National Museum, Tokio. **160** o.: BRIDGEMAN GIRAUDON/Musée des Arts asiatiques-Guimet, Paris; u.l.: CORBIS/Museum of Art, Philadelphia; u.r.: ARTEPHOT/B. Ogawa. **161** o.: BRIDGEMAN GIRAUDON/National Museum, Tokio; u.: CORBIS/Sakamoto Photo Research Laboratory. **162** o.: RMN/Arnaudet/Musée des Arts asiatiques-Guimet, Paris; u.: BRIDGEMAN GIRAUDON/Nezu Art Museum, Tokio. **163** o.l.: RMN/T. Ollivier/Musée des Arts asiatiques-Guimet, Paris; o.r.: RMN/P. Willi/Musée des Arts asiatiques-Guimet, Paris; u.: ARTEPHOT/J. Lavaud/Musée des Arts asiatiques-Guimet, Paris. **164** CORBIS. **165** AKG Paris/Ishibashi Museum of Art, Kurume. **166** AKG Paris. **167** BRIDGEMAN GIRAUDON/Maison du Japon, Paris. **168** EXPLORER/MARY EVANS. **169** HARLINGUE-VIOLLET. **170** COLLECTION VIOLLET. **171** CORBIS/C. Lisle. **172, 173:** CORBIS. **177** AKG Paris. **179** ARTEPHOT/ZAUHO PRESS. **181** CORBIS **183** MAGNUM/T. Hoepker. **184** CORBIS/M.S. Yamashita. **185** MAGNUM/H. Gruyaer.